JAHRBUCH DER PSYCHOANALYSE
Band 60

AF210816

JAHRBUCH DER PSYCHOANALYSE

Beiträge zur Theorie, Praxis und Geschichte

Herausgeber

Claudia Frank
Ludger M. Hermanns
Elfriede Löchel

Mitherausgeber

Hermann Beland
Friedrich-Wilhelm Eickhoff
Lilli Gast
Ilse Grubrich-Simitis
Helmut Hinz
Albrecht Kuchenbuch
Horst-Eberhard Richter
Gerhard Schneider

Beirat

Wolfgang Berner
Terttu Eskelinen de Folch
M. Egle Laufer
Paul Parin †
Léon Wurmser

60

frommann-holzboog

Bibliografische Information
der Deutschen Nationalbibliothek

Die Deutsche Nationalbibliothek verzeichnet
diese Publikation in der Deutschen National-
bibliografie; detaillierte bibliografische Daten
sind im Internet über <http://dnb.d-nb.de> abrufbar

ISSN 0075-2363

Inhalt

Editorial

Die in diesem Band versammelten psychoanalytischen Studien zur Perversion bewegen sich in einem klinisch wie kulturell spannungsreichen Feld. Bestand Freuds Leistung darin, entgegen der moralischen Entwertung, gesellschaftlichen Ausgrenzung und heimlichen Blüte der sexuellen Perversionen ihre Wurzeln in der ganz normalen psychosexuellen Entwicklung nüchtern anzuerkennen, geht es gegenwärtig um eine andere Herausforderung: Wie läßt sich angesichts der Omnipräsenz medial inszenierter perverser Zurschaustellung und Dauererregung der analytische Raum behaupten, in dem die besondere Eigenart des sich so gestaltenden Leids in seinen unbewußten Dimensionen aufgenommen, gedacht, gedeutet werden kann? Der Druck auf die analytische Haltung kommt jedoch nicht nur von außen, sondern die Behandlung von Perversionen verstrickt den Analytiker unvermeidlich in schwer erträgliche Übertragungs-Gegenübertragungs-Dynamiken. Der Komplexität dieses Spannungsfeldes, wie es sich in der klinischen Situation zeigt, hat das *Jahrbuch der Psychoanalyse* bereits vor einigen Jahren einen Themenschwerpunkt gewidmet (Band 46, 2003: *Perverse Elemente in der Übertragung*). Die große Resonanz, die dieser Band gefunden hat, zeigt etwas von der Suche, dem Bedarf nach hilfreichen klinischen Konzeptualisierungen, nach angemessener theoretischer Fassung und gangbaren behandlungstechnischen Wegen. Daher legen wir nun abermals eine Reihe klinischer und theoretischer Arbeiten vor, die sich dem Gebiet der Perversion zuwenden. Wir danken Susanne Kitlitschko und Friedemann Pfäfflin für Anregung und Kommentar zur Konzeption dieses Bandes.

Eröffnet wird der Band von der nunmehr dreißig Jahre alten, klassisch zu nennenden Arbeit Mervin Glassers, die hier erstmals in deutscher Übersetzung vorgelegt und von der Übersetzerin, Susanne Kitlitschko, einleitend kommentiert wird. Glasser betont in einem triebtheoretischen Rahmen speziell die Funktion, die der sexualisierten Aggression, der sadistischen Kontrolle des Objekts in vielen perversen Symptomen zukommt. Die gleichermaßen mit Vernichtungsängsten behafteten drängenden Verschmelzungs- und Separationswünsche eines in der frühen Entwicklung angelegten »Kernkomplexes« werden durch Festhalten und Quälen des Objekts in Schach zu halten gesucht.

Vor diesem Hintergrund heben sich die diversen neueren Denk- und Behandlungsansätze deutlich ab.

So führt Bernd Nissen die wichtige Unterscheidung zwischen objektaler und nichtobjektaler Perversion ein und erweitert dadurch das von Glasser aufgespannte Blickfeld. Er beschreibt Formen pathologischer Persönlichkeitsorganisationen, in denen perverse Erregung um ihrer selbst willen gesucht wird, und stellt ausführlich den Fall einer nichtobjektalen, autistoiden Perversion vor, in der koprophile und koprophage Praktiken als eine Zweithaut bzw. als autistisches Objekt verstanden werden konnten.

Friedemann Pfäfflin diskutiert terminologische und konzeptionelle Fragen vor dem Hintergrund des Bedeutungswandels des Perversionsbegriffs in den letzten Jahrzehnten. In einer pointierten, teilweise polemischen, persönlichen Stellungnahme und kritischen Auseinandersetzung mit Glasser favorisiert er den im deutschen Sprachraum wenig bekannten selbstpsychologischen Ansatz Arnold Goldbergs, dessen begriffliche und behandlungstechnische Einfachheit er hervorhebt.

Demgegenüber nähert sich Heinz Weiß den Perversionen wiederum im Kontext der pathologischen Abwehrorganisation und Rückzüge im Sinne Steiners. Er stellt mehrere Formen perverser Objektbeziehung dar, die sich abhängig von dem jeweils verleugneten *fact of life* (Money-Kyrle) als narzißtische oder sexuelle Perversionen oder als Perversionen des Zeiterlebens verstehen lassen und ergänzt diese um das Phänomen der Perversion des moralischen Urteils. Anhand klinischen Materials zeigt er die Funktion perverser Argumente auf, die dem Zweck dienen, die charakteristische »Halbverleugnung«, das Nebeneinander von Anerkennung und Verleugnung der Realität zu kaschieren.

Udo Hock strukturiert das Feld der Perversion unter einem neuen und zugleich alten Blickwinkel, indem er die Figur des perversen Vaters, des Verführers der Hysterikerin, ausgehend von Freuds Fließ-Briefen wieder aufleben läßt. Er analysiert kritisch die Unterschlagung entsprechender Passagen in Freuds

Briefwechsel, um das Schicksal der Freudschen Verführungstheorie produktiv zu wenden nicht nur für das Verständnis der Perversion, sondern auch für eine pervers zu nennende Lust im neurotischen Symptom, die Hock als den »primären Krankheitsgewinn« bezeichnet.

Reimut Reiche schließlich stellt die langjährige Analyse eines Falles von Uniform-Fetischismus vor, bei dem die Fixierung an Embleme der Nazi-Skinhead-Szene nicht nur auf den Bereich der sexuellen Erregung beschränkt blieb, sondern – im Verlauf der Behandlung – zugleich auch zum Träger eines Wunsches nach echter Zugehörigkeit wurde. Die letztendliche Unentscheidbarkeit zwischen »echt« und »unecht«, »wahr« und »falsch« wird durch die Darstellung eindringlich vor Augen geführt und als »hybrid« bezeichnet. Die Arbeit endet mit der kulturtheoretisch gewendeten Frage, inwieweit Bilder und Zeichen der nationalsozialistischen Verbrechen, auch über den Einzelfall hinaus, zwangsläufig sexualisiert, ästhetisiert, normalisiert werden.

In unserer Rubrik »Freud als Briefschreiber« nimmt Gerhard Fichtner einen bisher unveröffentlichten Brief Freuds an Heinrich Gomperz aus dem Jahre 1913 zum Anlaß, den vielfältigen, in mancher Hinsicht überraschenden Beziehungen Freuds zu der jüdischen Gelehrtenfamilie Gomperz nachzugehen.

Mit dem Tod von Paul Parin im Mai 2009 haben wir ein langjähriges Beiratsmitglied verloren. Friedrich-Wilhelm Eickhoff erinnert aus diesem Anlaß an Parins im Jahrbuch erschienene klinische Beiträge.

Im September 2009

Stuttgart   Claudia Frank
Berlin   Ludger M. Hermanns
Bremen   Elfriede Löchel

Schwerpunktthema Perversionen –
Zur Theorie und Behandlungstechnik

Notiz zu Mervin Glasser und seiner Arbeit
Some Aspects of the Role of Aggression in the Perversions

Susanne Kitlitschko[*]

Es kommt nicht allzu häufig vor, daß psychoanalytische Überlegungen mit der Fallvignette eines Einbrechers oder am Beispiel eines Bankräubers illustriert werden. In den Arbeiten von Mervin Glasser ist das ganz selbstverständlich der Fall. Mehr als 20 Jahre, den Großteil seines analytischen Schaffens, widmete er der traditionsreichen *Portman Clinic* in London, an der ausschließlich Patienten mit delinquenten und perversen Störungsbildern analytisch behandelt werden. Seine Forschung war untrennbar mit diesem klinischen Erfahrungshintergrund verknüpft, wies jedoch auch darüber hinaus.

Mervin Glasser[1] wurde 1928 als Sohn jüdisch-litauischer Emigranten im südafrikanischen Johannesburg geboren. Er studierte zunächst Psychologie und ging 1952 nach England, um sich in der Psychoanalyse ausbilden zu lassen, wofür zunächst ein Medizinstudium zu absolvieren war. Im Jahr 1963 erwarb er die außerordentliche Mitgliedschaft in der Britischen Psychoanalytischen Gesellschaft und wurde 1980 zum Lehranalytiker ernannt. Nach seiner Ausbildung hatte er bei Moses Laufer am Londoner *Brent Consultation Centre/Centre of the Study of Adolescence* gearbeitet, einer kommunalen Behandlungsstätte für benachteiligte Jugendliche, und war dessen stellvertretender Direktor geworden (vgl. Friedman

---

[*] Dipl.-Psych. Susanne Kitlitschko ist in psychotherapeutischer Praxis in Berlin tätig.
[1] Die biographische Skizze basiert auf den Nachrufen von Haymen (2000) und Zachary (2001).

Jahrb. Psychoanal. 60, S. 13–17 © 2010 frommann-holzboog

et al. 1972). Im Jahr 1971 wechselte er an die *Portman Clinic*, die sich unter seiner Leitung (bis 1994) zu einem interdisziplinär vernetzten Zentrum für die analytische Behandlung und Erforschung von Perversionen, Gewalt und Delinquenz entwickelte und ihre internationale Reputation wiedererlangte (vgl. Fishman/ Ruszczynski 2007; Garfield 2008). Er veröffentlichte zahlreiche klinische und theoretische Beiträge (u. a. Glasser 1979 a; 1979 b; 1986; 1991; 1992; 1998) und engagierte sich in der Lehre. Nach dem Ende der Apartheid beteiligte er sich daran, psychoanalytisches Wissen nach Südafrika zu vermitteln. Mervin Glasser starb 2000 im Alter von 71 Jahren in London.

In seiner Arbeit *Some Aspects of the Role of Aggression in the Perversions* aus dem Jahr 1979, die in der zweiten Auflage eines Sammelbandes[2] über sexuelle Störungen erschien, formuliert Glasser erstmals zwei seiner grundlegenden theoretischen Konzepte: Zum einen entwickelt er den *Kernkomplex,* der ihm zufolge ein Stadium der frühkindlichen Entwicklung darstellt und als spezifische Fixierung den ›Kern‹ der Perversion ausmacht, und zum anderen entfaltet er seine Unterscheidung von *Aggression* und *Sadismus,* die bereits implizit seine später ausgearbeitete These über die zwei Arten von Gewalt enthält *(self-preservative* vs. *sado-masochistic violence;* Glasser 1998). Beide Konzeptionen haben sich bis heute klinisch bewährt und sind theoretisch weiterentwickelt worden (vgl. u. a. Harding 2006; Morgan/Ruszczynski 2007; Perelberg 1999).

Wie jeder Text verweist auch dieser Aufsatz auf die Bedingungen seines Entstehens, das nun mehr als 30 Jahre zurückliegt. So ist Glasser immer wieder

2 Der von Ismond Rosen herausgegebene Sammelband hat insgesamt drei Auflagen erfahren (1964; 1979; 1996). Die Idee zu dem Buch war ursprünglich auf einem Symposium der *Portman Clinic* entstanden: Es sollte damit nicht »das letzte Wort zur Sache« gesprochen oder eine abgeschlossene Enzyklopädie »auf den Altar der Vielfalt menschlicher Sexualität« gelegt werden, vielmehr war ein breites Spektrum dynamischen Wissens über sexuelle Störungen zu entfalten (Rosen 1964, xi, Übers. S. K.). Entsprechend unterschiedlich fallen die drei Auflagen aus. Die erste Auflage versammelte Autoren wie Edward Glover, Masud R. Khan, William H. Gillespie, A. Hyatt Williams, aber auch N. Tinbergen. In der zweiten und dritten Auflage schrieben neben M. Glasser beispielsweise Phyllis Greenacre, Charles W. Socarides, Joyce McDougall, Robert Stoller, Adam Limentani und Vamik D. Volkan. Mervin Glasser hat seinen Beitrag für die dritte Auflage stark überarbeitet und ihr auch einen anderen Titel gegeben (Glasser 1996).

darum bemüht, seine Überlegungen mit dem Denken Anna Freuds oder der Ich-Psychologie Hartmanns im Einklang zu sehen und triebtheoretische Feinabstimmungen vorzunehmen. An einigen Stellen finden sich darüber hinaus Bemerkungen, die weniger aus der Argumentation heraus begründet erscheinen, als vielmehr dem damaligen Binnenzustand der Britischen Psychoanalytischen Gesellschaft geschuldet sind, auch wenn der jeweilige ›Gegner‹ – die Kleinianische Gruppe oder die *Middle Group* – nicht immer ausdrücklich genannt wird.

Dennoch bleibt an Mervin Glassers Text besonders zweierlei bemerkenswert und aktuell: Er beschreibt zum einen die verbreitete klinische Erfahrung, daß perverse Patienten Nähe und Intimität zugleich suchen wie auch vermeiden, und versucht, dies theoretisch zu fassen. Seine Idee des ›Kernkomplexes‹ kann im Umgang mit diesem Dilemma in der Behandlung sehr hilfreich sein und den Verstehensprozeß vorantreiben, sofern sich dies nicht in der Aufdeckung des Komplexes erschöpft. Zum anderen hält Glasser bei der Klärung seines Aggressionsbegriffs an der Notwendigkeit fest, den aggressiven Akt genauestens zu studieren und vor allem die Einstellung gegenüber dem Objekt im Moment der Tat aufzudecken. Darin steht er Ansätzen überraschend nahe, die von einem ganz anderen theoretischen Standpunkt aus zu ähnlichen Erwägungen kommen, wie etwa Leslie Sohn (1997), der im aggressiven Akt Projektionen auf das Objekt und deren Zusammenbruch in Form symbolischer Gleichsetzung am Werke sieht.

Obwohl er 1985 beim Kongreß der Internationalen Psychoanalytischen Vereinigung in Hamburg einen der Hauptvorträge hielt und 1990 auf der Herbsttagung der Deutschen Psychoanalytischen Vereinigung als Redner auftrat (Glasser 1986; 1991), steht im deutschsprachigen Raum eine kritische Rezeption von Mervin Glassers Arbeiten noch aus. Die nun vorliegende Übersetzung dieses klassischen Beitrags könnte dazu ein Anstoß sein.

Literatur

Fishman, C. / Ruszczynski, S. (2007): The Portman Clinic: An Historical Sketch. In: *Lectures on Violence, Perversion and Delinquency. The Portman Papers.* Hg. von D. Morgan / S. Ruszczynski. London: Karnac, 15–22.
Friedman, M. / Glasser, M. / Laufer, E. / Laufer, M. / Wohl, M. (1972): Attempted Sui-

cide and Self-Mutilation in Adolescence: Some Observations from a Psychoanalytic Research Project. In: *Int. J. Psychoanal.* 53, 179–183.

Garfield, S. (2008): Porn Addicts, Sex Offenders, Rapists, Paedophiles ... Simon Garfield Meets the Therapist Helping the People Who Can't Help Themselves. In: *The Guardian*, 23.11.2008.

Glasser, M. (1979a): Some Aspects of the Role of Aggression in the Perversions. In: *Sexual Deviation.* Hg. von I. Rosen. 2. Aufl. London/New York/Toronto: Oxford University Press, 278–305.

— (1979b): From the Analysis of a Transvestite. In: *International Review of Psycho-Analysis* 6, 163–173.

— (1986): Identifications and its Vicissitudes as Observed in the Perversions. In: *Int. J. Psychoanal.* 67, 9–16.

— (1991): Probleme bei der Psychoanalyse gewisser narzißtischer Störungen. In: *Der Psychoanalytische Prozeß. Zum 40jährigen Bestehen der DPV.* Tagungsband der DPV-Arbeitstagung in Wiesbaden vom 21.–24. November 1990. Hg. von H. Luft/G. Maas. Hofheim/Wiesbaden.

— (1992): Problems in the Psychoanalysis of Certain Narcissistic Disorders. In: *Int. J. Psychoanal.* 73, 493–503. [Überarbeitete Fassung von Glasser 1991.]

— (1996): Aggression and Sadism in the Perversions. In: *Sexual Deviation.* Hg. von I. Rosen. 3. Aufl. Oxford/New York/Tokyo: Oxford University Press, 279–299.

— (1998): On Violence. A Preliminary Communication. In: *Int. J. Psychoanal.* 79, 887–902.

Harding, C. (Hg.) (2006): *Aggression and Destructiveness. Psychoanalytic Perspectives.* London/New York: Routledge.

Haymen, A. (2000): Mervin Glasser. Leading Researcher into the Origins of Perversion and Delinquency. In: *The Guardian*, 21.11.2000.

Morgan, D./Ruszczynski, S. (Hg.) (2007): *Lectures on Violence, Perversion and Delinquency. The Portman Papers.* London: Karnac.

Perelberg, R. J. (Hg.) (1999): *Psychoanalytic Understanding of Violence and Suicide.* The New Library of Psychoanalysis, Bd. 33. London/New York: Routledge.

Rosen, I. (Hg.) (1964): *The Pathology and Treatment of Sexual Deviation. A Methodological Approach.* London/New York/Toronto: Oxford University Press.

— (Hg.) (1979): *Sexual Deviation.* 2. Aufl. London/New York/Toronto: Oxford University Press.

— (Hg.) (1996): *Sexual Deviation.* 3. Aufl. London/New York/Tokyo: Oxford University Press.

Sohn, L. (1997): Unprovoked Assaults. Making Sense of Apparently Random Violence. In: *Reason and Passion: A Celebration of the Work of Hanna Segal.* Hg. von D. Bell. London: Karnac, 57–74. Dt.: Grundlose Angriffe. Zum Verständnis scheinbar zufälliger Gewalt. In: *Jahrb. Psychoanal.* 55, 2007, 9–33.

Zachary, A. (2001): Mervin Glasser. Formerly Consultant Psychiatrist, The Portman Clinic, London. In: *Psychiatric Bulletin* 25, 404.

Dipl.-Psych. Susanne Kitlitschko, Rathenower Str. 46, 10559 Berlin, S.Kitlitschko@t-online.de

Glen O. Gabbard

Psychodynamische
Psychiatrie

Ein Lehrbuch

Bernd Nissen (Hg.)

Die Entstehung
des Seelischen

Psychoanalytische Perspektiven

Ca. 730 Seiten · Gebunden · € 49,90
ISBN 978-3-8379-2036-9

361 Seiten · Broschur · € 36,90
ISBN 978-3-8379-2025-3

Praxisnah beschreibt Glen O. Gabbard das Feld der Psychodynamischen Psychiatrie. Verständlich geschrieben und klar strukturiert, führt er den Laien wie den Sachkundigen an das Thema heran. Der Autor stellt zunächst die theoretischen Grundlagen der Ich-Psychologie, Objektbeziehungstheorie, Selbstpsychologie und Bindungstheorie vor, um sie anschließend anhand von Fallbeispielen zu erläutern und mögliche Therapieansätze vorzustellen.

Die Untersuchung der »Entstehung des Seelischen« auf Basis von Weiterentwicklungen der Psychoanalyse ist eine dringende Aufgabe. Diese Frage wird aus unterschiedlichen Perspektiven erstmals in dieser konzentrierten Form bearbeitet und theoretisch und klinisch beleuchtet.

Dieses Buch bietet Denkanstöße und neue Perspektiven zu einem zentralen Thema – für alle Psychoanalytiker, Psychologen und Mediziner, die an metapsychologischen, theoretischen, klinischen und behandlungstechnischen Fragen interessiert sind.

Walltorstr. 10 · 35390 Gießen · Tel. 06 41-96 99 78-18 · Fax 06 41 - 96 99 78-19
bestellung@psychosozial-verlag.de · www.psychosozial-verlag.de

Zur Rolle der Aggression in den Perversionen[*]

Mervin Glasser[**]

Vorbemerkung

Wer sich mit sexuellen Abweichungen beschäftigt, sollte nicht außer acht lassen, zwischen einer wirklichen Perversion und den perversen Elementen zu unterscheiden, die im Sexualleben eines jeden Menschen eine Rolle spielen, gleichgültig ob er normal ist oder an einer anderen Störung als einer Perversion leidet. Die allermeisten Menschen können sich von Zeit zu Zeit sexuellen Phantasien hingeben, die von den kulturellen Normen abweichen, und viele setzen solche Phantasien sogar gelegentlich in die Tat um, vor allem während des Vorspiels. Wenn aber das sexuell Abweichende eine vorherrschende, dauerhaft bevorzugte Form des sexuellen Verhaltens ist, die eine allgemeine Struktur widerspiegelt, von der die gesamte Persönlichkeit des Individuums erfaßt ist, dann halte ich es für angemessen, den Begriff der Perversion als eine diagnostische Bezeichnung wie ›Zwangsneurose‹ oder ›paranoide Schizophrenie‹ zu verwenden, ungeachtet seines abschätzigen Untertons. In dieser Arbeit werde ich mich darauf beschrän-

[*] Der englische Originaltext erschien in Ismond Rosen (Hg.) (1979): *Sexual Deviation*. Second Edition. Oxford/New York/Toronto: Oxford University Press, 278–305. Wir danken dem Verlag für die freundliche Genehmigung zur Übersetzung.

[**] Dr. Mervin Glasser (1928–2000) war Mitglied und Lehranalytiker der Britischen Psychoanalytischen Gesellschaft sowie Fellow des *Royal College of Psychiatrists*. Er leitete lange Jahre die *Portman Clinic* in London, die auf die ambulante Behandlung von Patienten mit sexuellen und delinquenten Auffälligkeiten spezialisiert ist. Seine Forschungen konzentrierte er vor allem auf Fragen der Gewalt, Perversion und Delinquenz und publizierte hierzu zahlreiche theoretische wie klinische Beiträge.

Jahrb. Psychoanal. 60, S. 19–53 © 2010 frommann-holzboog

ken, den entscheidenden Beitrag, den die Aggression zur Ätiologie, zur Entwicklung und zum Wesen der Perversionen leistet, in einigen seiner Facetten zu diskutieren.

Der ›Kernkomplex‹

Wenn wir Patienten mit Perversionen behandeln, stoßen wir stets auf einen besonders wichtigen Komplex von miteinander verbundenen Gefühlen, Vorstellungen und Haltungen. Da die verschiedenen Elemente, aus denen sich dieser Komplex zusammensetzt, im Zentrum der perversen Psychopathologie stehen und diese ausmachen, werde ich ihn als ›*Kern*komplex‹ bezeichnen. Aggression ist ein zentraler und integraler Bestandteil dieses Komplexes. Um der Klarheit meiner Darstellung willen werde ich allerdings die Rolle der Aggression im nächsten Abschnitt separat behandeln.

Eine wesentliche Komponente des Kernkomplexes ist ein tief verankertes und weitreichendes Verlangen nach einer intensiven und innigsten Verbundenheit mit einer anderen Person, das auf eine ›Verschmelzung‹, einen ›Zustand der Einheit‹, ein ›seliges Einssein‹ hinauswill. Die konkreten Formen dieses Verlangens sind so verschieden wie die Personen, die sie äußern. Zum Beispiel sprach ein transvestitischer Patient im Verlauf seiner Behandlung einmal davon, daß er sich vorstellte, den Geburtskanal hinaufzukriechen und sich in der Gebärmutter gemütlich zusammenzurollen. Ein andermal hingegen, als er über die Kälte und Härte der Stadt sprach, brachte er seine Sehnsucht nach dem Lande zum Ausdruck, daß er »eins mit der Erde, dem Gras und den Bäumen« sein wollte, »ein Teil von Mutter Natur«. Dieser ersehnte Zustand enthält vollkommene Befriedigung, verbunden mit absolutem Schutz vor den Gefahren der Entbehrung und Auslöschung und, wie wir später sehen werden, eine völlig verläßliche Kontrolle jeglicher destruktiver Regungen gegenüber dem Objekt.

Solche Sehnsüchte sind natürlich keineswegs pathologischer Natur; im Gegenteil, sie sind Bestandteil der normalsten Liebeswünsche. Beim Perversen bleiben sie jedoch in dieser frühesten Form bestimmend, auch wenn sich ihre manifeste Erscheinungsform unter dem Einfluß späterer Entwicklungsstufen verändert. Für ihn hat ein solches ›Verschmelzen‹ nicht den Charakter eines begrenzten Zustandes, aus dem er wieder auftauchen wird: Er glaubt, daß sich darin ein *dauerhafter* Verlust des eigenen Selbst ereignet, daß seine Existenz als

20

getrenntes, unabhängiges Individuum im Objekt verschwindet, so als würde man von einem ›schwarzen Loch‹ eingesaugt. In Abhängigkeit vom jeweiligen Schicksal der beteiligten libidinösen und aggressiven Elemente ergeben sich dabei individuelle Unterschiede: Der eine Patient erlebt es passiv als ein Aufgehen im Objekt, der andere, als würde er vom Objekt verschlungen, wieder ein anderer, als würde er gewaltsam in das Objekt eindringen oder das Objekt in ihn, und so weiter. So oder so erscheint das Endresultat jedoch als eine völlige Inbesitznahme durch das Objekt, in deren Folge sich der Perverse von vollkommener Vernichtung bedroht sieht. Dieser Verschmelzungswunsch und die sich daraus ergebende ›Angst vor Auslöschung‹ kommen ausnahmslos in die Übertragung – zum Beispiel als Angst vor einer ›Gehirnwäsche‹ durch den Analytiker oder in Form eines intensiv klaustrophobischen Erlebens im Behandlungszimmer.

Es liegt nahe, diese ›Angst vor Auslöschung‹ mit Hilfe einer Flucht vor dem Objekt und einem emotionalen Rückzug auf einen ›Sicherheitsabstand‹ abzuwehren (was im wesentlichen einem narzißtischen Rückzug gleichkommt). Dies drückt sich beispielsweise in der Vorstellung aus, daß Unabhängigkeit und Selbstversorgung stets an erster Stelle kommen. In der Behandlung kann uns diese Abwehr etwa in Gestalt des Wunsches begegnen, sie abzubrechen, in Form einer anhaltenden Streitlust oder Negativität oder als wachsende intellektuelle Distanziertheit und so weiter.

Allerdings birgt diese ›Flucht in eine sichere Entfernung‹ ihre eigenen Gefahren und Ängste, die der damit verbundenen Isolation geschuldet sind. Solch ein abgekapselter Zustand kann mit extrem schmerzhaften Gefühlen einhergehen und ist meiner Erfahrung nach einer der häufigsten Gründe, weshalb sich perverse Patienten in Behandlung begeben. Um sich aus diesem Zustand zu befreien oder sich davon nicht mehr bedroht fühlen zu müssen, wird letztendlich der Versuch unternommen, den Kontakt zum Objekt wiederherzustellen. Der Einfluß der beschriebenen Angst und die Intensität der Bedürfnisse lassen die Vorstellung entstehen, daß dieser Kontakt aus einer unverbrüchlichen Verbundenheit, Sicherheit und Befriedigung bestehen muß, was nur durch ein ›Verschmelzen‹ mit dem Objekt erreicht werden kann. Und damit ist der Teufelskreis des Kernkomplexes geschlossen.

Die inneren Einstellungen und Phantasien, die ich beschrieben habe, erinnern an die frühkindlichen Entwicklungsstufen von ›Symbiose‹ und ›Separation-Individuation‹ (Mahler 1968). Da diese Stufen Teil der normalen Entwicklung sind, könnte man den Eindruck gewinnen, daß ich der Perversion nichts Spezifisches zuschreibe. Ich werde die Untersuchung der typischen Elemente später wiederaufnehmen. An dieser Stelle möchte ich jedoch betonen, daß sich perverse von weniger schwer gestörten Patienten darin unterscheiden, daß ihr Kernkomplex auf diese sehr frühen Entwicklungsstufen fixiert bleibt. Es ist ein Indiz für das Weiterwirken eines frühen Funktionsmodus, wenn Nähe und Intimität mit Auslöschung, Getrenntheit und Unabhängigkeit mit trostloser Isolation gleichgesetzt werden. Wenn in meiner Darstellung des Kernkomplexes also vom ›Objekt‹ die Rede war, ist letztendlich die Mutter dieses sehr frühen Entwicklungsstadiums gemeint (oder die Person, die als solche fungiert).

In den meisten Arbeiten, die in letzter Zeit auf diesem Gebiet erschienen sind, wird dieses frühe Stadium als entscheidend für die Entwicklung von Perversionen anerkannt; ferner wird der Drang nach Verschmelzung oder primärer Identifizierung mit der Mutter sowie nach Trennung von ihr und Individuierung betont wie auch der Einfluß von introjektiv-projektiven Mechanismen (vgl. u. a. Bak 1956; 1968; Chasseguet-Smirgel 1974; A. Freud 1952; Greenacre 1968; Khan 1962; Limentani 1979; McDougall 1964; Socarides 1973; Stoller 1975). Umstritten hingegen ist, welcher besondere Faktor oder welche Faktoren darüber entscheiden, ob sich eine Perversion oder andere, gleich schwere Formen der Psychopathologie bilden. Ich glaube, daß sich dieses Problem klären läßt, wenn wir die zentrale Rolle untersuchen, welche die Aggression im Kernkomplex spielt. Bevor ich jedoch damit fortfahre, möchte ich meine Auffassung und meinen Gebrauch des Begriffs ›Aggression‹ darlegen.

Über das Wesen der Aggression

›Aggression‹ und ›Sadismus‹ sind in vielen psychoanalytischen Schriften synonym verwendet worden, was sowohl theoretisch als auch klinisch zu einiger Verwirrung geführt hat. Bekanntermaßen gibt es noch immer keine übereinstimmende Konzeptualisierung von ›Aggression‹. Im Unterschied zu dem genau definierten theoretischen Begriff der ›Libido‹ stammt der Ausdruck ›Aggression‹ aus der Alltagssprache, womit ihm die Vieldeutigkeit des alltäglichen Sprachgebrauchs anhaftet. Allzu häufig bleibt in theoretischen wie klinischen Darstellungen unklar, ob man sich dabei auf einen primären Trieb bezieht (wie es zum Beispiel Hartmann/Kris/Loewenstein 1949 diskutieren) oder auf eine Reaktion, etwa auf eine Frustration, auf einen Affekt wie zum Beispiel Feindseligkeit oder auf eine Haltung etwa des Protests. Und selbst wenn klar dargelegt worden ist, daß ›Aggression‹ als ein Trieb verstanden wird, bleibt die wohlbekannte Unsicherheit, ob die Aggression selbst als ein elementarer Trieb betrachtet werden muß oder als ein nach außen gerichteter Abkömmling eines grundlegenderen ›Todestriebes‹.

Da ›Aggression‹ eine zentrale Rolle in meinen Überlegungen spielt, halte ich es für unverzichtbar, zumindest eine Arbeitsdefinition zu geben und die Grenzen abzustecken, innerhalb derer ich diesen Ausdruck gebrauche. Um mich dieser Aufgabe anzunähern, möchte ich Brenners (1971) Standpunkt einnehmen, der schreibt:

> Ein Trieb ist ein theoretisches Konstrukt, das dem Zweck dient, das Wesen der elementaren Motivation zu begründen, der wichtigsten Schubkraft seelischer Aktivität. (Brenner 1971, 135)

Und später heißt es im selben Aufsatz:

> [D]ie Evidenz, auf die wir das Konzept der Aggression als eines Triebes gründen, ist rein psychologischer Natur. (Brenner 1971, 135)

Ich möchte mit der Unterscheidung von ›Aggression‹ und ›Sadismus‹ beginnen. Am einfachsten und zuverlässigsten läßt sich diese Unterscheidung dadurch vornehmen, daß man die *Einstellung gegenüber dem Objekt* zum Zeitpunkt des Handelns bestimmt, und nicht indem man die Art des zugrundeliegenden Triebes herausfindet oder das Entwicklungsniveau, auf dem die jeweilige Person funktioniert. In der aggressiven Tat geht es in der Hauptsache um die Beseitigung, Ausschließung oder Zerstörung, im Kern: um die *Negation* des Objekts (ich werde das weiter unten ausführlich darstellen). Die emotionale Reaktion des Objekts, die Wirkung des Verhaltens auf das Objekt, gewissermaßen das Los des Objekts ist in jeder anderen Hinsicht unerheblich. Für die sadistische Tat hingegen ist die emotionale Reaktion des Objekts zentral: Ihr charakteristisches Ziel besteht darin, dem Objekt auf grobe oder subtile Weise körperliches oder seelisches Leid zuzufügen. Macht und Kontrolle sind offenbar wesentliche Elemente, die Aggression und Sadismus gemeinsam haben. Es wird später deutlich werden, wie sie sich diesbezüglich unterscheiden. Es versteht sich von selbst, daß sowohl sadistische wie aggressive Motive höchst verdeckte und entstellte

Formen annehmen können; entsprechend groß ist das Ausmaß der psychotherapeutischen Arbeit, die nötig ist, damit diese Art der Motive im klinischen Rahmen erkannt und bearbeitet werden können.

Die Unterscheidung, die ich zwischen Aggression und Sadismus vornehme, läßt sich anhand einiger einfacher Beispiele veranschaulichen. Der Bankräuber, der Geiseln nimmt und dann Gefallen daran findet, sie zu ängstigen oder zu erniedrigen, während er über seine Flucht verhandelt, ist sadistisch (ganz unabhängig von seiner anfänglichen Raubtat, die je nach Motiv aggressiv oder sadistisch sein kann). Der Bankräuber hingegen, der einen Wachmann erschießt, um seiner Festnahme zu entgehen, handelt aggressiv. Ein Jugendlicher, der sich homosexuellen Schlagephantasien hingab, weigerte sich eine Woche lang, mit seinen Eltern etwas zu tun zu haben, schloß sich in sein Zimmer ein und öffnete die Tür lediglich, um Tabletts mit Essen und Trinken entgegenzunehmen. Er lehnte es ab, mit den Eltern zu sprechen, und erklärte noch nicht einmal, warum er sich so benahm. Seine Eltern riefen mich an und fragten besorgt und verzweifelt, was der Grund für sein Verhalten wäre und was sie dagegen unternehmen sollten. Die Motive für sein Verhalten waren vielschichtig, aber eindeutig sadistisch. Betrachten wir im Gegensatz dazu, wie er sich verhielt, nachdem ein homosexueller Mann Annäherungsversuche bei ihm unternommen hatte. Er führte komplizierte Steinwurf-Rituale aus, in denen sein Wunsch zum Ausdruck kam, den Homosexuellen zu beseitigen. Dieses Motiv läßt sich als aggressiv bezeichnen. Diese Beispiele stützen die klinische Beobachtung, daß beim Sadismus Angst stets fehlt, wohingegen sie bei der Aggression bewußt vorhanden ist oder aber verleugnet wird. Daß dies als ein Resultat der primären Funktion der Perversion zu begreifen ist, wird später deutlich werden, wenn ich näher ausführe, wie Sadismus letztendlich in Aggression wurzelt.

Für den Begriff von Aggression, den ich vorschlage, ist somit zentral, daß sie darauf abzielt, alles zu beseitigen oder zunichte zu machen, was zwischen dem Subjekt und der Erfüllung seiner Bedürfnisse steht. Diese Auffassung stimmt sehr weit mit der von Gillespie (1971) vorgelegten Konzeption überein, in der er Aggression von dem Standpunkt aus betrachtet, daß »alle Triebe[1] dem Wesen nach homöostatisch sind« (157; vgl. Cannon 1932). Es gehört zur vordringlichen Aufgabe des Ichs, über die *seelische* Homöostase zu wachen. Der Begriff der

---

1   Deutsch im Original (Anm. d. Übers.).

seelischen Homöostase ist verwandt, jedoch nicht identisch mit dem ›primären Narzißmus‹, der sich ausschließlich auf die Disposition der Libido bezieht. Der Begriff stammt von einem physiologischen Modell und bezieht sich auf eine hochkomplexe Organisation, die alle psychologischen Systeme miteinander verbindet und darauf abzielt, ein *dynamisches* Gleichgewicht aufrechtzuerhalten, einen eingeschwungenen Zustand auf höchstmöglichem Niveau, statt »[die Reize] auf ein möglichst niedriges Niveau herabzusetzen … [sich] überhaupt reizlos [zu erhalten]« (Freud 1915c, 213). Ich denke, daß es letztere Denkweise ist, die Freud zu seiner Formulierung des ›Konstanzprinzips‹ und des Todestriebs brachte. Beides sind Begriffe, die mein Ansatz klar verwirft.

Der Begriff der ›seelischen Homöostase‹, den ich hier vorschlage, ähnelt vielmehr dem ›Idealzustand‹ von Joffe und Sandler (1965), den sie als einen »Zustand des Wohlbefindens« beschreiben,

> der im wesentlichen einem Gefühlszustand entspricht, der normalerweise mit einem harmonischen und ganzheitlichen Funktionieren aller biologischer und mentaler Strukturen einhergeht. […] Er verkörpert den Gefühlsanteil, der zu dem Zustand des primären Narzißmus gehört. […] Das Funktionieren des Ichs läßt sich in seiner Dynamik großteils als eine Anstrengung des Ichs verstehen, einen Zustand des Wohlbefindens zu erlangen oder aufrechtzuerhalten, einen Zustand, der als ein biologisches Ziel sogar in dem Kind existiert, das von Geburt an unglücklich gewesen ist. (Joffe/ Sandler 1965, 396)

Mit ›seelischer Homöostase‹ bezeichne ich aber etwas, das umfassender und komplexer als dieser ›Idealzustand‹ ist, da sie nicht nur nicht auf die Gefühlsdimension begrenzt ist, sondern darüber hinaus eine Vielzahl von Systemen einzubeziehen hat, mit denen sich das Ich befassen muß, wenn es die ›seelische Homöostase‹ erreichen will – etwa Selbstachtung, biologische Bedürfnisse, Beseitigung der Kastrationsdrohung, Einhaltung der Objektbeziehung, um nur einige zu nennen. Kurz gesagt: Wenn das Ich die seelische Homöostase erreichen will, muß es sich mit den Ansprüchen und Störquellen auseinandersetzen, die aus dem Es, dem Über-Ich, der Außenwelt und aus dem Ich selbst kommen. Die Aufrechterhaltung eines stabilen, dynamischen Gleichgewichts kann dabei durch Verwöhnung genauso beeinträchtigt werden wie durch Entbehrung.

Insofern wir die Aggression als einen Trieb ansehen, folgen wir dem klassischen Ansatz (Freud, 1905d; 1915c), wonach der Trieb eine *Quelle*, ein *Ziel* und ein *Objekt* hat. Ich möchte anfügen, daß er auch einen *Auslöser* hat. Im Zusammenhang mit der seelischen Homöostase ist der Auslöser für Aggression alles das, was die Homöostase bedroht. Das Ziel der Aggression ist es, diesen Auslöser auf die eine oder andere Art zu beseitigen. Das Objekt der Aggression ist die Person oder die Sache, von der dieser Auslöser ausgeht. Ich werde nicht versuchen, die Quelle der Aggression zu bestimmen, sondern möchte lieber auf ihre intrinsische Natur verweisen, indem ich die Aufmerksamkeit auf eine Eigenschaft der Aggression lenke, die selten gewürdigt wird, nämlich *wie* erbarmungslos sie ist – daß sie, wenn das Ich ihren ersten ins Bewußtsein gelangten, affektiven Regungen nicht angemessen entgegentritt, bis zu ihrem allerletzten Ziel voranschreiten und die Bedrohung beseitigen wird, und sei es um den Preis, das Objekt zu ermorden, eine Psychose zu entwickeln oder Suizid zu begehen. Dies veranschaulicht die Beziehung zwischen der seelischen Homöostase und der Aggression – daß nämlich für gewöhnlich die zunehmende Dringlichkeit eines Bedürfnisses, oder allgemeiner gesagt, die zunehmende Störung der seelischen Homöostase von einer zunehmenden Aggressivität begleitet wird. Dies gilt sowohl für den Fall, daß rein psychologische Beweggründe im Spiel sind, wie beispielsweise die Selbstachtung, als auch dann, wenn es um Leben und Tod geht. Es wird zu berücksichtigen sein, daß jeder Auslöser von Aggression auch als ein Auslöser von Angst angesehen werden könnte (Freud 1926d). Dies zeigt, wie eng die Beziehung zwischen Angst und Aggression ist: Angst kann ebenso sehr der Auslöser von Aggression sein, wie Aggression Angst hervorrufen kann. Dieser Standpunkt unterscheidet sich von anderen Denkschulen, die Aggression als das Ursprüngliche ansetzen und elementare Ängste als deren Folge (Klein 1948).

Es ergibt sich aus dem bisher Dargestellten, daß das Ich es zu seinen ersten Aufgaben zählen muß, seine Wahrnehmungsfunktion zu verfeinern, damit es in der Lage ist, den aggressionsauslösenden Reiz präzise zu erfassen, was bedeutet, zwischen den störenden Aspekten des Objekts und dem Objekt als Ganzem unterscheiden zu können. Auf die Auswirkungen, die das für die frühesten Objektbeziehungen hat, hat vielleicht niemand so sehr wie die Kleinianische Schule aufmerksam gemacht. Die Beiträge von Anna Freud, Hartmann und anderen haben dies ergänzt und betont, wie wichtig das Ich, seine autonome Arbeitsweise und seine Reifung, kurz gesagt seine führende und steuernde Rolle bei der Entwicklung des Individuums ist. Das folgende einfache Beispiel zeigt, wie bedeutsam es für das Ich ist, seine Wahrnehmungsfunktion zu verbessern: Ein Mann, der über sein Auto erbost ist, weil es an einem kalten Morgen nicht anspringt, muß zu der Unterscheidung in der Lage sein, daß er nicht das ganze Auto kaputt-machen möchte, sondern eben das ›Nicht-Starten‹ seines Autos. Es ist genau diese Fähigkeit, die schwer gestörten, etwa perversen Patienten mehr oder weni-ger verlorengegangen ist, wenn sie davon überzeugt sind, daß ihre Wut auf eine Eigenschaft oder einen Verhaltensaspekt des Objekts dieses der Gefahr einer vollkommenen Zerstörung aussetzt.

Die Auffassung von Aggression, die ich hier vertrete, kommt eigentlich der-jenigen von Freud sehr nahe, wie er sie in *Triebe und Triebschicksale* (1915c) formuliert. Dort erklärt er in seinen Überlegungen zum *Haß*, daß

> die *Unlust*relation die einzig entscheidende [zu sein] scheint. Das Ich haßt, verab-scheut, verfolgt mit Zerstörungsabsichten alle Objekte, die ihm zur Quelle von Un-lustempfindungen werden, gleichgültig ob sie ihm eine Versagung der sexuellen Be-friedigung oder der Befriedigung von Erhaltungsbedürfnissen bedeuten. Ja, man kann behaupten, daß die richtigen Vorbilder für die Haßrelation [...] aus dem Ringen des Ichs um seine Erhaltung und Behauptung stammen. (Freud 1915c, 230, Hervorh. M.G.)

Vielleicht ist es notwendig zu betonen, daß das Ziel des aggressiven Triebes nicht die Zufügung von Schmerzen ist. Allzu häufig wird dies implizit oder ex-plizit angenommen. Zum Beispiel schreibt Brenner (1971) in einem ansonsten bewundernswerten Beitrag:

> Die Ziele der Aggression variieren entsprechend der geistigen Entwicklung und der Erfahrung. Sie scheinen mit dem zusammenzuhängen, was dem Kind wehtut oder es ängstigt. Vielleicht verdankt sich die enge Beziehung zwischen diesen Zielen und denen der libidinösen Triebkomponenten zumindest teilweise dem Umstand, daß die Wünsche, die mit diesen sexuellen Zielen verknüpft sind, Angst oder Schmerz oder beides verursachen; das Kind verletzt jemanden oder möchte es, indem es dem ande-ren zufügt, was es selbst schmerzt oder ängstigt. (Brenner 1971, 140)

Ich würde sagen, daß Brenner hier eher den Sadismus in den Blick nimmt als die Aggression.

Die Perspektive, die sich daraus ergibt, daß es die Bedrohung der seelischen Homöostase ist, die Aggression auslöst, ist meines Erachtens vor allem klinisch hilfreich, wie das folgende Beispiel illustrieren soll.

Im Erstinterview zeigte sich ein Patient sehr besorgt darüber, daß er eines Tages jemanden töten könnte, weil er nicht imstande war, sein Temperament zu zügeln. Er beschrieb anhand einiger Beispiele, wie er »fuchsteufelswild« werden konnte. Während er seine Hände zu Fäusten ballte, sagte er, daß er alles tun würde, was ich ihm riete, um diese Bedrohung für seine Zukunft abzuwenden. In seinem ersten Beispiel fingen zwei Männer in einer Kneipe an, ihn zu piesacken, indem sie ihn kritische Kommentare darüber hören ließen, wie er seine Zigarette hielt, wie er seine Autoschlüssel auf die Bar legte, wie er dastand und so weiter. Er vergalt Gleiches mit Gleichem, blieb dabei aber ziemlich ruhig. Als er ein wenig später hinausging, stellte er fest, daß die beiden draußen auf ihn warteten. Sie kamen auf ihn zu, so daß er voller Angst davonlief. Nachdem er jedoch keine zehn Meter gelaufen war, dachte er:»Was eigentlich machst Du denn hier!« Daraufhin drehte er um, ging in rasender Wut auf seine Angreifer los und verletzte sie kurz gesagt so schwer, daß sie ins Krankenhaus mußten. Ein anderes Mal traf ihn ein achtloser Autofahrer mit dem Seitenspiegel. Bevor er wußte, was er tat, rannte er schon hinter dem Wagen her und rechnete sich mit klarem Verstand aus, daß er ihn an der nächsten Ampel einholen würde. Das tat er auch und schlug dem Fahrer zwei Mal ins Gesicht, bevor sich das halboffene Fenster schloß. Er hätte ihn ohne Rücksicht auf eigene Verletzungen auch durch das geschlossene Fenster hindurch geschlagen, wenn er sich nicht beruhigt hätte. Unter großer Scham teilte er mir mit, daß er vor kurzem sogar seine Frau geschlagen hatte, weil sie irgend etwas gesagt hatte – von dem er nur erinnern konnte, daß er es für eine Demütigung gehalten hatte. Mehr klinisches Material werde ich von ihm nicht vorlegen, außer daß er in seiner Kindheit von zwei älteren Brüdern und in der Schule von älteren Jungen schikaniert worden war.

Bei diesem Bericht fällt auf, daß es für den Patienten von überragender Bedeutung war, etwas sofort zurechtzurücken, indem es auf aggressive Weise ›beseitigt‹ werden mußte, und daß sein Verhalten panische Züge trug. Dieses ›etwas‹ kann als eine von vielen möglichen ›Gefahren‹ betrachtet werden: ein Schlag gegen seine Selbstachtung, ein Angriff auf seine Männlichkeit, seine Herabsetzung auf eine unterlegene Position, wie er es mit seinen Brüdern erlebt hatte, oder der Impuls, mit einer passiven homosexuellen Unterwerfung zu antworten – zweifellos würde es gelingen, dies in der Behandlung herauszufinden. Für den gegenwärtigen Stand unserer Diskussion ist jedoch relevant, daß es – gleichgültig, was es auch ist – eine ernste Bedrohung für seine seelische Homöostase darstellte und deshalb die extreme, aggressive Reaktion hervorgerufen hat, die er beschrieb. Von diesem Umstand sollte sich der Therapeut von Anfang an in seiner Handhabung und Vorgehensweise bei der Behandlung leiten lassen, statt sich auf die Suche nach den komplexen unbewußten Elementen zu konzentrieren, die sich im betreffenden Verhalten verbergen könnten.

Ich möchte diese Begriffsklärung weiter vorantreiben und mich von jenen Autoren abgrenzen, die Aggression für einen speziellen Ausdruck eines allgemeineren ›Aktivitäts‹triebes halten, oder aber von den Autoren, die ›Aktivität‹ als einen Abkömmling des Aggressionstriebes ansehen. Zweifellos kommen diese Autoren zu derartigen Standpunkten, weil sie Handlungen beobachten, bei denen Aggression konstruktiv verwendet zu sein scheint, zum Beispiel wenn Bäume gefällt werden, um ein Blockhaus zu bauen, oder wenn man Teile eines Steines wegmeißelt, um aus ihm eine Skulptur zu machen. Meiner theoretischen Auffassung zufolge bleibt das aggressive Verhalten destruktiv: im bildhauerischen Akt werden die Formlosigkeit, die unwichtigen Teile des Steins, die Teile des Steins, die zwischen dem Bildhauer und dem Ausdruck seiner tiefsten Gefühle stehen, beseitigt, negiert; im Fall des Blockhauses ist es die ›Unbehaustheit‹ der Außenwelt, die angegriffen wird, so wie das ›Nicht-Starten‹ des Autos.

Nachdem ich nun ausführlich dargelegt habe, daß ich unter Aggression die Reaktion des Ichs auf eine Bedrohung der seelischen Homöostase verstehe, möchte ich jetzt die Rolle untersuchen, die ihr beim Kernkomplex zukommt.

Die Rolle der Aggression im Kernkomplex

Aggression ist ein wesentlicher Bestandteil des Kernkomplexes. Weiter oben habe ich beschrieben, wie die starke Sehnsucht nach der Mutter in dem Wunsch gipfelt, mit ihr zu verschmelzen, und wie dies implizit vom Verlust der eigenen getrennten Existenz als Individuum begleitet wird – der ›Auslöschung‹. Es wird nun ohne weiteres nachzuvollziehen sein, daß dieser schwerwiegende Angriff auf das seelische Gleichgewicht eine intensive aggressive Reaktion von Seiten des Ichs hervorrufen wird, die darauf abzielt, das Selbst zu erhalten und die Mutter zu zerstören. Eine solche Zerstörung würde jedoch einen Zustand herbeiführen, der von der vollkommenen Abwesenheit der Mutter bestimmt ist – Verlassenheit. Auf diese Weise trägt Aggression zu den ›Verlassenheits‹ängsten bei, die dem Rückzug von der Mutter nachfolgen, wie ich es oben beschrieben habe.

Mit den beschränkten Mitteln, die dem Ich in diesem frühen Entwicklungsstadium zur Verfügung stehen, bleibt es in seinen Anstrengungen, mit diesen konfligierenden Regungen fertig zu werden, zwangsläufig rudimentär und unwirksam, so daß man diese Bestandteile beim erwachsenen Perversen nur noch als Elementarformen eines entwickelteren klinischen Erscheinungsbildes vorfindet. Da das Ich lediglich über primitive Mechanismen verfügt, spaltet es die affektiven Impulse gegenüber der Mutter und versucht, den aggressiven Anteil durch Verleugnung zu erledigen. Häufig wird dieses aggressive Moment dann auf die Mutter projiziert, die in der Folge als verschlingend oder eindringend erlebt wird.

Eine weitere Variante, mit der Aggression fertig zu werden, ist, daß das Ich die innere Objektrepräsentanz zu spalten versucht, so daß es den einen Teil des Objekts weiter lieben kann, während die aggressiven Regungen auf den anderen Teil gerichtet sind. Wieder bedarf es weiterer Entwicklungsschritte, damit diese Haltung beibehalten werden kann – indem beispielsweise die aggressiven Empfindungen auf eine andere Person wie etwa den Vater verschoben werden (siehe weiter unten; vgl. auch McDougall 1964; 1979). In dieser frühen Entwicklungsphase ist das Selbst der einzige Ort, auf den das Ich die abgespaltene Aggression verschieben kann. Häufig wird dies am eigenen Körper bewerkstelligt: man könnte es als ›Verschiebung ins Somatische‹ bezeichnen. Dort scheint sie gefahrlos untergebracht. Im Zuge dieser frühen Aggressionsschicksale ist der perverse Patient in der Lage, seine Körperinhalte nicht nur als Vehikel für Gefühlsäußerungen zu betrachten, sondern auch als Objekte. Als ein Beispiel dafür kann der transvestitische Patient gelten, den ich später vorstellen werde (S. 41 f.). Dieser elementare Mechanismus der ›Verschiebung ins Somatische‹ wird bei der Bildung psychosomatischer Zustände verwendet, wie sie so häufig bei Perversionen zu finden sind.

Der Gefahr, ›verlassen‹ zu sein, – die sowohl von dem Wunsch, die verschlingende, eindringende Mutter zu vernichten, als auch von dem Wunsch, sich von ihr zurückzuziehen, hervorgerufen wird – wird im allgemeinen mit solchen Mechanismen begegnet, die darauf hinarbeiten, den Kontakt zur Mutter wiederherzustellen. Die Aggression wird dann auf diejenigen Faktoren gerichtet, die diesem Ziel entgegenstehen. Es ist verlockend, die Energie, die von diesen Mechanismen zur ›Negation‹ jener störenden Faktoren eingesetzt wird, als neutralisierte aggressive Energie aufzufassen und darin Hartmann (1964) zu folgen, der es »für wahrscheinlich« hält,

> daß Abwehr gegen die Triebe (Gegenbesetzung) ein Element (Kampf) enthält, das es uns gestattet, sie als vorwiegend von einer Form aggressiver Energie gespeist zu beschreiben. (Hartmann 1964, 228)

Einige klinische Tatsachen lassen sich mit Hilfe dieser Überlegungen erklären. Ich habe bereits erörtert, auf welche Weise das Ich versuchen kann, die aggressiven Strebungen gegen die Mutter mit Hilfe einer ›Verschiebung ins Somatische‹ einzudämmen. Das Ich wird die Aggression jedoch auch gegen sich selbst richten, wenn diejenigen Vorgänge, die den Kontakt mit der Mutter wiederherzustellen bestrebt sind, von gegenläufigen Interessen des Ichs gestört werden. So kann zum Beispiel das Ich seine Funktion der Affektwahrnehmung hemmen oder zerstören: Der Patient erlebt eine umfassende ›Fühllosigkeit‹, so daß er weder wahrnimmt, daß er die Mutter vermißt, noch, daß er sie zerstören will. Solch eine ›Fühllosigkeit‹ ist nicht dasselbe wie die im Lauf der späteren Entwicklung erworbene Fähigkeit zur Verdrängung von Gefühlen, denn sie funktioniert viel gröber und weitgreifender und kommt fast einem körperlichen Zustand gleich. Als allerletzter Ausdruck solcher Vorgänge kann der Suizid gelten. Sofern die nach innen gerichtete Aggression stark genug ist, kann sie sozusagen Amok laufen und großflächig auf die elementaren Ich-Funktionen zielen – Wahrnehmung, Synthese und so weiter – ähnlich wie ein Tier sich in das eigene schmerzhaft verwundete Bein beißt. Ich spiele damit natürlich auf die Entstehung eines psychotischen, strukturersetzenden Zusammenbruchs an (vgl. S. 26 sowie Glover 1964).

Zu erwähnen ist, daß sich die Dynamik, die ich dargelegt habe, ausschließlich im Rahmen einer Zwei-Personen-Beziehung abspielt, die keine dritte Person (für gewöhnlich der Vater) mit einbezieht. Der Dritte wird nicht, wie später vielleicht, als ein Objekt gebraucht, mit dem man sich identifiziert oder auf das aggressive oder andersartige Regungen verschoben werden können. Welche Wendung der Kernkomplex jeweils nimmt, wird natürlich davon beeinflußt, wie sich die Mutter zu ihrem Kind verhält, worauf ich später ausführlich eingehen werde. An dieser Stelle soll lediglich an die offensichtlichen Möglichkeiten erinnert werden, wie die Mutter mit ihren Einstellungen und ihrem Verhalten die seelische Homöostase des Kindes stören und auf diese Weise weitere Aggression hervorrufen kann, also durch Vernachlässigung oder Zurückweisung einerseits sowie durch eine überfürsorgliche und ›erdrückende‹ Haltung andererseits (vgl. Jacobson 1965).

Während das Kind den Kernkomplex durchlebt, ist sein seelischer Zustand alles andere als friedlich und ruhig: man muß ihn sich als weitgehend chaotisch, fragmentiert, nicht-integriert vorstellen, ständig von einem tiefgreifenden Einbruch in die seelische Homöostase bedroht. Dieser Zustand ist jedoch nicht eigens auf die Perversionen beschränkt. Im Gegenteil, man findet ihn überall dort, wo ein extremes Maß an primitivem, gestörtem seelischen Funktionieren vorliegt, wie ich es beschrieben habe. Was ich hier allerdings gerade darlege, *ist* für die Perversionen spezifisch und dirigiert zumindest bis zu einem gewissen Grad, welche Psychopathologie ›gewählt‹ wird, d. h. warum sich in dem jeweiligen Fall eher eine Perversion als eine andere Form der Psychopathologie entwickelt.

Die Entstehung einer spezifischen Disposition für Perversionen

Bei der Perversion versucht das Ich, durch umfassende *Sexualisierung* aus dem Teufelskreis des Kernkomplexes und der damit verbundenen Konflikte und Gefahren, wie ich sie umrissen habe, herauszukommen. Aggression wird somit in Sadismus umgewandelt. Das hat den unmittelbaren Effekt, daß die Mutter nicht mehr von völliger Zerstörung bedroht, sondern geschützt wird und das Überleben der Beziehung zu ihr gesichert ist. Der Wille zu zerstören hat sich in den Wunsch verwandelt, zu verletzen und zu kontrollieren. Das Sexualisieren wirkt auch als eine bindende, organisierende Kraft auf die innere Verfassung, ermöglicht der Abwehr, erfolgreicher zu sein, und gewährleistet das Zustandekommen einer gewissen Stabilität.

Nur wenn diese Vorgänge zusammenbrechen, kann sich der Sadismus in Aggression zurückverwandeln. Der Sadismus geht somit in Sexualstraftaten über, die wiederum in das Spektrum der Gewaltdelikte hineinreichen, wobei die Anerkennung des Objekts als einer Person entsprechend abnimmt. Wenn man, wie ich, sowohl mit delinquenten als auch mit Patienten arbeitet, die in ihrem sexuellen Verhalten abweichen, ist zu beobachten, wie sich die Patienten auf einem Kontinuum anordnen lassen, das sich von Gewalt bis zu richtigen Perversionen erstreckt. Bei manchen Fällen kann man im Lauf der Behandlung buchstäblich dabei zusehen, wie sich der Prozeß des Sexualisierens ereignet. Für einen Einbrecher, den ich behandelte, war es typisch, daß er manchmal in dem Haus, in das er gerade einbrach, plötzlich Amok lief: Er zog alles aus den Schränken und Schubladen heraus, zerriß Kleidung, schlitzte Kissen auf, schleuderte Möbelstücke durch den Raum, rannte durch die Zimmer und verstreute dabei überall Mehl, Zucker, Eier und ähnliche Dinge. Schließlich verließ er das Haus, ohne irgendwelche Wertsachen mitzunehmen. Die Analyse seiner Einbrüche ergab, daß die hauptsächlichen Beweggründe dafür im Kernkomplex zu finden waren. Er brach immer dann ein, wenn er sich besonders einsam fühlte. Das Eindringen in das Haus stellte das Eindringen in den Körper der Mutter dar, das Wegnehmen der Wertsachen stand für die gewaltsame Inbesitznahme ihrer kostbaren Liebe, mit der sie in seiner Kindheit so gegeizt hatte. Immer dann, wenn er Amok lief, hatte irgend etwas (etwa ein Teil Damenunterwäsche) seinen Zorn und seine Angst, verschlungen zu werden, ausgelöst. Die Verwüstung ließ sich so als ein Ausdruck von Wut und Panik in oraler wie analer Hinsicht verstehen, das Verlassen des Hauses beruhigte ihn dahingehend, daß er sich vor dem Verschlungenwerden retten konnte. Dann war es wichtig, nichts aus dem Haus mitgenommen zu haben, da dies ein Anrecht der Mutter auf ihn dargestellt hätte. Von besonderer Bedeutung für den gegenwärtigen Stand unsere Diskussion ist aber, daß er an dem Punkt einer langen Behandlung, an dem er alle Lust am Einbrechen verlor, damit begann, sich zu exhibitionieren. Dies verschwand im Laufe der weiteren therapeutischen Arbeit, als er eine befriedigende Beziehung mit einer Frau einging, die er später heiratete.

Es kann vorkommen, daß mit Hilfe anderer seelischer Vorgänge ein höherer Grad an Strukturiertheit entsteht, so daß unmittelbar keinerlei Anzeichen weder von Aggression noch von Sadismus zu erkennen sind. In der bevorzugten Masturbationsphantasie eines homosexuellen Patienten befand sich dieser rittlings auf dem Schoß seines Geliebten, der auf einer Toilette saß, während beide mit dem Gesicht zueinander defäzierten und urinierten. Wenn man berücksichtigt, daß Ausscheidung vom Ich mit Aggressionsbedeutungen belegt werden kann, und ferner, daß derartige Handlungen Ausstoßungscharakter haben, dann läßt sich anhand dieses kurzen Beispiels erkennen, wie Sexualisierung das Objekt vor der Aggression des Kernkomplexes schützt und die Beziehung bewahrt. Bei diesem Fall ist der Sadismus nicht offensichtlich – er wird gefahrlos in der Toilettenschüssel deponiert und weggespült.

Wichtig ist, daß ein zentraler Bestandteil der sadistischen Befriedigung sehr häufig darin besteht, daß das Objekt erlebt, was das Subjekt es erleben lassen möchte. Dies ist in vielerlei Hinsicht beruhigend. Es beseitigt die Ungewißheit in bezug auf das, was das Objekt fühlen könnte: Diese Unsicherheit ist ein bedeutsames Element in der Beziehung zur Mutter, wie ich weiter unten ausführen möchte. Es transportiert darüber hinaus das Gefühl, daß beide Beteiligten von derselben affektiven Situation eingenommen sind: Dies kommt der ersehnten Verschmelzung mit dem Objekt nahe, bewahrt aber davor, daß das Selbst dabei verloren geht. Deshalb gehört es so oft zum Bedingungsgefüge des Sadisten, daß das Objekt nicht zu leiden wünscht – für einen Masochisten interessiert sich ein Sadist daher häufig nicht. Für die Phantasie eines Sadisten ist es meist erforderlich, daß das Objekt an dem sexuellen Geschehen nicht teilhaben möchte und dieses eigentlich ablehnt, es aufgrund der überragenden Macht und Überlegenheit des Sadisten jedoch wider Willen davon erfaßt wird und sich schließlich leidenschaftlich daran beteiligt. Der Exhibitionist zum Beispiel möchte auf dem Gesicht der Frau, vor der er sich entblößt, lieber zuerst einen Schock oder Ekel sehen, und selbst wenn er sich der Gemeinheit in seinen Gefühlsregungen bewußt ist, wird in seiner Phantasie die Frau dennoch vom Anblick seines Penis überwältigt sein und sich ihm begeistert hingeben. Auch der Fall eines homosexuellen Patienten, der analen Geschlechtsverkehr an jungen adoleszenten Jungen praktizierte, die so etwas zuvor noch nie getan hatten, mag dies illustrieren. Für ihn war es wichtig, daß ihnen seine Penetration wehtat und sie darum kämpften, sich zu befreien, dann jedoch begannen, es sexuell erregend zu finden, ihre Lust daran schlußendlich zu genießen und es wiederholen zu wollen. An reifen Homosexuellen, die sich ihm freudig für den analen Geschlechtsverkehr zur Verfügung stellten, zeigte sich der Patient kaum interessiert. Das zentrale Element bei dieser Art von ›Verführung‹ ist, daß kein Zweifel daran besteht, daß er vom Objekt ungemein begehrt wird, während er zugleich die Lust des Objekts und seine eigene Leidenschaft kontrolliert (wie er es sich selbst gegenüber häufig durch *coitus reservatus* und ähnliche Dinge demonstrierte). Somit können alle beunruhigenden Komponenten des Kernkomplexes durch Sexualisierung ausgeschaltet werden: Die Aggression droht nicht länger in Zerstörung und Verlust zu münden und die Gefahren von Auslöschung und Verlassenheit sind offensichtlich abgewendet. Das sadistische Zusammenspiel mit dem Objekt kann auch die Bedeutung einer Rache annehmen, hauptsächlich an der Mutter. Dies wird ausführlich von Stoller (1975; 1979) diskutiert.

Ich möchte deutlich machen, daß meiner Auffassung nach eine solche Sexualisierung der Aggression nicht in eine Neutralisierung der beteiligten Triebe mündet. Ich sehe mich außerstande, jenen Autoren zuzustimmen, die Aggression und Libido als ›gleich, nur einander entgegengesetzt‹ ansehen, so wie etwa Säure und Base, die, wenn man sie in geeigneten Anteilen mischt, eine ›neutrale Lösung‹

ergeben. Gegen diese Vorstellung läßt sich zum Beispiel einwenden, daß das Gegenteil von Liebe eher Gleichgültigkeit als Haß ist. Dieser falsche Ansatz ist darauf zurückzuführen, daß theoretische Konstrukte, die kaum etwas mit klinischen oder Verhaltensphänomenen zu tun haben, genau darauf zum Zwecke der Erklärung angewandt werden. Der Standpunkt, den ich hier ausgeführt habe, läßt ferner sehr deutlich erkennen, daß ich den Sadismus nicht als einen Bestandteil des Sexualtriebes betrachte, wie Freud es tat und viele zeitgenössische Psychoanalytiker es noch tun – zum Beispiel Gero (1962). Zweifellos ist die analsadistische Stufe ein fester Bestandteil der normalen seelischen Entwicklung, aber zu glauben, daß dabei eine andere Art der Libido am Werk sei, ist ebenso irreführend wie anzunehmen, daß bei der Homosexualität eine andere Sorte Libido im Spiel wäre als beim Transvestitismus, beim Fetischismus oder bei der Heterosexualität.

Bei der Perversion kann jedes seelische Organisationselement oder jede Funktion libidinös besetzt werden. Auch die Ich-Funktionen kann dieses Schicksal ereilen. Am häufigsten ist das bei denjenigen Ich-Funktionen zu beobachten, die an der Gestaltung des frühesten Kontakts zum Objekt beteiligt sind. Ich möchte klarstellen, daß ich mich hier nicht darauf beziehe, daß eine Ich-Funktion einem perversen sexuellen Ziel dienen kann, wie etwa das Riechen beim Fetischismus oder das Schauen beim Voyeurismus, vielmehr handelt es sich um die jeweilige Ich-Funktion selbst, die sexualisiert wird. Ein Patient entwickelte zum Beispiel Augenbeschwerden, die, so ließ es sich schließlich verstehen, daher resultierten, daß die Aktivität des Sehens selbst sexualisiert worden war: Unbewußt symbolisierte sie das phallische Eindringen in das Objekt (wie es von Wendungen wie ›durchdringender‹ oder ›stechender Blick‹ transportiert wird) und die visuelle Einverleibung (›mit Blicken verschlingen‹). Die wesentlichen Elemente des Kernkomplexes – in das Objekt hineingenommen werden, aggressives Eindringen und so weiter – haben hier auf dem Weg der Sexualisierung ihren Niederschlag in einer Ich-Funktion gefunden.

Ich habe weiter oben erwähnt, daß die Internalisierung eine der wenigen Möglichkeiten ist, die dem frühen Ich bei seinem Versuch, mit der Aggression im Rahmen des Kernkomplexes zurechtzukommen, zur Verfügung steht. Vielleicht kommt dies einer Art Wegbahnung für die Errichtung des Über-Ichs in einem späteren Entwicklungsstadium gleich, denn das Über-Ich ist bei den Perversionen typischerweise sadistisch. Es ist weithin anerkannt (Freud 1930a; Hartmann/Kris/Loewenstein 1949), daß Aggression über das Über-Ich internalisiert wird, jedoch scheint dies besonders bei der Perversion so zu sein; der resultierende Sadismus trägt dabei die Züge der Objektbeziehungen jener Zeit, in der das Über-Ich sich formiert hat. Ich habe an anderer Stelle (Glasser 1978) diskutiert, daß diese Art der Beziehung ein charakteristisches Merkmal des Exhibitionismus ist: Das Selbst befindet sich dabei generell in einer unterwürfigen, masochistischen Haltung gegenüber dem Über-Ich und durchbricht dies mit anfallsartigen Trotzreaktionen in Gestalt exhibitionistischer Handlungen. Ich brachte dies in einen Zusammenhang mit der frühen Beziehung zur Mutter, in der ich die Bestandteile des Kernkomplexes entdeckte, ohne mich dabei explizit auf diese zu beziehen. Solche Elemente sind bei allen Perversionen zu finden. Diese Beobachtung unterstreicht, daß die Sexualisierung von Aggression die gesamte Persönlichkeitsstruktur des Perversen durchdringt.

Ich möchte nun kurz aufzeigen, welche Rolle die Mutter bei den Aggressionsschicksalen im Rahmen des Kernkomplexes spielt. Häufig haben wir keine objektiven Informationen, die das vom Patienten gezeichnete Bild seiner Mutter untermauern könnten. Ein charakteristisches Merkmal zeigt sich jedoch so regelmäßig in den Berichten der Patienten mit einer echten Perversion, daß man mit Sicherheit annehmen kann, daß es stimmt. Es handelt sich um die ausgeprägte narzißtische Persönlichkeit der Mutter und die narzißtische Beziehung zu ihrem Kind. Sie wird von verschiedenen Patienten mehr oder weniger als eine Person wahrgenommen, die ihr Kind als ein Mittel zur Befriedigung eigener Bedürfnisse gebraucht und die emotionalen Bedürfnisse des Kindes nicht wahrnimmt. Sie ist sowohl überfürsorglich wie gleichgültig und stört auf diese Weise die seelische Homöostase des Kindes in beide Richtungen. Ihre narzißtische Überfürsorglichkeit, das Kind als einen Teil von sich selbst zu behandeln, verstärkt die Ängste des Kindes vor Auslöschung und intensiviert seine Aggressionen gegen die Mutter. Der Umstand, daß sie emotional mit sich beschäftigt ist, ihre Gleichgültigkeit und ihre Unerreichbarkeit für die Bedürfnisse des Kindes sorgen bei diesem für Frustrationen, wecken seine Verlassenheitsängste und verstärken wiederum seine Aggression ihr gegenüber.

Es kann gut sein, daß die Wendung des Kindes hin zu einer sexualisierenden Bewältigung der Aggression durch die Mutter angeregt wird. Es gibt viele Patienten, deren Vorgeschichte eine manifeste sexuelle Stimulation von Seiten der Mutter aufweist, die sich manchmal bis in die Adoleszenz erstreckt: Ein Patient berichtete, daß seine Tante ihm erzählt hatte, wie seine Mutter mit seinem Penis zu spielen pflegte, um ihn vom Schreien abzubringen. Ein anderer Patient erinnerte sich, wie er sogar noch als Schulkind mit seiner Mutter in einem Bett lag und ihre nackten Brüste liebkoste. Wieder ein anderer erwähnte beiläufig, daß ihn seine Mutter im Alter von 22 Jahren noch immer badete. Auch wenn das sexuelle Verhalten der Mutter weniger manifest ist, hat der Patient seine Mutter oft als verführend erlebt. Dieser Befund wird von vielen Autoren geteilt. McDougall (1972) merkt an, daß die »Mutter als Komplizin und Verführerin angesehen wird« (373). Bak (1968) erkennt in der verführerischen Art der Mutter eine spezifische Form:

> In dem Jungen wird das Gefühl ausgelöst, daß er nicht nur bevorzugt wird, sondern daß er der Mutter durch einen identitätsstiftenden Bund näher steht. [...] In einigen Fällen waren die Patienten der Realisierung eines Inzests sehr nahe gekommen. (Bak 1968, 31 f.)

Rosen (persönliche Mitteilung) stellte fest, daß seine klinischen Befunde ähnlich ausfallen. Er ergänzte, daß seiner Ansicht nach der zentrale Faktor darin bestand, daß die Mutter zwar besonders verführerisch war, ihr Versprechen jedoch nie einlöste.

Limentani (1975) macht jedoch darauf aufmerksam, daß solche Befunde nicht ausnahmslos zutreffen, wenn er schreibt:

> Nach meinen Erfahrungen waren die Mütter von Bisexuellen keine verführerischen Mütter, wie wir sie oft bei Homosexuellen treffen. (Limentani 1975, 117)

Tatsächlich wird die ganze Angelegenheit dadurch in Zweifel gezogen, daß Patienten ihre Mütter als emotional zurückhaltend schildern oder sich nicht daran erinnern können, je von ihrer Mutter geherzt oder umarmt worden zu sein oder auf irgend eine andere Art die körperliche Zuwendung der Mutter erlebt zu haben. Solche Mütter vernachlässigen jedoch keinesfalls das Körperliche, man findet im Gegenteil stets Hinweise darauf, daß sie sehr wohl mit dem Körper ihrer Söhne befaßt waren. Daher drängt sich die Frage auf, ob nicht eine spezielle Besetzung des Körpers oder eine unbewußte Vermittlung von Sexuellem auch in diesen Fällen den Weg zu einer Sexualisierung bahnen könnte. Mein Bericht über die Beziehung eines Transvestiten zu seiner Mutter wird dies illustrieren (siehe S. 42).

Wie fürsorglich die Mutter jedoch auch immer sein mag, sie verhält sich widersprüchlich und oftmals sogar ›aufreizend‹. Dies fördert sowohl die Angst vor Unsicherheit als auch die Aggression und gilt als eine wichtige Entwicklungsbedingung für das spätere sadistische Bedürfnis, das Objekt zu kontrollieren und genau bestimmen zu wollen, was es fühlt und wie es reagiert. Bei den Patienten, mit denen ich dies bis ins Detail erforschen konnte, bin ich tatsächlich immer auf eine frühe Beziehung zur Mutter gestoßen, die vor allem sadomasochistisch war. Darüber hinaus habe ich keinen einzigen Patienten mit einer Perversion gesehen, der keine enge Beziehung zu seiner Mutter (oder einem entsprechenden Ersatz) gehabt hätte. Dabei ist es um so wahrscheinlicher, daß der Sadismus vornehmlich körperlich aggressiv agiert wird, je distanzierter die Beziehung zur Mutter ist. Diejenigen Patienten, die als Kind ohne Mutter aufgewachsen sind, in Institutionen großgezogen wurden oder von einer Pflegemutter zur nächsten kamen, ohne daß sie tiefergehende Beziehungen hätten aufbauen können, weisen stets eine ausgesprochen gestörte Sexualität auf, die entweder stark gehemmt ist oder grausame sadistische Phantasien oder Verhaltensweisen beinhaltet, die wenig oder gar keine Rücksicht auf das Objekt nehmen. Meiner Ansicht nach leiden solche Patienten nicht an einer echten Perversion, sondern an einer Borderline-Störung oder einer Psychose mit abweichender Sexualität. Dies läßt sich einerseits daran erkennen, daß ihnen Zusammenhalt und Einheitlichkeit fehlt, von denen die innere Verfaßtheit des perversen Patienten gekennzeichnet ist, und andererseits an der Unbeständigkeit, mit der sich ihr abweichendes sexuelles Verhalten äußert, das mal diese, mal jene Form annimmt.

Bevor ich zum Schluß dieses Abschnitts komme, möchte ich kurz das Problem des Masochismus als einer Perversion erörtern. Dies kann auf vielerlei Arten untersucht werden (Freud 1924c; Loewenstein 1957; Berliner 1958; Lihn 1971; de M'Uzan 1973). In meinen eigenen Überlegungen möchte ich mich auf Aspekte beschränken, die sich auf das Verhältnis von Masochismus und Kernkomplex beziehen. Ich denke, ich kann mein Verständnis von der Rolle des Masochismus dabei am besten vermitteln, indem ich die Bemerkung einer Patientin zitiere, die sie machte, als sie über die masochistischen Geschichten sprach, die sie in ihren späten Teenagerjahren gelesen hatte und die sich um solche Dinge drehten, wie die Vergewaltigung einer Frau durch eine Gruppe von Besatzungssoldaten. »Heute denke ich nur noch: Gottseidank hat die Frau überlebt«, erklärte sie, »aber damals fand ich es sehr erregend«. Wieder erscheint es als das grundlegende Prinzip, daß sexualisiert wird, um Zerstörung zu verhindern. In der erwähnten Phantasie kann das ›Opfer‹ sowohl für das Selbst als auch für das Objekt stehen, was mit jeweils anderen Implikationen einhergeht. Das heißt, daß hier nicht nur die »Verführung des Angreifers« (Loewenstein 1957, 214) eine Rolle spielt, sondern auch die Sexualisierung der auf das Objekt gerichteten Aggression im Rahmen des Kernkomplexes.

Es sollte bekannt sein, daß der Masochist sich selbst eine gewisse Kontrolle über das Geschehen verschafft (wie es am lebendigsten der Aufsatz von de M'Uzan illustriert). Er ist der Herr der Abläufe und bestimmt – oft bis ins kleinste Detail –, was er in der Rolle des Opfers erleiden wird. Ein masochistischer Patient berichtete mir von seinen Treffen mit einer Prostituierten, die er alle zwei Monate aufsuchte. Den ganzen Tag lang spielte er dabei ihren Diener, putzte ihre Wohnung von oben bis unten, kochte Mahlzeiten für sie, ließ ihr ein Bad ein, richtete ehrerbietig das Wort an sie und so weiter. Am Ende des Tages machte sie einen Inspektionsgang durch die Wohnung und vermerkte alles, was an seiner Arbeit zu bemängeln war oder was er übersehen hatte – eine Spur Staub hier, einen Fingerabdruck dort oder einen Gegenstand, der nicht am richtigen Platz war –, und fügte es der Liste mit den Fehlern hinzu, die er schon im Lauf des Tages begangen hatte. Sie ließ ihn dann unterwürfig vor sich stehen, tadelte ihn streng und gab ihm für jeden gefundenen Fehler mit dem Rohrstock einen Schlag auf die Hand. Manchmal mußte er statt dessen auch mit bis zu den Knöcheln heruntergelassenen Hosen in der Ecke stehen und auf sie warten, bis sie ihn dann auf seinen nackten Hintern schlug.

Es ist deutlich zu sehen, daß er im großen und ganzen selbst bestimmen konnte, welche Bestrafung er bekam. Er konnte darüber hinaus sicher sein, daß seine aggressiven Impulse in dieser agierten Form vollständig unter Kontrolle waren, indem jeder Fehltritt strikt vermerkt und bestraft wurde (nebenbei bemerkt drückte sich darin die Beziehung zu seinem Über-Ich aus, siehe S. 35 f.). Zugleich konnte er das Gefühl haben, selbst zu kontrollieren, wann er kam und wann er ging, und damit in bezug auf das Objekt das Grundproblem von Annäherung und Rückzug im Griff zu haben, womit er seine Ängste vor Auslöschung und vor Verlassenheit in Schach hielt. Von Bedeutung war auch, daß er, während er bei der Prostituierten war, keinerlei sexuelle Erregung empfand: Ausschließlich hinterher, wenn er zuhause war, masturbierte er, während er die Ereignisse des Tages an sich vorbeiziehen ließ. Somit war ausgeschlossen, daß er, wenn er seiner Leidenschaft freien Lauf gab, die Kontrolle über die Situation in Anwesenheit des Objekts verlieren würde. Untersuchungen an Masochisten unterstreichen, daß sie die Bedingungen ihres ›hilflosen Leidens‹ höchst präzise selbst festlegen. Wie Loewenstein (1957) feststellt:

> Masochisten suchen ausschließlich bestimmte Formen von Leiden und Erniedrigung, die spezifisch und individuell verschieden sind. Sobald diese in ihrer vorgesehenen Intensität überschritten werden oder eine andere Form annehmen, wird darauf wie sonst auch mit Angst und Schmerz reagiert. (Loewenstein 1957, 200)

Ich habe weiter oben (S. 30) die mögliche Folgen erörtert, die es haben kann, wenn die Aggression nach innen gerichtet wird, nachdem die Flucht vor dem Objekt angetreten wurde, um den Ängsten vor Auslöschung zu entgehen. Nun können wir untersuchen, auf welche Weise das Objekt im Masochismus bewahrt werden soll. Der Masochist macht gleichzeitig die Aggression bei sich wie beim Objekt unschädlich. Im Masochismus scheint unweigerlich gewährleistet, daß das Objekt nicht angegriffen wird und derart vor Zerstörung geschützt ist. Zugleich unterbindet der Masochismus die Gefahr von Verlassenheit, indem er den »Zorn [des Objekts] zu Dominanz abmildert und Fahnenflucht ausgeschlossen ist« (Loewenstein 1957, 220). Dieses Element wurde von dem gerade dargestellten Bericht des masochistischen Patienten sehr schön veranschaulicht.

Aus der vorhergehenden Diskussion wird ersichtlich, daß es beim Masochismus immer ein Element der Täuschung gibt, immer eine hochmütige Verachtung sowie eine Durchsetzung von Kontrolle, die hinter Erniedrigung und Unterwerfung verborgen werden. Daraus läßt sich ableiten, so könnte man annehmen, daß jede Perversion ein Element der Täuschung aufweist, da Sadomasochismus, wie ich herauszuarbeiten versucht habe, ein allgegenwärtiges Moment in Perversionen darstellt. Die klinische Erfahrung bestätigt dies, und jeder Therapeut muß sorgfältig darauf achten. Diese Täuschung taucht hauptsächlich in der Beziehung zum Über-Ich auf, was sich auch in der Übertragung niederschlägt. Das Hauptmotiv für diese Täuschung besteht darin, das Überleben auf dem Feld des Kernkomplexes zu sichern.

Der Beitrag der Aggression zu den späteren Entwicklungsstufen der Perversion

Echte Perversionen sind komplexe seelische Strukturen, von denen die gesamte Persönlichkeit erfaßt ist. In ihrer endgültigen Form sind sie daher von den verschiedenen Entwicklungsstadien geprägt, die jeder Mensch durchlaufen muß, aber auch von den individuellen Erfahrungen. Dementsprechend läßt sich die Diagnose einer wirklichen Perversion erst stellen, wenn die Adoleszenz durchlaufen wurde, da sich die psychopathologischen Strukturen erst dann fest etabliert haben. In jedem Stadium ist die Entwicklung davon geprägt, wie die konfligierenden Bedürfnisse des Kernkomplexes jeweils gelöst werden. Ich werde aus verschiedenen Entwicklungsphasen einige Aspekte herausgreifen, um dies zu illustrieren.

Anhand des klinischen Materials eines Transvestiten soll im folgenden aufgezeigt werden, wie einerseits die anale Phase zur Struktur der Perversion beiträgt, und wie andererseits diese Phase von den Gefühlszuständen des Kernkomplexes beeinflußt ist. Wenn der Patient Frauenkleider trug, bestand ein bedeutender Lustgewinn darin, daß er sich in ihnen frisch und sauber fühlte. Dies war mit einer Phase in seiner Kindheit verbunden, in der er seinen Darminhalt bis zum Moment der Inkontinenz zurückhielt, seine Unterhosen beschmutzte und manchmal sogar in sie hinein defäzierte. Seine Mutter war darüber sehr verärgert, da sie seine Unterhosen waschen mußte. Die analytische Arbeit zeigte, daß ein Motiv seines Kot-Zurückhaltens an seine Überzeugung geknüpft war, daß er, wenn er defäzierte, einer explosiven, vernichtenden Wut gegen seiner Mutter zum Ausdruck verhalf. Er äußerte dies in einer Sitzung, als er sagte, daß er sich wie eine Handgranate fühle, die explodieren und uns beide ausradieren würde. Dazu war es gekommen, weil mich der Patient als jemanden erlebte, der sich nicht wirklich um ihn kümmerte und ihn nur aus Gründen therapeutischer Pflichterfüllung empfing. Das war genau das Bild gewesen, das er in Schilderungen seiner Kindheit von seiner Mutter gezeichnet hatte, die emotional zurückhaltend, in der Pflege seines Körpers aber gewissenhaft gewesen war. Jedoch ließ sich das Symptom von Zurückhalten und Inkontinenz nicht nur mit seiner Wut verbinden. Es ermöglichte ihm auch, sadistische Lust dabei zu empfinden, daß er seine Mutter ohnmächtig machen und sie zwingen konnte, die unangenehme Aufgabe übernehmen zu müssen, seine verschmutzten Unterhosen zu reinigen. Auf diese

Weise ließ er sie für ihre mehr pflichtbewußte als liebevolle Haltung bezahlen. Das führte dazu, daß er in die Klinik kam, was für ihn zu einer schwer traumatisierenden Erfahrung wurde. Dort geschah vieles, was seine starken Ängste vor Auslöschung und Kastration sowie seine Verlassenheitsgefühle mobilisierte. Das darauffolgende Entsetzen und die Wut überwältigten ihn fast. Er beruhigte sich damit, daß alles gut werden würde, weil er in Mädchenkleidern entlassen werden würde. Darin kam seine Überzeugung zum Tragen, daß Frauen nicht defäzierten. Wenn er später die Unterhosen seiner Mutter anzog, fühlte er sich wunderbar frisch, sauber und entspannt.

Später in der Behandlung fanden wir eine noch tiefere, frühere Bedeutung seines analen Verhaltens. Er bediente sich der Empfindung, ein gefülltes Rektum zu haben, als einer nachdrücklichen ›Behauptung‹, daß sich etwas in seinem Körper befand. Dann setzte er eine Spaltungs-Identifizierung ein, wie sie für Transvestiten charakteristisch ist, d. h. er identifizierte seinen Körper mit dem Körper seiner Mutter und identifizierte sich selbst zugleich mit dem Kot in seinem Darm. Damit erfüllte er sich direkt den Wunsch, im Körper seiner Mutter zu sein und mit ihr zu verschmelzen. Indem er dann schließlich die Stuhlkontrolle verlor, konnte er sich versichern, daß sein Fäzes-Selbst nicht daran zu hindern ist, der Mutter als seinem Behältnis zu entkommen, daß also seine rektale Aufbewahrung keiner Auslöschung gleichkam.

All diese verschiedenen Themen kommen folglich in der Perversion des Erwachsenen zum Ausdruck. Das Verkleiden symbolisiert, daß er in den Körper der Mutter hineingelangt, das Auskleiden steht für die Fähigkeit, wieder herauszukommen, wann immer er es möchte.

Es stimmt, daß die Verfassung des Kindes von Grund auf verändert wird, wenn es das ›Prisma‹ des Ödipuskomplexes durchläuft, jedoch ist bei jenen Kindern mit einem solchen Kernkomplex, wie ich ihn hier diskutiert habe, dieses Prisma selbst verzerrt. Die emotionalen Beziehungen haben einen überwiegend sadomasochistischen Charakter. Der ödipale Wunsch besteht zum Beispiel nicht so sehr darin, den Vater zu zerstören oder zu kastrieren, als ihn erniedrigen oder herabsetzen zu wollen, was bedeutet, daß der Wunsch eher sadistischer als aggressiver Natur ist. Ferner drückt sich die Kastrationsangst häufig eher in einer masochistisch akzentuierten Form aus und wird beispielsweise mit Hilfe der Entwicklung von Schlagephantasien bewältigt.

Innerhalb der ödipalen Beziehungen kommt dem Vater im individuellen Gefühlsleben stets ein geringerer Stellenwert zu als im Fall eines normalen Kindes. Die Mutter spielt in den Gefühlen des Patienten eine bedeutendere Rolle, so daß die ödipale Situation eher einer dualen als einer triangulären Beziehung nahekommt. Somit ist oftmals die Mutter die vorherrschende kastrierende Figur; und diese Angst läßt sich häufig auf die Ängste des Kernkomplexes zurückführen. Beispielsweise kann die Angst, daß der Penis abgebissen wird, auf der Angst beruhen, verschlungen zu werden. Genauso ist die sogenannte ›phallische Mutter‹, so glaube ich, eine zeitgenössische Version des machtvollen Regiments der Mutter des Kernkomplexes (ein anderer Standpunkt findet sich bei Bak 1968).

Im Zusammenhang mit diesen Fragen ist interessant, daß der perverse Patient von ähnlichen Mechanismen Gebrauch machen kann, wie sie beim Fetischismus vorkommen, wenngleich sie sich von jenen auch unterscheiden. Einer meiner transvestitischen Patienten pflegte zu einer Phantasie zu masturbieren, in der er von einer Nonne verführt wurde, die ihm Frauenkleider anzog, all sein Geld stahl und ihn auf verschiedene andere Arten hereinlegte. In der Analyse assoziierte er das schwarze Gewand mit einer Kindheitserinnerung an seine Mutter, in der sie mit einem langen, schwarzen Abendkleid mit ellenbogenlangen Handschuhen wunderschön angezogen war. Aus diesem Material wird ersichtlich, daß er die verinnerlichte Mutter seiner Kindheit für verführerisch, sadistisch und kastrierend hielt. In dieser Phantasie ist jedoch auch enthalten, wie *er* die Nonne austrickst, indem er ihr seinen Penis vorenthält: Während es so aussieht, daß er derjenige ist, der in verschiedenerlei Hinsicht zum Narren gehalten und kastriert wird, indem er einer Frau anverwandelt wird und indem ihm, auf analer Ebene, sein Geld gestohlen wird, hält er insgeheim triumphierend seinen lebendigen Penis zurück, und es ist nun die Nonne, die getäuscht und betrogen wird. Diese Täuschung ist ein zentrales Element. Sie ermöglicht es dem Patienten, zu spalten und widersprüchliche Motive in der Phantasie zur Darstellung zu bringen: »ich werde kastriert« und »ich bin potent«; »ich werde lächerlich gemacht« und »ich mache lächerlich«; »ich liefere mich hilflos aus« (Verschmelzen) und »ich behalte meine Unabhängigkeit und die volle Kontrolle« (getrennt bleiben). Der ödipale Vater tritt nicht in Erscheinung, und sein Ausschluß wird dadurch betont, daß die Mutter als Nonne auftaucht, womit die Tatsache des elterlichen Geschlechtsverkehrs und die sexuelle Bedeutung des Vaters geleugnet werden.

Der Vater scheint oftmals die Rolle einer Nebenfigur einzunehmen, um auf ihn zu verschieben, was von den auf die Mutter gerichteten Trieben abgespalten wird. Dies geschieht vor allem in der Adoleszenz (siehe S. 45 f.), kann aber bereits in der ödipalen Phase eingesetzt werden. Zur Abwehr ödipaler und prä-ödipaler Wünsche sowie als Versuch, das Verführerische der Mutter zu verleugnen, kann die Mutter idealisiert und aller Sexualität entkleidet werden, wohingegen der Vater mit all jenen Attributen ausgestattet wird, die ursprünglich in der Beziehung zur Mutter erlebt wurden. Auf diese Weise werden die intensiven aggressiven Regungen auf den Vater umgelenkt. Bei gewissen Fallgruppen von Homosexuellen ist dies ein häufiger post-ödipaler Verlauf des emotionalen Geschehens (siehe auch McDougall 1979). Das klinische Erscheinungsbild kann daher oberflächlich betrachtet irreführend sein, als würde das Kind, indem es sich eine besänftigende, passive Haltung und feminine Identifizierung aneignet, auf den Vater als einer ängstigenden, kastrierenden Figur reagieren.

Solange der manifeste Zustand nicht auf die jeweiligen Bestandteile des Kernkomplexes im Leben des Patienten bezogen wird, wird die Behandlung in solchen Fällen unwirksam bleiben, was dann zu Unrecht einem falsch-verstandenen Widerstand zugeschrieben wird.

Es wird heute allgemein davon ausgegangen, daß die Latenzzeit nicht frei von direkten triebhaften Regungen und Äußerungen ist. Bei der Perversion ist diese Zeit aber oftmals von einer viel offensichtlicheren Triebaktivität gekennzeichnet. Aggressives Verhalten vor allem in Form kleinerer Vergehen ist ein häufig verbreitetes Charakteristikum. In der Sexualanamnese tauchen in dieser Zeit oft sexuelle Verführungen von Seiten älterer Kinder oder Erwachsener auf, die manchmal Eltern oder nahe Verwandte sind, und die Masturbation fungiert oft als eine Tätigkeit, die bewußt eingesetzt wird. Dies ist darauf zurückzuführen, daß die unbefriedigende Lösung der Konflikte des Kernkomplexes und später des Ödipuskomplexes das Triebleben sozusagen nicht zur Ruhe kommen läßt. Insbesondere die Interaktion mit der Mutter oder ihrer Stellvertreter löst weiterhin intensive aggressive Reaktionen aus, und die Sexualität muß verfügbar bleiben, um mit dieser Aggression entlang derjenigen Wege fertig zu werden, die von den ursprünglichen Reaktionen im Rahmen des Kernkomplexes gebahnt wurden.

Es ist nicht ganz falsch, wenn Jones (1923) feststellt, daß »der Mensch in der Adoleszenz die Entwicklung von neuem durchlebt – wenn auch auf anderer Ebene –, die er in seinen ersten fünf Lebensjahren durchlaufen hat«, und daß »der genaue Weg, den ein Mensch durch die unumgänglichen Entwicklungsstadien der Adoleszenz nehmen wird, zu einem sehr großen Teil von der Gestalt seiner frühkindlichen Entwicklung vorgegeben ist« (Jones 1923). Jedoch ist die Verfaßtheit des Adoleszenten dem Wesen nach insgesamt betrachtet komplexer und entwickelter als die des Kindes, und die Wirkung der Pubertät tritt in einem emotionalen Zusammenhang auf, der so anders ist als in der Kindheit, daß man sich nicht allzu sehr an diese Parallele halten kann. Wir können natürlich das Wiederauftauchen des Ödipuskomplexes, des Kernkomplexes und anderer regressiver Besonderheiten beobachten, es wäre aber falsch, diese einfach als unveränderte Wiederholungen anzusehen. Das Ich kann angesichts der stärkeren Triebe selbstverständlich vergleichsweise schwach sein (A. Freud 1936), jedoch handelt es sich nichtsdestotrotz um ein Ich, das in den Jahren vor der Pubertät ein großes Stück Entwicklung zurückgelegt hat, und es verfügt über ein Über-Ich, das sowohl sein Verbündeter ist wie auch ein zusätzlicher Faktor, mit dem es sich auseinandersetzen muß. Vom Standpunkt der Objektbeziehungen aus kann man darüber hinaus sagen, daß es von der Geburt bis zur Pubertät das Ziel des Ichs ist, eine befriedigende Beziehung zu beiden Eltern (und ihrer Imagines) aufzubauen und zu erhalten, eine Beziehung, die, während sie einen deutlichen Zustand von Getrenntheit beinhaltet, dennoch auf Abhängigkeit basiert. Im Gegensatz dazu ist es von der Pubertät an das Ziel des Ichs, eine auf harmonische Weise unabhängige Beziehung zu den Eltern zu erreichen. Deshalb wird die Adoleszenz gelegentlich als eine zweite, letzte Phase der Individuation beschrieben (Blos 1962).

Mit dem Eintritt in die Pubertät wirken physische, psychische und soziale Kräfte auf das Individuum ein, was unweigerlich zu den Entwicklungsschritten der Adoleszenz führt (es sei denn, psychopathologische Einflüsse beeinträchtigen dies). Eine wesentliche Rolle spielt dabei die Aggression, besonders die aus dem Kernkomplex.

In der Literatur ist ausgiebig diskutiert worden, welche Folgen der Reifungszuwachs beim Triebgeschehen hinsichtlich des wiederbelebten Ödipuskomplexes in der Pubertät mit sich bringt (zum Beispiel A. Freud 1958). Ich werde mich in meinen Erörterungen auf die Auswirkungen auf den reaktivierten Kernkomplex beschränken, nicht nur weil diesem Aspekt nicht genügend Aufmerksamkeit entgegengebracht worden ist, sondern auch weil sich die echten Perversionen aus dem psychodynamischen Zusammenspiel der Kräfte des Kernkomplexes heraus bilden, wohingegen sich die perversen Verfaßtheiten, die mehr neurotischer Natur sind, aus einem ähnlichen Zusammenspiel rund um den Ödipuskomplex entwickeln (Glasser 1977).

Mit den im Rahmen der Pubertät stärker werdenden Sexualtrieben steigert sich in hohem Maße der Wunsch aus dem Kernkomplex, eine unbedingte Nähe zur Mutter herzustellen, die ich als ein ›Verschmelzen‹ bezeichnet habe. Wenn sich dies einerseits mit der gewachsenen Fähigkeit des Ichs verbindet, seine Ziele zu erreichen, und andererseits mit der paradoxerweise geschwächten Abwehr, dann wird die Gefahr, von der Mutter absorbiert und folglich ausgelöscht zu werden, höchst alarmierend und dringlich, so daß die aggressive Reaktion entsprechend extrem ausfällt. Meines Erachtens ist es diese Dynamik eher als alles andere, die der heftigen Ablehnung des elterlichen Einflusses zugrunde liegt, die für die Adoleszenz so charakteristisch ist. Die adoleszente ›Suche nach der Identität‹ ist ebenso sehr ein Kampf um Selbsterhaltung wie ein Kampf um Selbstverwirklichung (letztendlich sind diese beiden Ziele identisch).

Sofern Umgebung und psychologische Bedingungen stimmen, führt diese heftige Reaktion letztendlich dazu, daß eine ungezwungene, unabhängige, angemessen liebevolle Beziehung zu den Eltern aufgebaut wird. Dazu kommt es im Falle einer Perversion nicht: Sogar eine relativ oberflächliche Untersuchung der familiären Beziehungen offenbart schwerwiegende Beeinträchtigungen, von denen eine charakteristische Mischung aus äußerst verstrickender Abhängigkeit und vehementer Pseudo-Ablehnung am häufigsten vorkommt. Da die Bindung an die Mutter dank der Sexualisierung des Kernkomplexes unauflöslich ist, löst der Druck der frühen Adoleszenz besonders schwere Ängste vor Auslöschung und Verlassenheit aus, so daß darauf mit erschreckend drastischer Aggression reagiert werden muß. Die Gefahr, das Objekt zu zerstören, ist immens und unmittelbar: Die Triebe und die Ängste sind stärker geworden, die Ich-Kontrolle fühlt sich geschwächt an, die Mutter verhält sich häufig provozierend, und der Adoleszente ist sich bewußt, daß er aufgrund der Reifungsprozesse wirklich über die Körperstatur und Stärke verfügt, um eine solche Zerstörung in die Tat umzusetzen. Die Abwehrreaktion auf diese Gefahr orientiert sich an dem grundlegenden Leitsatz, daß die bereits verfügbaren Mittel auszuschöpfen sind. Demnach wird die Situation sexualisiert (unter Einsatz der neuerworbenen sexuellen Energien und Fähigkeiten) und versucht, einen Sicherheitsabstand zum Objekt zu ziehen.

Die Kombination von Sexualisieren und ›Distanzieren‹ kann auf vielfache Weise stattfinden und sich unterschiedlicher Abwehrmechanismen bedienen. Der

Adoleszente kann zum Beispiel seine liebevollen und destruktiven Gefühle für seine Mutter spalten und den einen oder anderen Anteil auf ein anderes Objekt verschieben. Was ich bereits im Zusammenhang mit der ödipalen Phase erwähnte, kommt in der Adoleszenz noch regelmäßiger und typischer zum Einsatz, nämlich die wichtige Rolle des Vaters als möglicher Adressat dieser abgespaltenen Gefühlsregungen. Es kann dahinkommen, daß er als ein durchtrieben lasterhafter Mensch wahrgenommen wird, der ausschließlich an der Befriedigung der eigenen Bedürfnisse interessiert ist, oder er kann auch als besonders feindselig dem Adoleszenten gegenüber erscheinen, wenn die ursprünglich auf die Mutter projizierten aggressiven Impulse auf ihn verschoben worden sind. Dann wird die Mutter für das tugendhafte, zarte Opfer dieses Unmenschen gehalten, um das sich der Patient liebevoll kümmern muß. Die aggressiven Regungen, die auf den Vater zielen und die als Ergebnis der Projektion vermeintlich von diesem ausgehen, lassen sich auch sexualisieren (und dann weiter verschieben), so daß die sexuelle Objektwahl einer mächtigen sadistischen Person gilt. Veranschaulicht wird dies durch einen homosexuellen Patienten, der zeitlebens eine fürsorgliche Beziehung zu seiner Mutter pflegte, mit der er zusammenlebte, und der hauptsächlich dahingehend sexuell aktiv war, daß er sich für gewalttätige homosexuelle Handlungen masochistisch zur Verfügung stellte. Der Erfolg dieses seelischen Manövers zeigt sich darin, daß er zu einer lebenslangen Innigkeit mit seiner Mutter in der Lage war, ohne sich bewußt irgendwie davon bedroht zu fühlen, daß sie auf die eine oder andere Weise von ihm Besitz ergriffen hätte.

Diese Dynamik kann eine andere Richtung nehmen, wie es das Material aus der Adoleszenz eines Patienten illustriert, der sexuelle Befriedigung daraus zog, von großen behaarten Männern geschlagen zu werden. In seiner frühen Adoleszenz hatte sein Vater umstandslos zugestimmt, als die Mutter ihn auf ein Internat schicken wollte, wo er sich dann sehr einsam fühlte. Er beschloß, einen anonymen Brief an einen seiner Lehrer zu verfassen, in dem er empfahl, die Jungen häufiger mit dem Rohrstock zu schlagen, da er hoffte, daß es ihm gelingen könnte, zu den Jungen zu zählen, die auf diese Weise bestraft würden. Von seinem Vater geschlagen zu werden, war die größte Aufmerksamkeit, die ihm als Kind von seinen Eltern zuteil geworden war, und so könnte er es für eine Rettung aus seiner Einsamkeit gehalten haben, wenn der Lehrer ihn verprügelte, da dies für ihn zumindest *ein bißchen* Interesse und Aufmerksamkeit bedeutete.

Die Entwicklungslinie dieser Gefühle läßt sich wie folgt nachzeichnen: Zunächst empfand er intensiven Haß und Zerstörungswut gegenüber seiner Mutter, die ihn narzißtisch instrumentalisierte und mißachtete. Sinnbildhaft war dies in seiner Erinnerung an sie aufbewahrt, daß sie ihm häufig vorschlug, gemeinsam etwas Schönes zu unternehmen, ihn dann aber stets im Stich ließ. Seine destruktiven Gefühle wurden sexualisiert. Unter dem Einfluß der Abwehr und anderer Gesichtspunkte kam es zu den nunmehr sadistischen Regungen, die auf den Vater verschoben und gleichzeitig verdreht wurden. Seine ursprünglichen sadistischen Gefühle brachte er in seiner scheinbar sanften und warmherzigen Persönlichkeit beispielsweise durch solche subtile Gepflogenheiten zum Ausdruck, daß er seine Freundin anrief, um einen gemeinsamen Abend im letzten Moment abzusagen.

Auf der anderen Seite kann der Adoleszente nicht nur seine widerstreitenden Gefühle der Mutter gegenüber intensivieren (und sie derart auf einen sicheren Gefühlsabstand halten), er kann auch seine liebevollen Gefühle auf ein Objekt außerhalb der Familie verschieben, wobei dieses nach narzißtischen Gesichtspunkten ausgewählt wird. Ein 18jähriger Pädophiler zum Beispiel, der seine Mutter mit Beginn der Adoleszenz noch viel heftiger ablehnte, wurde zur gleichen Zeit sexuell mehr und mehr von kleinen Mädchen zwischen drei und zwölf Jahren eingenommen. Seine sexuellen Empfindungen für diese Mädchen stufte er als überwiegend zärtlich ein und war darauf aus, daß sie sich mit ihm wohlfühlten.

Der Adoleszente kann die Perversion selbst als ein Mittel verwenden, um aggressive Empfindungen gegen seine Eltern zum Ausdruck zu bringen, vor allem gegen seine Mutter. Ein 15jähriger Homosexueller beharrte darauf, seine Homosexualität so weiträumig wie möglich publik zu machen, um seine Mutter zu demütigen. Es gelang ihm, wegen grob aufsässigen Verhaltens von der Schule verwiesen zu werden, woraufhin er öffentlich in den lokalen Massenmedien protestierte, daß dieser Verweis seiner Homosexualität geschuldet sei. Er erhielt die Unterstützung der Homosexuellenbewegung, in der er eines der führenden Mitglieder der Jugendorganisation wurde. Er beteiligte sich an der Herstellung homosexuell pornografischer Filme. Seine Mutter fühlte sich von der öffentlichen Zurschaustellung seiner Homosexualität außerordentlich beschämt und peinlich berührt, und er genoß es, ihr zu erzählen, was er nun schon wieder an öffentlichen Aktionen unternommen hatte.

Dies war alles unzweifelhaft sadistisch und Teil seiner perversen Charakterstruktur. Dahinter konnte man jedoch eine bedauernswerte Verzweiflung wahrnehmen, ein von Panik angetriebener Kampf, die Mutter zurückzustoßen, die er weiterhin als bedrohlich verschlingend erlebte. In gewissen ungeschützten Momenten ließen sich seine tiefgreifende Einsamkeit und seine tiefe Sehnsucht beobachten, sich ›gefahrlos‹ geliebt zu fühlen. Diesem Gefühl gab er Ausdruck, als er mir erzählte, daß er an den homosexuellen Aktivitäten am meisten schätzte, kuscheln und fest umarmt werden zu können. Anhand dieses Patienten läßt sich veranschaulichen, wie wichtig es ist, bei den Perversionen zwischen sadistischen und aggressiven Motiven in den Beziehungen zu unterscheiden: Der Sadismus versucht die Beziehung zu erhalten, die Aggression versucht sie zu zerschlagen.

Ein offensichtlicher Unterschied zwischen dem Kind, das gerade die frühen Entwicklungsphasen durchläuft, und dem Jugendlichen, der die Adoleszenz hinter sich bringt, sind die großen körperlichen Veränderungen, die auf die Pubertät folgen, und das damit verbundene größere Potential, wirkliche Zerstörung anzurichten. Auch dieser Gefahr begegnet der perverse Patient mit Sexualisierung, was den Narzißmus gegenüber seinem Körper verstärkt, der von da an eine wesentliche Rolle dabei spielt, sadomasochistische Regungen zum Ausdruck zu bringen. Dies wird beim Fall des Exhibitionisten ersichtlich, der seinen Penis sadistisch entblößt, um zu ängstigen, zu beschämen und zu demütigen. Sofern die aggressiven Regungen nicht hinreichend sexualisiert sind und sie sich direkt zu äußern drohen, kann die Perversion dazu verwendet werden, sie einzudämmen. Der transvestitische Patient, den ich auf Seite 41 untersucht habe, begann mit dem Verkleiden in seinen frühen Teenagerjahren, was direkt mit seinen Erfahrungen auf einem Internat verknüpft war, wo er sich in der Obhut eines hart strafenden Direktors befunden hatte. Die analytische Arbeit legte frei, daß die Gefühle gegenüber dem Direktor diejenigen wiederholten, die er seiner Mutter gegenüber gehabt hatte (das bereits dargestellte Material illustriert dies zum Teil). Wenn er sich Frauenkleider anlegte, wurde er nicht nur sexuell erregt, sondern empfand ein tiefes Gefühl der Ruhe und Sicherheit, da er seine intensive Zerstörungswut sicher eingedämmt hatte (man wird sich erinnern, daß er sich mit einer Handgranate verglich). Es sollte beachtet werden, daß unter derartigen emotionalen Bedingungen die Bildung einer Perversion lebensrettend sein kann, da der Adoleszente aus Angst, die Kontrolle über seinen Körper zu verlieren, den er für ein zerstörerisches Instrument hält, Suizid begehen könnte (Friedman, Glasser, Laufer, Laufer/Wohl 1972).

Schlußbemerkung

Ich habe Perversionen von Frauen kaum erwähnt, da der Kernkomplex bei beiden Geschlechtern zwar gleich verläuft, die späteren Entwicklungswege jedoch verschiedene Richtungen nehmen. Das gesamte Problem einer perversen Sexualität von Frauen bleibt unklar, und ich war nicht davon überzeugt, daß meine Überlegungen zwangsläufig auch bei ihnen zutreffen würden (vgl. McDougall 1979).

Es liegt in der Natur des seelischen Funktionierens, daß keines seiner Elemente isoliert untersucht werden kann, ohne es dadurch zu verzerren: Je nach Zusammenhang, in dem es untersucht wird, bekommt es einen jeweils anderen Charakter mit je anderen Implikationen. Ich habe meine Erörterung der Aggression in den Zusammenhang der miteinander verflochtenen Dimensionen von Kernkomplex und seelischer Homöostase gestellt und vor diesem Hintergrund untersucht, welchen fundamentalen Beitrag die Aggression zu Wesen und Struktur der Perversion leistet. So betrachtet dient die Perversion dem lebensnotwendigen Zweck, einen Zusammenbruch der Objektbeziehungen und einen seelischen Zerfall zu verhindern, die daraus resultieren, daß die Aggression unermüdlich verlangt, zu ihrem Ziel zu gelangen und das Objekt zu vernichten, das die seelische Homöostase bedroht.

Zusammenfassung[***]

Der Autor beschreibt die zentrale Rolle, die der Aggression bei der Entstehung und Aufrechterhaltung von Perversionen zukommt, und skizziert dabei sein Konzept des ›Kernkomplexes‹, den er als ein wesentliches frühkindliches Entwicklungsstadium begreift, sowie seine grundlegende Unterscheidung zwischen ›Aggression‹ und ›Sadismus‹. Im Zentrum der Perversion steht die Fixierung auf eine frühe Lösung dieses ›Kernkomplexes‹, die im Zuge eines Zirkels von charakteristischen Ängsten und Wünschen das Eingehen einer wirklich intimen

---

[***] Zusammenfassung und Summary sind von der Übersetzerin verfaßt.

Beziehung unmöglich macht, das Objekt jedoch auch nicht entlassen kann. An die Stelle tritt eine spezifische sadomasochistische Kontrolle des Objekts, die dieses auf Abstand festhält. Diese spezifische Disposition wird in ihrer Entwicklung bis zur Adoleszenz beleuchtet und in ihren manifesten klinischen Erscheinungsformen mit zahlreichen Vignetten illustriert.

Summary

Some Aspects of the Role of Aggression in the Perversions

Discussing the crucial role played by aggression in the perversions the author outlines his conceptualization of the ›core complex‹ as a primary developmental stage and emphasizes the fundamental differentiation between ›aggression‹ and ›sadism‹. Fixated on a primitive solution of the ›core complex‹ the pervert is unable to have true intimate relationships due to a circle of characteristic anxieties and needs, yet he cannot let the object go. A specific sadomasochistic control of the object is being established keeping the object at a certain distance while maintaining the relationship and tightening the bonds at the same time. The author follows the development of this specific disposition for perversions up to an adolescent stage. Many clinical vignettes are given as examples.

Literatur

Bak, R. C. (1956): Aggression and Perversion. In: *Perversions, Psychodynamics and Therapy.* Hg. von S. Lorand/M. Balint. New York: Random House, 231–240.

— (1968): The Phallic Woman – The Ubiquitous Fantasy in Perversions. In: *The Psychoanalytic Study of the Child* 23, 15–36.

Berliner, B. (1958): The Role of Object Relations in Moral Masochism. In: *Psychoanalytic Q.* 27, 38–56.

Blos, P. (1972 [1962]): *Adoleszenz.* Stuttgart: Klett-Cotta.

Brenner, C. (1971): The Psychoanalytic Concept of Aggression. In: *Int. J. Psychoanal.* 52, 137–144.

Cannon, W. B. (1932): *The Wisdom of the Body.* New York: W. W. Norton & Co.

Chasseguet-Smirgel, J. (1974): Perversion, Idealization and Sublimation. In: *Int. J. Psychoanal.* 54, 349–357.

de M'Uzan, M. (1973): A Case of Masochistic Perversion and an Outline of a Theory. In: *Int. J. Psychoanal.* 54, 455–467.

Freud, A. (1980 [1936]): Das Ich und die Abwehrmechanismen. In: *Die Schriften der Anna Freud,* Bd. I/B. München: Kindler, 193–355.

— (1980 [1952]): Studien über Passivität. In: *Die Schriften der Anna Freud,* Bd. VI. München: Kindler, 1243–1256.

— (1980 [1958]): Probleme der Pubertät. In: *Die Schriften der Anna Freud,* Bd. VI, München: Kindler, 1739–1770.

Freud, S. (1905 d): *Drei Abhandlungen zur Sexualtheorie.* In: *GW* V, 27–145.

— (1915 c): Triebe und Triebschicksale. In: *GW* X, 209–232.

— (1924 c): Das ökonomische Problem des Masochismus. In: *GW* XIII, 369–383.

— (1926 d [1925]): Hemmung, Symptom und Angst. In: *GW* XIV, 111–205.

— (1930 a [1929]): Das Unbehagen in der Kultur. In: *GW* XIV, 419–506.

Friedman, M./Glasser, M./Laufer, E./Laufer, M./Wohl, M. (1972): Attempted Suicide and Self-Mutilation in Adolescence: Some Observations from a Psychoanalytic Research Project. In: *Int. J. Psychoanal.* 53, 179–183.

Gero, G. (1962): Sadism, Masochism, and Aggression. In: *Psychoanalytic Q.* 31, 31–42.

Gillespie, W. H. (1971): Aggression and Instinct Theory. In: *Int. J. Psychoanal.* 52, 155–160.

Glasser, M. (1977): Homosexuality in Adolescence. In: *The British Journal of Medical Psychology* 50, 217–225.

— (1978): The Role of the Super-Ego in Exhibitionism. In: *International Journal of Psychoanalytic Psychotherapy* 7, 333–352.

Glover, E. (1964): Aggression and Sado-Masochism. In: *The Pathology and Treatment of Sexual Deviation.* Hg. von I. Rosen. London: Oxford University Press, 146-162.

Greenacre, P. (1971 [1968]): Perversions: Considerations regarding their Genetic and Dynamic Background. In: *Emotional Growth.* Hg. von P. Greenacre. New York: International Universities Press.

Hartmann, H. (1972 [1964]): *Ich-Psychologie. Studien zur psychoanalytischen Theorie.* Stuttgart: Klett.

— /Kris, E./Loewenstein, R. M. (1949): Notes on the Theory of Aggression. In: *The Psychoanalytic Study of the Child* 3, 9–36.

Jacobson, E. (1973 [1965]): *Das Selbst und die Welt der Objekte.* Frankfurt: Suhrkamp.

Joffe, W./Sandler, J. (1965): Notes on Pain, Depression and Individuation. In: *The Psychoanalytic Study of the Child* 20, 394–424.

Jones, E. (1923): Some Problems of Adolescence. In: *Papers on Psycho-Analysis,* 3. erw. Auflage. London: Ballière, Tindall and Cox.

Khan, M. M. R. (1983 [1962]): Die Rolle polymorph-perverser Körpererfahrungen und Objektbeziehungen bei der Ich-Integration. In: *Entfremdung bei Perversionen.* Frankfurt am Main: Suhrkamp, 38–74.

Klein, M. (2000 [1948]): Beitrag zur Theorie von Angst und Schuldgefühl. In: *Gesammelte Schriften*, Bd. III. Hg. von R. Cycon. Stuttgart-Bad Cannstatt: frommann-holzboog, 43−70.

Lihn, H. (1971): Sexual Masochism: a Case Report. In: *Int. J. Psychoanal.* 52, 469−478.

Limentani, A. (1993 [1975]): Objektwahl und Bisexualität. In: *Zwischen Anna Freud und Melanie Klein. Für eine Integration zweier kontroverser Ansätze.* Stuttgart: Klett-Cotta, 105−118.

— (1993 [1979]): Klinische Formen der Homosexualität. In: *Zwischen Anna Freud und Melanie Klein. Für eine Integration zweier kontroverser Ansätze.* Stuttgart: Klett-Cotta, 119−131.

Loewenstein, R. M. (1957): A Contribution to the Psychoanalytic Theory of Masochism. In: *J. Am. Psychoanal. Assoc.* 5, 197−234.

Mahler, M. S. (1968): *On Human Symbiosis and the Vicissitudes of Individuation,* Vol. I. New York: International Universities Press.

McDougall, J. (1972): Primal Scene and Sexual Perversion. In: *Int. J. Psychoanal.* 53, 371−384.

— (1974 [1964]). Über die weibliche Homosexualität. In: *Psychoanalyse der weiblichen Sexualität.* Hg. von J. Chasseguet Smirgel. Frankfurt am Main: Suhrkamp, 233−292.

— (1979): The Homosexual Dilemma: a Clinical and Theoretical Study of Female Homosexuality. In: *Sexual Deviation.* 2. Auflage. Hg. von I. Rosen. Oxford/New York/Toronto: Oxford University Press, 206−242.

Socarides, C. W. (1973): Sexual Perversion and the Fear of Engulfment. In: *International Journal of Psychoanalytic Psychotherapy* 2, 432.

Stoller, R. J. (1998 [1975]): *Perversion. Die erotische Form von Haß.* Gießen: Psychosozial-Verlag.

— (1979): The Gender Disorders. In: *Sexual Deviation.* 2. Auflage. Hg. von I. Rosen. Oxford/New York/Toronto: Oxford University Press, 109−138.

Übersetzung aus dem Englischen von Dipl.-Psych. Susanne Kitlitschko,
Rathenower Str. 46, 10559 Berlin, S.Kitlitschko@t-online.de

Zur nichtobjektalen, autistoiden Perversion

*Bernd Nissen**

Anmerkungen zur objektalen Perversion

»Die Neurose ist sozusagen das Negativ der Perversion«, schreibt Freud (1905 d, 65) in den *Drei Abhandlungen zur Sexualtheorie* und ergänzt in einer Fußnote:

> Die klar bewußten Phantasien der Perversen, die unter günstigen Umständen in Veranstaltungen umgesetzt werden, die in feindlichem Sinne auf andere projizierten Wahnbefürchtungen der Paranoiker und die unbewußten Phantasien der Hysteriker, die man durch die Psychoanalyse hinter ihren Symptomen aufdeckt, fallen inhaltlich bis in einzelne Details zusammen. (ebd.)

Die Perversion, so könnten wir viele Überlegungen Freuds zusammenfassen, ist eine Regression auf eine frühere Fixierung der Libido, bei der ein Partialtrieb die Oberhand hat und in Ausschließlichkeit sein Recht beansprucht (Freud 1916 – 17, 334), zugleich, wie Glover schon 1938 feststellte, Partialobjekte idealisiert werden (Glover 1938). Durch Fehlentwicklungen der Idealinstanzen versagt die Abweisung der Phantasien und die Perversionen werden »positiv«, objektal inszeniert. Diese Vorgaben bestimmten die weiteren psychoanalytischen Konzeptualisierungen der Perversion als Realisierung (partial-)objektaler Phantasien bis zum heutigen Tage. Die objektale Sichtweise kommt z. B. deutlich zum

---

*   Bernd Nissen, Dr. phil., Dipl.-Psych., Psychoanalytiker (DPV/IPV) in eigener Praxis, Lehr- und Kontrollanalytiker. Arbeitsschwerpunkte u. a.: Hypochondrische und autistoide Störungen, wissenschaftstheoretische Fragen der Psychoanalyse. Diverse Veröffentlichungen und Herausgabe mehrerer Bücher.

Ausdruck, wenn Abraham zur Koprophagie, die er mit der Melancholie in Verbindung bringt, schreibt:»Das Produkt der Ermordung – die Leiche – wird mit dem Produkt der Ausstoßung – dem Kot – identifiziert. Wir verstehen nunmehr den Antrieb zum Kotessen als einen *kannibalischen Impuls zum Verzehren des getöteten Liebesobjekts*« (Abraham 1924, 54; Hervorh. i. O.). Die perversen Phantasien unterliegen komplexen Entstellungen, wie Freud in seiner Arbeit *Ein Kind wird geschlagen* (1919 e) exemplarisch nachgezeichnet hat, aber sie werden realiter inszeniert. Der Preis ist ein Einriß im Ich, der mit Verleugnung und Ich-Spaltung (Freud 1927 e; 1940 a [1938]; 1940 e [1938]) einhergeht.

Die in den Perversionen vorzufindenden Verleugnungen und Ich-Spaltungen scheinen mit einigen grundlegenden Fragen des psychosexuellen Lebens zu korrelieren, die Freud (1918 b) mit seinen Überlegungen zu den Urphantasien (z. B. die der Brust, der Kastration, der ödipalen Situation bzw. Money-Kyrle (1971) mit seinem Begriff der *facts of life* (die Brust als Quelle des Lebens; der elterliche Geschlechtsverkehr und die Ausschlußerfahrung; die Faktizität von Zeit und Endlichkeit) einzufangen versuchte. McDougall (1985) rekurriert auf solche Faktizitäten, wenn sie z. B. die Leugnung des Geschlechtsunterschieds unterstreicht. Die Penislosigkeit der Frau würde nicht nur einen Beweis für die Möglichkeit der Kastration darstellen, sondern, über die Anerkennung des väterlichen Penis, auch für die Urszene (McDougall 1985, 68). Chasseguet-Smirgel (1975) erweitert diese Auffassung mit ihrem Hinweis, daß »*der Prüfstein der Realität nicht allein der Geschlechtsunterschied ist, sondern auch [...] der Generationsunterschied*« (Chasseguet-Smirgel 1975, 23; Hervorh. i. O.). Mit der Verleugnung von Geschlechts- und Generationsunterschied kann die prägenitale Sexualität mit ihren erogenen Zonen und ihren Partialobjekten einem Idealisierungsprozeß unterworfen werden (Chasseguet-Smirgel 1975, 25). In der Ich-Spaltung kann so die für das Psychische bedrohliche Realität abgewehrt und das Defizitäre des eigenen Selbst ausgeblendet bleiben, ja die perversen Praktiken werden in den Rang göttlicher Lust erhoben und projektiv die ›Nicht-Kenner‹ verachtet. Die dynamischen und strukturellen Konflikte persistieren aber und stellen die Quelle der sog-, ja suchtartigen, ewig sich wiederholenden perversen Betätigung dar (zur zentripetalen Kraft und süchtigen Unaufschiebbarkeit siehe auch Reiche 2007, 277).

Die Rolle des Narzißmus wird auch von Morgenthaler (1974) untersucht, aber anders bewertet (siehe dazu auch Becker 2007, 271). Morgenthaler begreift Perversion, metapsychologisch gesehen, als eine Funktion, die sich am besten

»als Plombe, Pfropf, als ein heterogenes Gebilde beschreiben [läßt], das eine Lücke schließt, die eine fehlgeschlagene narzißtische Entwicklung geschaffen hat« (Morgenthaler 1974, 31).

Glasser (1979) hat in seinem Versuch einer psychodynamischen Grundlegung der Perversion nachgewiesen, daß ein zugrundeliegender Kernkomplex von größter Bedrohlichkeit ist. Die Perversen bleiben in einem hochpathogenen *circulus vitiosus* aus frühesten Kindertagen in einem Verhältnis zur Mutter gefangen, in dem sie nach verschmelzender Nähe suchen, diese dann aber als Vernichtung fürchten. In der Folge flüchten sie vom Objekt und finden sich in bedrohlich-verzweifelter Isolation wieder, die ebenfalls vernichtende Qualität erlangen kann. Die ›Lösung‹ dieser Unlösbarkeit besteht in der Sexualisierung der Aggression, die in Sadismus verwandelt wird. Ziel des Sadismus ist nun nicht die Elimination oder Zerstörung des Objekts,[1] sondern Qual und Kontrolle. Damit bleibt das Objekt erhalten und die Ängste von verschmelzender und ausstoßender Vernichtung scheinen gebannt. Aus diesem Grund ist nach Glasser in allen Perversionen die Reaktion des Objekts so wichtig (die im aggressiven Akt häufig irrelevant ist). Ähnlich äußert sich Stoller, der Perversion als erotisierten Haß mit den Merkmalen von Feindseligkeit, Rache und Triumph definiert (Stoller 1975, 30f.), während für Stein »Perversion, ob sexuelle oder nicht, dazu [dient], mit Hilfe der Sexualität den anderen zu beherrschen und Intimität zu zerstören, wenn diese als bedrohlich erlebt wird« (Stein 2006, 27). (Lellau bemerkt aber zu Stein zutreffend an, daß in dieser Betrachtung der Triebbegriff seine basale theoretische Bedeutung verliert und durch den der Beziehungsgestaltung ersetzt wird (Lellau 2009, 26.)

Es ist auffällig, wie nah die von Glasser entworfene perverse Dynamik den Rückzugspathologien kommt, in denen das Subjekt sich zwischen Ängsten zu

---

1   An dieser Stelle wird deutlich, daß Glasser seine Argumentation auf objektale Perversionen beschränkt. Denn die furchtbaren und heute immer weiter verbreiteten Formen, die eine Realzerstörung des Objekts anstreben, fallen bei ihm durchs Raster. Als Stichwort sei hier der 24/7 Sadismus genannt (der auch bei Lesbierinnen erstaunlich verbreitet ist), bei dem die Sklavin sich 24 Stunden, 7 Tage völlig zu unterwerfen hat, und die immer wieder nach der völligen Entwertung, Entleerung und seelischen Vernichtung in der physischen Auslöschung (Suizid; physischer Zusammenbruch; seelisches Auflösen und folgende somatische Krankheit) münden. Siehe auch de Sade oder Pasolinis Film *Die letzten 120 Tage von Sodom.*

zerreiben droht und unter einer pathologischen Organisation, in der perverse Erregung eine zentrale Rolle spielt, Schutz sucht, dabei aber lebendigen, *containenden* Objektkontakt verliert. Wenn die »schlechten«, destruktiven Seiten der Persönlichkeit die konstruktiven einschüchtern, gefügig machen oder unterwerfen (z. B. Rosenfeld 1989) oder sie verführen, ja süchtig machen (z. B. Meltzer 1968), dann kann die Perversion als eine nur geringfügig geänderte projektive Umgestaltung begriffen werden, nämlich als Identifizierung mit den destruktiven Seiten (sadistische Position) bei Projektion von bedürftigen Anteilen auf ein Objekt (masochistische Position). Steiner (1993), der pathologische Organisationen anders als z. B. Rosenfeld als Kollusion zwischen unterschiedlichen Anteilen begreift, beschreibt explizit drei Formen der perversen Abwehr, nämlich die narzißtische Perversion, die sexuelle Perversion und die romantische Perversion. Zumindest bei der sexuellen Perversion können sich auch manifest pervers-sexuelle Symptome zeigen. Die Rückzüge, die aus den destruktiv-narzißtischen und kollusiven Formen der pathologischen Organisationen resultieren, verändern nicht nur innerseelische Konfigurationen in Richtung Stillstand und ruminierender Wiederholung, sondern auch die Objektbeziehungen, wie Joseph bei Patienten mit Sucht nach Todesnähe beobachtete (Joseph 1982, 204 f.). Bei diesen Patienten gewinnt ein tiefverwurzelter masochistischer Zustand über den Patienten eine Gewalt, der weit stärker ist als das Verlangen nach menschlichen Beziehungen. Schon 1966 und 1973 hat Meltzer beschrieben, daß schwere Ängste mit masturbatorischer Erregung ausgelöscht und in einer Form ersetzt werden, die über Abwehr hinausgeht: Es wird eine neue Struktur implantiert, die pervers erregend, schließlich objektlos und um ihrer selbst willen gesucht wird (Meltzer 1966; 1973). Meltzer (1968) stößt noch in eine andere Dimension vor, wenn er schreibt, daß eine Intoleranz gegenüber depressiven Ängsten die süchtig machende Konstellation der Unterwerfung nicht erklären kann, sondern wir Panik als die treibende Kraft erkennen müssen, wobei er Panik als die Anwesenheit toter Objekte, der man nicht entfliehen kann, definiert.

Diese Gedanken sind schon bei Klein angelegt, die zeigt, wie die vorzeitige Entwicklung genitaler Empfindungen der Abwehr primitiver Ängste dient, die aber, wie De Masi schreibt, nicht nur Abwehr sind, sondern sich »in eine stabile psychopathologische Struktur verwandeln, die gegen jegliche Beziehung und Emotion gerichtet ist und die innere Welt monopolisiert und beherrscht« (De Masi 2006, 58). De Masi fährt wenig später sehr erhellend fort:

Es handelt sich also um ein radikal pathologisches Phänomen, das nicht mit den Begriffen der Abwehr oder des Konflikts zu fassen ist. Ausgehend von Zuständen des Rückzugs organisiert es sich frühzeitig und erobert zusehends die Psyche von vernachlässigten, leicht erregbaren und einem Übermaß an Verfolgungsängsten ausgesetzten Kindern. Die Sexualisierung ist ein Rückzug der Psyche in eine private Welt, gegründet auf der sexualisierten Verzerrung der Wahrnehmung und unbewußt als gefürchteter Zustand symbolisiert, der das Selbst erobern und ein todbringendes, seelisches Defizit erzeugen kann. (De Masi 2006, 58 f.)[2]

Glassers Versuch, solche nichtobjektalen Formen der Perversion mit der Bemerkung auszugrenzen, daß die Patienten mit sexuellen Abweichungen, die wenig oder kein Interesse am Objekt zeigen, im strengen Sinne keine Perversen, sondern Borderline- oder psychotische Persönlichkeiten sind (Glasser 1979, 294, in diesem Band S. 38), würde die zuletzt skizzierten Pathologien ausschließen, in denen tiefgreifende Veränderungen in den Objektbeziehungen vorliegen, die über die Regression auf das Partialobjekthafte hinaus- und mit spezifischen Veränderungen in bewußten wie unbewußten Prozessen einhergehen.

Ich möchte nun noch eine weitere Gruppe von Perversionen postulieren, die mit der (nach kleinianischer Einteilung) dritten Form seelischer Rückzüge einhergeht, die autistoid organisiert sind (siehe auch Klein 1980; Nissen 2006).

Nichtobjektale Perversion bei autistoiden Rückzügen

Autistoide Organisationen zeichnen sich durch einen Rückzug mit Hilfe autistischer Reaktionen aus, um sich gegen paranoid-schizoide Ängste der Außenwelt und der Innenwelt zu schützen. In diesen Pathologien wird die Hoffnung auf ein verstehendes *(containendes)* Objekt aufgegeben, so daß sich das psychische Funktionsniveau qualitativ verändert. Eine der gravierendsten Folgen ist, daß die projektive Identifizierung versagt, die Kommunikation von unbewußt zu unbewußt versiegt und objektlose oder objektabgewandte Zustände existieren, in denen autistische Objekte und Formen die Leere und Unintegriertheit ummanteln. Besonders eindrücklich werden diese Bildungen bei nicht-autistischen Patienten u. a. von Bick (1968), Meltzer (1975a; 1975b) und Tustin (1988; 1989) beschrieben.

---

2 Das Verb »symbolisieren« ist m. E. an dieser Stelle falsch, da die gefürchteten Zustände gerade nicht seelisch symbolisiert werden können.

Bick stellte das Konzept einer seelischen Haut zur Diskussion, die so, wie die somatische Haut den Körper einfaßt, die unterschiedlichen Teile des entstehenden seelischen Selbst umhüllt. Diese Haut-Funktion wird zunächst von einem äußeren Objekt zur Verfügung gestellt und in der Folge introjiziert (Bick 1968, 236). Erst wenn diese Funktion verinnerlicht ist, können Zweidimensionalität und Unintegriertheit überwunden werden und es entstehen innere und äußere Räume. Kommt es zu Störungen dieser »Hautfunktion«, entstehen »Zweithautbildungen« (siehe auch Anzieus »Hüllen«-Begriff [Anzieu 1985]), die ersatzweise die Persönlichkeit zusammenhalten sollen, aber keine Entwicklung ermöglichen und die Abhängigkeit vom Objekt durch Pseudo-Unabhängigkeit ersetzen. Aus einer solchen Fehlentwicklung können psychogen autistische, also autistoide Zustände erwachsen.

Tustin (1989) beschreibt klinisch anschaulich, wie das Kind die Mutter zunächst als »Empfindungsobjekt« erfährt, eine Illusion des Einsseins existiert und die mütterliche Fürsorge das Neugeborene vor überfordernden »Nicht-Selbst«-Erfahrungen schützt (siehe auch Winnicott, der von der Illusion spricht, die mütterliche Brust sei ein Teil des Säuglings [Winnicott 1988, 313 ff.]). Das autosensuelle Konstrukt der Mutter erfährt dann Abwandlungen, und in einem weiteren Prozeß wird die Mutter als »vom eigenen Körper getrennte und verschiedene geduldet« (Tustin 1989, 19). Störungen in der frühen, noch ungetrennten Phase können von einzelnen Kindern traumatisch erlebt werden, etwa ganz konkret als »Auseinandergerissenwerden«, wobei der Mund, der eben noch die Brustwarze umschlossen hat, mit abgerissen wird, ein »Loch« entsteht. Autistische Objekte und Formen sollen hier füllen, zudecken, retten, bilden aber nur eine Barriere gegen die Realität, die dem Kind den Weg in die Welt versperrt (Tustin 1988, 107 ff.; 1989, 127 ff.).

Häufig finden sich die Betroffenen wie verirrt in empfindungsdominierten Welten wieder, da innere wie äußere Sinneseindrücke und Protoemotionen zwar noch in »Wahrnehmungen« und »Gefühle« gewandelt, aber nicht mehr in psychische Elemente transformiert werden (Nissen 2009). Sie stehen damit dem seelischen System nicht zur Verfügung, die Gefahr der Unintegriertheit und des *dismantling* (eine Art seelischen Zusammenfallens wie bei Marionetten ohne Fadenspannung) ist allgegenwärtig (Meltzer 1975a; 1975b). Neben den genannten Zweithautbildungen und der Bildung autistischer Objekte kann es zu Imitationen oder gar adhäsiven Identifizierungen kommen, indem sich das Subjekt zweidimensional mit dem Objekt verklebt. Es legt sich schattenhaft auf das Objekt, verwandelt sich ihm an, heftet sich an unterschiedliche Attribute desselben, um so ein Gefühl der Geschlossenheit, der Sicherheit zu haben. Dabei wird das Objekt nicht als eines erlebt, in das projiziert werden könnte. Das Objekt existiert nicht als *containendes* wie es auch im Selbst keinen »*containenden* Ort« gibt (vgl. Meltzer 1975a; 1975b, 15ff.; 228ff.).

Neuere Untersuchungen haben uns gezeigt, wie vielfältig und oft auch kaschiert-verborgen autistoide Reaktionen bei nicht autistischen Menschen sein können. Klein (1980) zeigte z. B. in einer ersten Arbeit, daß in psychosomatischen zystischen Einkapselungen autistische Zustände gebündelt sein können. Viele weitere Arbeiten schlossen sich an, um nur einige willkürlich ausgewählte zu nennen: Rosenfeld, D. (1984) mit Überlegungen zur Hypochondrie; Gomberoff/Noemi/Pualuan de Gomberoff (1990) besprechen autistische Objekte in der Übertragung und Gegenübertragung, fokussieren u. a. den Zusammenhang von Sprache und Kommunikation; Cohen und Jay (1996) diskutieren Fallbeispiele mit eingekapselten und »verwickelten« *(entangled)* Borderlinepatienten; Klüwer (1997; 2006) zeigt u. a. die Verbindung zu dem Als-Ob-Syndrom. Daneben finden sich zahlreiche andere Beiträge zu spezifischen Pathologien wie K. Barrows (1999) zur Eßstörung oder Asseyer (2002) zur Zwangsneurose oder Nissen (2005) zur Hypochondrie (eine weitere Übersicht: Nissen [Hg.] 2006). P. Barrows (2006) wies in einer Arbeit nach, daß auch erzählte Geschichten autistoide Funktionen übernehmen können, und Nissen (2006a) zeigte, daß Geschichten und Imitationen zu konkreten Handlungen, die die bedrohte autistoide Abwehr unterstützen sollen, führen können.

M. E. ist die Frage überlegenswert, ob nicht spezielle Formen der Perversion als autistoide zu begreifen sind, insbesondere solche wie z. B. das *bandage,* Gummifetischismus, der sado-masochistische Gebrauch von harten Gegenständen oder Koprophilie und Koprophagie, aber auch Formen der imitativen Rollenübernahme, die in so vielen perversen Veranstaltungen eine zentrale Rolle spielen. Diese Praktiken erinnern durchaus an Verhaltensweisen von Kindern mit frühkindlichem Autismus, die z. B. harte Gegenstände lieben, die sie sich in die Haut drücken, die nach heftigem Gedrücktwerden oder Fest-Eingewickelt-Werden verlangen, die sich mit Speichel oder Kot (als autistische Form) einschmieren oder die in späteren Lebensphasen nachahmendes Verhalten zeigen können.

Eine ausführliche Fallbeschreibung von Joseph (1971) über einen Gummi-fetischismus ließe sich m. E. auch unter dem Gesichtspunkt einer autistoiden Zweithaut diskutieren. Wenn der Patient von Joseph z. B. von Kopf bis Fuß in Gummi gekleidet war, führte dies »sehr häufig zu einer Erregung der gesamten Hautoberfläche mit anschließender Ejakulation« (Joseph 1971, 82 f.). Joseph begreift dieses Phänomen, obwohl sie das Unbelebte darin erkennt (ebd., z. B. 86), ausschließlich objektal, diskutiert an keiner Stelle die Möglichkeit einer Zweit-hautbildung, obwohl Bicks bahnbrechende Arbeit (Bick 1968) schon veröffent-licht ist. Es ist m. E. zu fragen, ob die ausschließlich kleinianische Deutungs-technik in der objektalen Übertragung dem Erleben und der Not des Patienten wirklich gerecht wird oder ob es nicht angebrachter gewesen wäre, den Gummi-fetischismus mit einer *holding function* in sich zu erspüren und zu verstehen und dieses Verständnis der intrapsychischen Dynamik des Patienten demselben deu-tend anzubieten.

Klinisches Fallbeispiel

Ich möchte meine Überlegungen zur autistoiden, nichtobjektalen Perversion kli-nisch erörtern und aus der Behandlung einer koprophilen Perversion berichten.

Bei der Patientin handelt es sich um eine sehr intelligente, ca. 40 Jahre alte Frau. Die Perversion war lange angelegt, wurde aber erst manifest, nachdem sie einige Monate vor Analysebeginn einen sexsüchtigen Mann kennenlernte, des-sen Sexualität mit extremer Todestriebqualität durchsetzt war: Kot löst heftige sexuelle Erregung aus, er wird gegessen, sie schmiert sich am ganzen Körper mit Kot und Urin ein. Zweimal infizierte sie sich durch diese Praktiken schwer, einmal lebensgefährlich. Die Perversion wurde alleine praktiziert, aber auch mit häufig wechselnden anderen Objekten, wobei aber »die anderen als Personen, als Individuen keine Rolle spielen« (Zitat Patientin). Häufig läßt sie sich in sol-chen Erregungszuständen ungeschützt anal penetrieren. Zugleich litt sie unter entzündlichen Darmbeschwerden, die zu häufigen Toilettengängen nötigten und Durchfall erzeugten. Sie schildert auch Szenen, in denen sie sich vor der Tür des sexsüchtigen Mannes wiederfand, obwohl sie mit ganz anderem Ziel von zu Hause aufgebrochen war: »Es zog mich da hin, ich merkte nicht, daß ich diesen Weg nahm, nicht einmal, daß ich in der U-Bahn saß, brauchte dann alle Kraft, mich von der Tür wegzureißen.« Das lebensgeschichtliche Drama der Patientin liegt darin, daß sie zwar sicherlich von ihren Eltern geliebt wurde, aber in ihrem ersten Lebensjahr aus medizinischen Gründen isoliert werden mußte und »nicht angefaßt« (Zitat Patientin) werden konnte. Sie war, das belegen Dokumente, im ersten Lebensjahr nicht auf dem Arm ihrer Mutter oder ihres Vaters, hatte wohl keinen direkten Körper-, Hautkontakt zu ihren Eltern. Die Mutter schien zerrissen geblieben zu sein zwischen dem Wunsch nach Kontakt und vermeintlicher medizinischer Notwendigkeit, während der Vater entschieden war, das Kind nicht anzufassen. Die Eltern vermieden zeitlebens über diese Zeit zu sprechen.

Auffällig ist, daß die für objektale Perversion konstituierenden Momente von Sadismus und Reaktionen der Objekte in den Berichten der Patientin fehlten, und zwar sowohl in den verbalen Ausführungen als auch in den nonverbalen, atmosphärischen Konnotationen. Die Objekte spielten keine Rolle, sie scheinen nicht einmal zu existieren. Es gab keine sadistischen bzw. masochistischen Phantasien z. B. der Erniedrigung, Entmenschlichung oder ähnliches. Mit unseren obigen Überlegungen könnten wir daher das Einschmieren mit Kot und Urin mit den sensuellen Reizen jener Zeit in Verbindung bringen, die nicht realisiert wurden, wie Berührungen, Eingehülltsein, Verschmelzen im konkreten Gehaltensein durch die Mutter. Auch das existentielle Verlangen, die tiefe emotionale Sehnsucht nach der Geborgenheit blieben ungestillt und könnten in dem dissoziierten Sog zur Tür des Mannes und zur rauschhaft verschmolzenen perversen Sexualität ihren Ausdruck finden. Das Symptom könnte damit zweiseitig sein: Zum einen eine autistoide Zweithautbildung, zu der die Patientin, um zu überleben, vielleicht schon im ersten Lebensjahr gezwungen gewesen sein könnte, die sich möglicherweise an diesen Körperausscheidungen wie Kot, Urin, Erbrochenem, Tränen, Speichel ausgerichtet hat. Das Einschmieren mit Kot und Urin ist dann als Zweithaut der Gegenwart zu verstehen, die vor Auflösung, Auseinanderfallen schützt. Zum anderen der verzweifelte Versuch, diesen wieder erlebten Empfindungen der Vergangenheit in der Gegenwart seelische Gestalt zu geben. Doch die perversen, sich wiederholenden Handlungen, in denen die beteiligten Objekte keine Rolle spielen, fungieren nur als Entäußerungen ohne Auf- und Erlösung. Die Aktivierung der Vergangenheit, die seelisch nicht gedacht werden kann, wird zur Quelle der soghaften, nicht zu überwindenden Perpetuierung.

Eine ähnliche Verbindung zu frühen Empfindungen läßt sich für das Kotessen zunächst kaum finden. Am ehesten gelingt es uns noch, Zustände des Selbst vorzustellen: Ein Mensch, der alleine seinen Kot ißt, steht am Rande der Auflösung, des Nichts. Finden sich hier Relikte der objektalen Phantasien, wie Abraham sie skizziert hat? Oder zeigt sich an dieser Stelle etwas von dem Kern der autistoiden Einkapselung, von dem, was Meltzer mit den toten Objekten, denen man nicht entfliehen kann, einzufangen versuchte?

Die Analyse begann äußerst lebendig. Die Patientin fühlte sich in der Behandlung scheinbar schnell geborgen und sicher: Wenn ich aus meinem Büro zur Praxis kam (ich muß einen kleinen Gartenweg entlanggehen, so daß mich Patienten, die zu früh kommen, sehen können – diese Patientin kam immer einige Minuten zu früh), strahlte sie mich an. Sie wirkte wie ein Kleinkind, das die Mutter sieht und vor Erregung die Hände schüttelt und mit den Beinen strampelt. Zwar kam es nicht zu solcher motorischen Abfuhr, doch ihre Augen leuchteten, daß mir unwillkürlich das Herz aufging. Die Behandlung war ein fröhliches Zusammensein: Wir hatten einen ähnlichen Humor, konnten uns für die gleichen Dinge begeistern – all das spürte die Patientin genau. Auch wenn ich meistens formal korrekt abstinent blieb, spürte sie meine innere Beteiligung und Freude.

Wir können davon ausgehen, daß die Mutter ihre Tochter angestrahlt hat, liebevoll mit ihr gesprochen hat – und genau diese realisierten, damit transformierten Dimensionen setzt die Patientin ein, um Kontakt zum Analytiker herzustellen. Hier konnte gefühlt, empfunden werden, hier gab es Phantasien, Bilder, Träume. D. h., die nicht perversen, nicht psychotischen, nicht autistoiden Anteile stellten die Verbindung zum Objekt her (Bion 1957; Alvarez 2006).

Meine Interventionen waren emotional stimmig, aber faktisch falsch. Ich deutete der Patientin, daß sie sich endlich wie auf dem Arm der Mutter fühlte und daß dieses Gefühl in ihr Jauchzen und Glückseligkeit auslöste. Fakt ist aber, daß sie sich nicht auf dem Arm, sondern angestrahlt fühlte. Die Patientin bestätigte die Interventionen introspektiv innehaltend, um gleich wieder in die übermütige Stimmung zu wechseln. Wenn ich sie behutsam damit konfrontierte, daß es jenseits des »Auf-dem-Arm-Seins« noch Erfahrungen des »Abgelegtseins« gäbe, so unsere *termini technici,* war ein Moment des Nichts bevor sie weitermachte. Obwohl ich spürte, daß ein forciertes Angehen der Erfahrungen des ersten Lebensjahres zerstörerische Wirkung gehabt hätte, blieb ein leichter Druck, der mir schuldvolles Unbehagen bereitete: Eine Aufforderung, das »Abgelegtsein« anzusprechen, zu klären, zu bearbeiten. Doch außer den genannten Interventionen hielt ich mich zurück.

Vollkommen abgespalten, ohne jegliche psychische Konnotation und objektale Verbindung präsentierte sie noch andere Themen, etwa ihre Beziehungsprobleme, ihre bedrückende Einsamkeit, z. B. in Schilderungen, wie sie nachts im Auto ziellos durch die Stadt fuhr. Auch die Perversion wurde weiter praktiziert, doch auch sie war nicht als seelische Dimension in der Analyse anwesend: Weder als Scham oder Ekel noch als sexuelle Erregung, nicht als abgespalten mitlaufende Beschäftigung (wie z. B. hypochondrische Patienten immer, selbst wenn sie mit uns reden, seelisch-gedanklich ihr Organ untersuchen und absorbiert sind), nicht als Destruktion, Haß, Leid, Problem, Konflikt. Auch in mir entwickelte sich keinerlei Resonanz, emotionales Echo. Wenn etwas zu spüren war, dann war es eine ferne, fremde, todesnahe, objektlose Einsamkeit. Doch ich blieb unsicher, ob dieses Empfinden meine Schöpfung war oder wirklich von der Patientin ausgesandt wurde.

Objektale Perversionen werden mit einem ganz spezifischen Widerstand abgeschirmt; denn erhebliche Kräfte in den Patienten wollen sie und mit ihr die vermeintlich göttliche Lust gar nicht aufgeben (Reiche 2007). Nach meinen Erfahrungen zeigen sich perverse Dynamiken aber dennoch in der Übertragung häufig unerwartet, manchmal blitzschnell, manchmal subtil sich formierend: Plötzlich ist ein sadistisches Manöver da oder finden wir uns in voyeuristischer Neugier wieder u. ä. Nichts von alledem bei der Patientin. Das Fehlen eines unbewußten Flusses und der emotionalen Resonanz, häufig unbemerkte »statische Situationen« (Fix Korbivcher 2005), das Ausbleiben von projektiver Identifizierung und Verwicklungen verweisen auf autistoide Dimensionen. Ich denke daher, in der Behandlung zeigte sich das Nebeneinander von seelisch lebendiger Welt und psychischer Nichtexistenz, die sich scheinbar nicht berührten.

Doch diese Spannung zwischen jauchzender Glückseligkeit und psychischem Nichts setzte einen Prozeß mikrokosmischer Abstimmungsbewegungen zwischen der Patientin und mir in Gang. Die Patientin sicherte und internalisierte über die freudigen, sicheren, erfüllenden, vertrauenden Gefühle den Analytiker als anwesendes Objekt – und die Hoffnung, daß dieses auch im Nichts da sein könnte. In meinem Affiziertsein war ich nicht nur auf die Patientin ausgerichtet, sondern es war durchsetzt mit Irritationen wie dem Abgelegtsein, dem Nichts, dem Objektlosen (Perversion, Autofahrten etc.), dem Empfinden eines todesnahen, objektlosen Zustands, dem schuldvollen Unbehagen, die ich zwar registrierte, die aber nicht ›real‹ wurden und dennoch eingekapselt *in situ* ihre Wirkung zu entfalten begannen.

Irgendwann wurde dann auch meine Leichtigkeit, mit der ich in der Behandlung war, beschwert. Die Irritationen wurden unabweisbarer. Interessanterweise war es die schuldbeladene, unbehagliche Über-Ich-Störung, die mir lange sachlich nicht begründet schien, die in die Veränderung führte. Ihr lag eine komplexe Objektbeziehungskonstellation zugrunde, mit der ich mich unbewußt identifizierte: Ich habe empfunden wie eine Mutter, die nach einem Jahr endlich ihr Kind auf dem Arm hat, Schuldgefühle spürt, wissen möchte, was die Nicht-Berührung angerichtet hat, zugleich jeden Gedanken daran fürchtet, da dann die Verleugnung zusammenbricht und diese Phase seelisch wahr wird – und die lieber in der Glückseligkeit verharrt. Mit dieser Evidenz bekamen auch die anderen Irritationen ein ganz anderes Gewicht: Das Abgelegtsein, das Objektlose, das Nichts bekamen als Namenloses, Unkonzeptualisiertes Kontur. D. h. Ausgangspunkt der Dynamik ist das Halten und eine projektive Identifizierung des nicht-autistischen Persönlichkeitsanteils, der eine erfahrene und konzeptualisierte Objektbeziehung zur Mutter reinszenierte, von der sich der Analytiker affizieren ließ. Das Erkennen dieser projektiven Identifizierung hob die autistoiden Abkömmlinge konturierter hervor.

Spannend ist, daß auch eine Veränderung in der Patientin eintrat: Nach ca. sieben, acht Monaten Behandlung begann die Patientin, mich bei meinem Kommen nicht mehr anzuschauen. Sie lächelte mir kurz zu, senkte dann aber den Blick oder schaute weg. Ich war irritiert; die Patientin erwähnte ängstlich einen Wunsch nach Veränderung. Spaltungen und Verleugnungen bröckelten, sie taucht in ihren Berichten über ihre anonymen sexuellen Praktiken und Einsamkeitsschilderungen immerhin als außenstehende, nicht verstehende Beobachterin auf, fast unterlegt mit der Frage: ›Warum machen die das?‹ (wobei im ›die‹ die Patientin involviert ist). Ihre Toilettengänge wurden detailliert beschrieben: wie häufig, welche Konsistenz, wie schmerzhaft, Ängste vor Chronifizierung.

Dann kam es zur ersten Berührung zwischen den abgespaltenen Anteilen. Sie saß nicht auf dem Stuhl und wartete, sondern sie war auf der Toilette. Bei der Begrüßung zögerte sie mir die Hand zu geben, ihre Hände waren noch feucht. Sie schwieg. Sie sagte dann, sie habe sich überlegt, mir die Hand zu geben, da sie vor der Sitzung zu Hause ihren Kot in den Händen hatte. Sie habe sich gründlich gereinigt, auch die Hände desinfiziert, mußte aber doch auch hier noch einmal die Hände waschen. Erstmals spürte ich einen Moment Ekel und innere Distanzierung. Ich sagte, sie fürchte sich, mich mit diesem Thema zu berühren, zu kontaminieren, wünsche sich aber auch, daß es hier endlich Platz finden könne. Es war offenkundig, daß sie nicht primär auf meine Worte hörte, sondern auf die Konnotation, auf die ›Wellenlänge‹. Es war ihr ungemütlich. Sie nickte kaum sichtbar. Sie schwieg, machte eine isolierende Handbewegung. Mir schien, als würde sie beginnen, mich in eine Welt zu führen, die ihr trotz vollzogener Praktiken im Seelischen so fremd war wie mir. Dieses Fremde war auch unheimlich, psychotische oder suizidale Bilder schlichen sich ein, die zu bewältigen ich mir zutraute, die ich aber auch verscheuchen wollte.

Ich würde die Berührung im Händegeben als eine erste Realisierung der pervers autistoiden Dimensionen begreifen: Ich mußte und konnte verstehen, daß es diese Perversion »wirklich« gibt. Diese Dimensionen wurden nicht ziellos evakuiert, sondern in ein Objekt projiziert, von dem sie mittlerweile wohl zu hoffen wagte, das es aufnehmend ist – eine Hoffnung, die sie biographisch wohl schon einmal aufgeben hatte. An dieser Stelle ist die autistoide Organisation der Perversion also erstmals durchbrochen worden.

Tatsächlich schlichen sich in dieser Phase mehr und mehr Vorstellungen und Phantasien ein: Schon das Nicht-mehr-Anschauen fühlte sich wie ein Riß in der Beziehung an, evozierte vielleicht eine Empfindung des Abgelegtseins in erschreckender Einsamkeit; die nassen, feuchtwarmen Hände wurden nicht nur mit Wasser in Verbindung gebracht, sondern mit Urin assoziiert, genauer: die Feuchtigkeit als Urin empfunden; die Beschreibungen der sexuellen Praktiken und Kotkonsistenzen verwirrten in ihrer Unbeteiligtheit und erzeugten manchmal eine merkwürdige Kälte usw. D. h. es sind nicht nur Veränderungen im Seelischen bei Analysandin und Analytiker eingetreten, sondern wohl auch Kanäle zwischen den Beteiligten geformt worden, die den Fluß von unbewußt zu unbewußt (vgl. Freud, 1912e, 381) ermöglichten.

Nach ca. einem Jahr ergossen sich dann die pervers-autistoiden Inhalte in eine Sitzung: Die Patientin deutet an, daß sie ›es‹ mal wieder für sich alleine in der Badewanne praktiziert hat, und benutzt eine projektive Identifizierung zur Mitteilung. Ich weiß *ad hoc*, wie sie sich fühlt: einsam und aufhörend zu sein; wie die Stimmung ist: eiskalt, nur die Wärme des Kots ist da; wie der Kot schmeckt: entzündlich, auch wenn dieses kein Geschmack ist. Ebenso gewiß bin ich mir in diesem Moment, daß diese selbsternährende Perversion nicht als extreme Form eines autonomen Autoerotismus zu begreifen ist, sondern als ein autistisches Symptom. Ich verstehe, daß die Männer, mit denen sie die Perversion teilt, keine Objekte sind, sondern ein verklebtes, erweitertes Selbst darstellen. Und ich bin mir gewiß, daß der Todestrieb triumphieren, die Patientin sehr bald sterben wird (sie hatte kurz vor dieser Sitzung zweimal bei diesen Praktiken ungeschützten, auch analen Geschlechtsverkehr). Ein ganzer Schwall weiterer Vorstellungen begleitete diese Situation. So dachte ich: Die Milch, ohne Körperkontakt gefüttert, hat Schmerzen verursacht! Vielleicht hatte die Patientin Mundfäule? Sie hat damals nicht verdauen können, so wie heute ihr entzündeter Darm nicht zu Ende verdaut. Sie muß die Auflösung, das Nichts gespürt haben! Usw. Ich weiß meine Worte nicht mehr, habe ihr aber die zentralen emotionalen Qualitäten gesagt und an die Deutung angehängt: »Sie werden so sterben.« Die Patientin nahm die Deutung an, die Perversion trat manifest nicht mehr auf. Die Patientin muß gespürt haben, daß das Objekt diese Innenwelt verstanden hat, so daß die perverse Zweithautbildung ersetzt werden konnte. Sie kann die Perversion aufgeben. Sie teilte mir später immer wieder mit, wie wichtig ihr meine Deutung und die angehängten Worte waren, die mir dagegen schon gleich nach der Sitzung fast unprofessionell vorkamen: Bei diesen Worten habe sie gewußt, daß ich »es wirklich kapiert« hatte.

Objektsuchend wagt die Patientin eine projektive Identifizierung der nicht denkbaren Empfindungen in den Analytiker, die so wirklich werden. Dieser Moment stellt für den Analytiker wie für die Analysandin eine Transformation in O dar. Sie kann im vorbereiteten Analytiker eine emotionale Erfahrung werden, in der bedeutsame, verbindungsfähige und anschließbare Elemente entstehen. Diese sind hochindividuell, weichen z. T. von normalen Kategorien ab (»entzündlicher Geschmack«). In dem Benennen ist die Möglichkeit gegeben, über die Seelenzustände nachzudenken, die noch nicht bekannt sind. Neben dieser Transformation von Elementen ins Psychische entsteht eine interpsychische und intersubjektive Dimension. Beide, Analytiker wie Analysandin, wissen um das existentielle Erleben der Patientin. Es handelt sich um ein interpsychisch punktuell geteiltes O, das für beide seelisch wirklich und wahr ist. Durch die Deutung wird dieses Wissen sozial und intersubjektiv geteilt: Die Patientin weiß, daß der Analytiker es weiß (»es kapiert hat«), und sie weiß, daß diese Zustände in ihr wirklich und wirksam sind. Es ist in der Welt – und nicht mehr aus der Welt zu schaffen. Die Deutung benennt Zustände im Selbst der Patientin, und das

Objekt wird als eines erkannt, das diese Zustände als Subjekt erfaßt und ein Inneres hat.

Wir müssen an dieser Stelle fragen, wieso die Perversion als manifestes Verhalten aufhört, noch dazu in untypischer Weise nach relativ kurzer Zeit. Perversionen, das wissen wir seit Freud, zeichnen sich durch erheblichen Widerstand gegen Veränderungen aus. Es erscheint mir lohnenswert, den Begriff der Intimität zu bemühen, den fast alle Autoren für zentral erachten. Sehr vereinfacht formuliert, wurde Intimität von Patienten, die später eine Perversion entwickelten, als Verführung, als überwältigende Intrusion durch die Mutter erfahren, die nicht seelisches Gedeihen erzeugt, sondern das entstehende Selbst zu zersetzen droht. Vermeintlich sichert sie aber zugleich eine Exklusivität in der Beziehung zur Mutter, und in der Komplizenschaft wird die Illusion aufrechterhalten, mit der prägenitalen Sexualität vollwertiger Objektersatz zu sein. Kurzum: Intimität ist vergiftende Zersetzung oder, in der narzißtischen Illusion, Entwicklungszerstörung. Ohne die Erfahrung einer benignen Intimität, die die *facts of life* anerkennt, ist die Überwindung einer Perversion aber nicht vorstellbar. Sie wird in der objektalen Perversion, da sie nicht von der malignen Intimität zu unterscheiden ist, um jeden Preis vermieden. Unsere Patientin konnte aber ihre projektive Identifizierung als einen hochintimen Moment, der seelische Faktizitäten zur Verfügung stellte, erfahren und ersehnen: Entstehung und Entfaltung des Seelischen im Gehaltensein, Aktivierung von Urphantasien, Anerkennung des Selbst, des Anderen und der Getrenntheit. Die perversen Symptome waren nicht objektal, sondern Zweithaut- und autistoide Ersatzbildungen, die neben ihrer Funktion, vor Unintegriertheit zu schützen, auch Sehnsüchte nach Intimität bewahrten. Die Erfahrung objektaler Intimität, in der der Analytiker als aufhebendes Objekt erkannt und Hoffnung auf Wachstum geweckt wurde, machte diese Symptombildungen überflüssig.

Konsequenterweise richtete sich die Dynamik im folgenden objektal aus, doch sie nahm dramatische Züge an: Jede Trennung vom Analytiker wurde zu einer unerträglichen Qual. Unzählige Male sprach sie abends, an den Wochenenden auf den Anrufbeantworter: »So geht das nicht, ich kann gar nichts mehr, nicht arbeiten, nichts. Wissen Sie, was ich gemacht habe? Bin nach Hause gekommen und habe vier bis fünf Stunden geschlafen. Ich halte das nicht aus, was machen Sie mit mir. Die Regression muß aufhören. Ich bin so wütend.« In den Stunden versuchte sie, die Unerträglichkeit erneut anzusprechen – aber es gelang ihr nicht. Die Stunden waren Auf-dem-Arm-Sein; atmosphärisch verschmolz, verschwand sie fast im Körper des Analytikers. Die Trennungen unerträgliches und unbarmherziges Abgelegtsein ins Isolationszimmer. Wie Kinder im Überforderungsschock schlief sie ein. In diesen Trennungen entstand ein Todessog: »Ich will mich nicht umbringen, aber es wird sich vollziehen. Ich habe Angst, nein Panik, verstehen Sie, Herr Nissen, es tötet mich, ich bin machtlos«; Panik, daß sich in der Spaltung ein todessüchtiges inneres Objekt durchsetzt, Patientin und Analytiker machtlos sind. Wir beide wußten, wie ernst es war. Meine Deutungswaffen blieben stumpf: Trennungen als Gestoßenwerden in die Isolation, Sitzungen als Auf-dem-Arm-Sein, Todessog und übermächtiges selbstmörderisches inneres Objekt. Die Patientin bat, die Behandlung abbrechen zu können, Kollegen rieten auch dazu: »Alles ist besser als der Suizid«. In dieser Unsicherheit, Zerrissenheit begegnete ich der Patientin. Immer deutlicher hörte ich eine innere Stimme rufen: »Aufhören, breche ab, bloß kein Suizid!« Was mich hinderte, war mein Wissen, daß sie dann auch sterben wird (sie wäre in die Perversion zurückgefallen), und »irgendwie« wollte ich nicht.

Mein »irgendwie nicht Wollen«, das durchfuhr mich plötzlich, war, daß ich nicht in die Position der Mutter kommen wollte, sie wegen einer Suizidalinfektion nicht mehr anzufassen: In die Übertragungsbeziehung war eine suizidale Infektionskrankheit infiltriert worden, ich war auf Distanz, wie sie ihre Mutter, ihre Eltern früher erlebt haben mußte. Ich mochte sie, aber besser sie kommt nicht mehr zu mir in die Behandlung, ich strahle sie an, schicke sie aber doch in die Beziehungsisolation, d. h. in die drohende Vernichtung. Erst mit diesem Wissen konnte die affektive Bedeutung der früheren Situation, wohl doch geliebt zu sein, aber nicht auf den Arm zu dürfen, der Trennungen als unerträgliches und unbarmherziges Abgelegtsein, die Spaltung und der Todessog wirklich begriffen und deutend der Patientin angeboten werden. Nach dieser Deutung gelang es ihr, sich sicher in der Behandlung zu fühlen.

Es hat sich eine Spaltung entwickelt, in der die Patientin zwischen zwei Zuständen schwankt: Dem des Abgelegtseins und dem des Auf-dem-Arm-Seins. Die Patientin erlebt die Trennungen wie eine Wiederholung des Abgelegtseins, aber sie kann den namenlosen Schrecken (Winnicott), das Abgerissensein (Tustin) als Selbstzustand noch wahrnehmen und versucht, diese dem Analytiker verzweifelt mitzuteilen. Das Nicht-auf-dem-Arm-Sein im ersten Lebensjahr, das Nicht-Gestillt-Sein muß als traumatische Qual und Folter, vielleicht als sadisti-

70

sche Grausamkeit erlebt worden sein. Doch kann die Patientin der Flut der Eindrücke nicht Herr werden, geschweige denn diese im einzelnen benennen. Sie werden zu einem Es, erlebt als ein inneres fusioniertes Objekt, das sie in ihrer Existenz bedroht und in den Tod ziehen wird.

Die Stunden können kaum zum Verdauen, zum Verstehen und zur Entwicklung genutzt werden. Sie werden als Schutzraum, als Unterschlupf empfunden, vielleicht als der einzige Ort, an dem sie sich sicher fühlt. Doch auch diese Sicherheit, in der rudimentär die objektale Anerkennung konserviert ist, droht im Adhäsiven zu verschmelzen.

Diese benigne Spaltung basiert auf dem, was in der projektiven Identifizierung konzeptualisiert wurde, nämlich dem Benennen von Selbstanteilen und dem Erkennen des anwesenden Objekts. Seelische Elemente sind entstanden. Noch nicht entwickelt war aber der Gedanke eines abwesenden Objekts. Doch genau dieser als eine innere Funktion wird benötigt, um die unlösbar erscheinende Situation zu überwinden.

Aber die Entwicklung des Gedankens, daß das abwesende Objekt ein ausreichend gutes ist, in dem die Patientin präsent bleibt, kollidierte mit der drohenden psychotischen Verwirrung, ob das erflehte Objekt nicht in Wahrheit das todbringende ist. Denn der Patientin gelingt es in dieser Zeit nicht, das abwesende Objekt sicher von dem ablegenden zu unterscheiden. Im Prozeß wählt sie einen sehr komplizierten und riskanten Weg, eine Art gegenläufiger Bewegung: Sie übt einen immensen Druck in Richtung Abbruch aus, das ist die traumatische Wiederholung. Zugleich klammert sie sich an das Objekt, das sie vor dem Untergang bewahren soll.

Das Risiko, das die Patientin eingeht, wird sichtbar in der Bitte, die »Behandlung abbrechen zu dürfen«, anstatt sie abzubrechen. Sie bringt den Analytiker damit fast in die Position, Herr über Leben und Tod zu sein. In dem Strudel der Ereignisse erschien es mir wie eine Unlösbarkeit, die mich über Wochen in eine Denkstörung versetzte: Stimme ich dem Abbruch zu, wähle ich vermeintlich das kleinere Übel, lege ich sie aber *de facto* ab. Stimme ich nicht zu, wird sie sich umbringen.

Zugleich sprach sie immer auf den Anrufbeantworter (siehe auch Mitranis Beobachtungen zum Gebrauch eines Anrufbeantworters [Mitrani 2009]), rief nicht zu den Anrufzeiten an und nahm auch Angebote von Zusatzsitzungen (auch an den Wochenenden) nicht an. Sie ruft nach dem Analytiker, macht ihn aber in seiner Abwesenheit zu einer Maschine. Abgesehen davon, daß sie wieder ein sinnlich vertrautes Element nutzt, nämlich die Stimme während der Ansage, ist es eine zweiseitige Inszenierung: In Abwesenheit ist der Analytiker ein mechanisches, nicht resonantes Objekt, zugleich können wir die verzweifelte Anstrengung sehen, das erfahrene anwesende Objekt in der Abwesenheit zu denken.

Ich bin fast vollständig mit einer mütterlichen Figur identifiziert, die die existentielle Bedrohung, die eigene Hilflosigkeit und die unerträglichen Sorgen wahrnehmen kann, aber es nicht vermag, zu spüren, daß sie für das Kind / die Patientin zu einem von dem fusionierten ›bösen Objekt‹ ununterscheidbaren Wesen zu werden droht. Meinen Interventionen in der Situation fehlt damit die seelisch notwendige Konnotation, sie bleiben nur Worte. Doch bin ich in meinem Affiziertsein auch ihrem Agieren ausgesetzt. Die Bitte, die Behandlung abbrechen zu dürfen, überforderte mich zum einen, da ich mit dem mütterlichen Objekt identifiziert war, verwirrte mich zum anderen aber auch, da sie unverbunden, isoliert zur Gesamtsituation stand. Ähnlich konfus und fremd erlebte ich auch das Sprechen auf den Anrufbeantworter: Die tödliche Gefahr war ernst, doch »irgendwie« ließ sie den Analytiker auch stehen. Die Parallele zwischen meiner Unfähigkeit, mich als ablegendes Objekt zu erleben, und dem Unvermögen der Patientin, den Analytiker abwesend zu denken, ist überraschend. Letztendlich haben wir beide einen Prozeß erlitten, in dem ich zu verstehen und die Patientin den Gedanken des abwesenden Analytikers zu entwickeln hatte. Es wurde in komplementärer Passung ein fehlendes Element, das zur Aufhebung der Situation unabdingbar war, generiert. Erst mit diesem Gedanken konnte das Abwesende von dem Traumatisch-Vernichtenden sicher geschieden werden – auch wenn eine hohe Vulnerabilität gegenüber Verlassenheit blieb. Immerhin gelang es der Patientin in der Folge in einem relativ undramatischen Prozeß, die aggressiven und feindseligen Dimensionen zu bearbeiten – zunächst in der Verschiebung auf den Vater, anschließend über die Entidealisierung der Mutter. Im Zuge dieser Entwicklung verschwand die Darmentzündung fast vollständig.

Zusammenfassende Diskussion

Die perverse Dynamik in dem Fallbeispiel ist nicht leicht zu verstehen. In der todestriebdurchsetzten Sexualität sind sensuelle Reize, Empfindungen und Protoemotionen aus der Zeit des isolierten Abgelegtseins berührt worden, die sich mit

koprophilen und koprophagen Phänomenen verbunden haben und in ihnen ent-
äußert werden konnten. Sie hatten nie seelische Qualität erlangt, konnten weder
unbewußt geträumt noch vom Bewußtsein als Sinnesorgan für psychische Qualitäten (Freud 1900a) erkannt werden. Sie blieben singularisiert, drohten ihre un-
integrative Zerstörungskraft zu entfalten. Sie wurden autistoid verklebt, wobei
als Bindemittel pervers-erregte Sexualisierung wirkte. Diese Zweithaut schützte
vor Zerfall, führte aber in eine objektlose Welt, in der die Patientin der Panik
vor Unintegriertheit aber nicht entfliehen konnte (s. o. Bick; Meltzer; De Masi).
Suchtartig, aber in Folge von Ich-Spaltung in depersonal-dissoziierte Zustände
getrieben, suchte sie die Situationen wieder auf. Dieses perverse Agieren lag
jenseits aller objektalen Welten, die Objekte spielten keine Rolle und es ging
realiter um Leben und Tod.

Nachdem es gelungen war, die autistoide Organisation zu durchbrechen
(die feuchten Hände bei der Begrüßung), wagte die Patientin in einer projektiven
Identifizierung die vorseelischen Innenzustände mitzuteilen, die so psychische
Qualität erlangen konnten. Es werden intersubjektiv geteilte Qualitäten benannt
(die Einsamkeit, die Kälte, die Auflösungsangst etc.), aber in einem schöpferischen Akt wird auch ein Name erschaffen, nämlich der »entzündliche Geschmack«, der wohl die Funktion hat, das Namenlose, das Undenkbare, das
unfaßbar bleibt und nur in der Substituierung benennbar ist, momenthaft ans
Tageslicht zu holen. Damit hatten aber die Zustände, die in der Koprophilie und
Koprophagie ihren Ausdruck fanden, seelische Qualität erlangt, so daß die autistoiden Elemente der Perversion aufgegeben werden konnten.

Aber vielleicht nicht die perverse Dynamik *in toto*. Denn in der nachfolgen-
den objektalen Dynamik, in der das abwesende Objekt denkbar gemacht werden
muß, zeigen sich, wie ich meine, wenn auch sehr verborgen, sado-masochistische Dimensionen: Der Analytiker wird zu einem kalten, sie wegschickenden,
potentiell ablegenden Objekt, sie über Stunden und Tage quälend. Ihr Kommentar: »Was machen Sie mit mir, ich halte das nicht aus …« drückt sogar aus, daß
in der Phantasie der Patientin der Analytiker ein intentional handelndes, das ist
ein sadistisches Objekt ist, dem sie sich unterwirft (vgl. die Bitte, »die Behandlung abbrechen zu dürfen«). Zugleich wird sie zu einem quälenden Geschöpf;
denn sie sucht nicht den direkten Kontakt zum Analytiker, sondern spricht vom
drohenden suizidalen Vollzug auf den Anrufbeantworter, damit den Analytiker in
Angst und Schrecken versetzend. Mit Steins (2006) sehr weiter Definition von

Perversion, die sie nicht auf sexuelle Formen beschränkt, sondern als perverse Modi in Objektbeziehungen faßt, könnte dieses Geschehen also als perverses begriffen werden.

Im Rahmen unserer Überlegungen gibt es ein stärkeres als nur definitorisches Argument für eine perverse Dynamik: Unsere These war, daß die autistoiden koprophilen und koprophagen Elemente mit einem pervers-erregten Bindemittel verklebt wurden. M. E. ist es wichtig sich klar zu machen, daß autistoide Elemente, also solche, die nicht ausreichend mit psychischer Qualität ausgestattet sind, so daß sie sich seelisch verbinden und so vom psychischen Apparat genutzt werden können, andere Bindemittel brauchen, um die Funktion einer Zweithaut zu erfüllen. Erregungen spielen hierbei neben z. B. ›repetitiven Einlullungen‹, die aber häufig auch sexualisiert sind, eine große Rolle.

In den Überforderungen von Getrennt- und Zusammensein jener Phase, in der einerseits das Getrenntsein als ein existenzbedrohendes, verfolgendes Es erlebt wird, andererseits das Zusammensein zur adhäsiven Verschmelzung fusioniert, könnten sich die perversen Erregungen, die schon im Objektlosen gewirkt haben, erneut formiert haben. Denn der Patientin gelingt es nicht, alle flutartig entstehenden Elemente mit psychischer Qualität auszustatten, sie droht in dem Strudel unterzugehen. Hier könnten pervers-erregte Verbindungsmodi erneut gegriffen haben. Da aber in der Progression die Dynamik objektaler geworden ist, können wir vielleicht eine Wandlung der Perversion in Richtung »klassischer« sado-masochistischer Manöver in ersten Ansätzen beobachten. Die Spannung in jener Phase ist dem von Glasser beschriebenen *circulus vitiosus* zwischen intrusiver Abhängigkeit und verlorenem Getrenntsein nicht unähnlich, den Patienten mit einer Wandlung aggressiver Impulse in sadistische glauben lösen zu können. Ihre Aggression kann die Patientin nur auf dem Anrufbeantworter mitteilen (»ich bin so wütend«), vielleicht fürchtet sie, sie direkt in die Beziehung zu bringen, da diese dann das Objekt gefährden könnte. Eine sadistische Wandlung sucht die aggressive Gefährdung zu vermeiden; denn sie quält das Objekt, aber vertreibt oder zerstört es nicht. Es kommt aber nicht zur nachhaltigen Entfaltung der sadomasochistischen Struktur, da die Patientin das Objekt schließlich als abwesendes denken kann, in dem sie präsent bleibt, und das in Anwesenheit nicht verführerisch-intrusiv, sondern als aufhebendes erfahren wurde.

Damit wird aber deutlich, wie sehr pervers-erregte Verbindungsmodi und perverse Elemente aufeinander bezogen sind. Die perverse Sexualisierung löscht

Elemente aus und lädt andere suchtartig auf, wie wohl auch perverse Elemente die Sexualisierung rauschhaft steigern. Mit unserem Verdacht, daß schon in der Phase des autistoiden Rückzugs in frühesten Kindertagen pervers erregte Modi die Bildung der Zweithaut förderten, taucht dann aber schlußendlich doch wieder die Frage auf, inwieweit die koprophilen und koprophagen Bildungen Objektbeziehungserlebnisse auf protofunktionalem Niveau enthalten. Könnte es also sein, daß das entstehende Selbst der Patientin das Abgelegtsein bei gleichzeitigem Angestrahltwerden doch wie einen sadistischen Akt erlebt hat? Daß es neben Vernichtungsbedrohung auch Vernichtungswut gab? Daß erste melancholische Ausbildungen existierten (Abraham 1924)? Dann wären insbesondere im Kotessen, das zuvorderst als autistischer Endpunkt zu verstehen ist, doch sadistische und melancholische Deszendenten enthalten, die, von der autistoiden Organisation verschluckt, nicht fühlbar waren. Diese spannende Frage bedarf weiterer Untersuchungen.

Zusammenfassung

Es wird die These aufgestellt, daß es neben den objektalen auch nichtobjektale Formen der Perversion gibt. In einer kurzen Übersicht werden zunächst die Ansätze diskutiert, die Perversion als Realisierung (partial-)objektaler Phantasien begreifen. Infolge der Untersuchung destruktiv-narzißtischer und kollusiver Formen pathologischer Organisationen mit ihren Stillständen und Sackgassen gerieten die Rückzüge aus den Objektbeziehungen ins Blickfeld, in der perverse Erregung um ihrer selbst willen gesucht wird. In autistoiden Organisationen, deren Konzeptionen kurz vorgestellt werden, wird Perversion zu einer Art Zweithaut bzw. autistischem Objekt. In einem klinischen Beispiel einer koprophagen/koprophilen Perversion wird diese nichtobjektale Form untersucht und werden einige behandlungstechnische Perspektiven erörtert. Die Arbeit endet mit der Frage, inwieweit in der autistoiden Dynamik nicht doch prä-objektale Deszendenten auszumachen sind.

Summary

Regarding Non-objectal, Autistoide Perversion

It is submitted that besides objectal forms of perversion there are non-objectal forms. In a short summary, attempts to conceptualize perversion as a realization of (partially) objectal fantasies are discussed. While investigating destructive-narcissistic and collusive forms of organizations which are characterized by cul-de-sacs and lack of development, withdrawal from object-relationships, in which the perverse stimulation is sought for its own sake, comes into view. In autistoide organizations, different concepts of which will be introduced, perversion becomes a kind of second skin or autistical object. In a clinical example of a coprophagous and coprophilical perversion this non-objectal form is investigated and some aspects of treatment are discussed. The paper concludes with the question whether pre-objectal descendents can or cannot be found with the autistoide dynamic.

Literatur

Abraham, K. (1912 [1982]): Bemerkungen zur Psychoanalyse eines Falles von Fuß- und Korsettfetischismus. In: Ders.: *Gesammelte Schriften*. Hg. u. eingel. von J. Cremerius. Bd. 1. Frankfurt am Main: Fischer Verlag, 255 – 265.

— (1924 [1982]): Versuch einer Entwicklungsgeschichte der Libido. In: Ders.: *Gesammelte Schriften*. Hg. und eingel. von J. Cremerius. Bd. 2. Frankfurt am Main: Fischer Verlag, 32 – 102.

Alvarez, A. (2006): Die Wellenlänge finden. Werkzeuge zur Kommunikation mit autistischen Kindern. In: *Autistische Phänomene in psychoanalytischen Behandlungen*. Hg. von B. Nissen. Gießen: Psychosozial-Verlag.

Anzieu, D. (1985 [1991]): *Das Haut-Ich*. Frankfurt am Main: Suhrkamp Verlag.

Asseyer, H. (2002): The Exclusion of the Other. In: *Int. J. Psychoanal.* 83, 1291 – 1309. Dt. (2007): Der Ausschluß des anderen. Ein kasuistischer Beitrag zu einer Objektbeziehungstheorie zwanghafter Abwehr. In: *Jahrb. Psychoanal.* 54, 97 – 126.

Barrows, K. (1997). Ghosts in the Swamp: Some Aspects of Splitting and Their Relationship to Parental Losses. In: *Int. J. Psychoanal.* 80, 549 – 561.

Barrows, P. (2006): Geschichten als autistische Objekte. In: *Autistische Phänomene in psychoanalytischen Behandlungen*. Hg. von B. Nissen. Gießen: Psychosozial-Verlag.

Becker, N. (2007): Psychoanalytische Theorie sexueller Perversionen. In: *Sexuelle Störungen und ihre Behandlung*. Hg. von V. Sigusch. Stuttgart/New York: Thieme Verlag.

Bick, E. (1968): The Experience of the Skin in Early Object Relations. In: *Int. J. Psychoanal.* 49, 484–486. Dt. (1990): Das Hauterleben in frühen Objektbeziehungen. In: *Melanie Klein Heute*. Bd. 1. Hg. von E. Bott Spillius. München/Wien: Verlag Internationale Psychoanalyse, 236–240.

Bion, W. R. (1957): Zur Unterscheidung von psychotischen und nicht-psychotischen Persönlichkeiten. In: *Melanie Klein Heute*. Bd. 1. Hg. von E. Bott Spillius. München/Wien: Verlag Internationale Psychoanalyse, 75-99.

Cohen, D./Jay, S. M. (1996): Autistic Barriers in the Analysis of Borderline Adults. In: *Int. J. Psychoanal.* 77, 913–933.

Chasseguet-Smirgel, J. (1987 [1975]): *Das Ichideal. Psychoanalytischer Essay über die ›Krankheit der Idealität‹*. Frankfurt am Main: Suhrkamp.

De Masi, F. (2006): Sexualität oder Sexualisierung? Eine frühe Intuition Karl Abrahams. In: *Jahrb. Psychoanal.* 52, 49–62.

Fix Korbivcher, C. (2005): The Theory of Transformations and Autistic States. In: *Int. J. Psychoanal.* 86, 1595–1610.

Freud, S. (1900a): Die Traumdeutung. In: *GW* 2/3.

— (1905d): Drei Abhandlungen zur Sexualtheorie. In: *GW* 5, 27–145.

— (1912e): Ratschläge für den Arzt bei der psychoanalytischen Behandlung. In: *GW* 8, 375–387.

— (1916/17): Vorlesungen zur Einführung in die Psychoanalyse. In: *GW* 11.

— (1918b): Aus der Geschichte einer infantilen Neurose. In: *GW* 12, 27–157.

— (1919e): »Ein Kind wird geschlagen«. In: *GW* 12, 195–226.

— (1927e): Fetischismus. In: *GW* 14, 309–317.

— (1940a [1938]): Abriß der Psychoanalyse. In: *GW* 17, 63–138.

— (1940e [1938]): Die Ichspaltung im Abwehrvorgang. In: *GW* 17, 57–62.

Glasser, M. (1979): Some aspects of the role of aggression in the perversions. In: *Sexual deviation*. Hg. von I. Rosen. Oxford/New York/Toronto: Oxford University Press. Dt. in diesem Band 19–53

Glover, E. (1938): A note on idealization. In: *Int. J. Psychoanal.* 19, 91–96.

Gomberoff, M. J./Noemi, C. C./Pualuan De Gomberoff, L. (1990): The Autistic Object: Its Relationship with Narcissism in the Transference and Countertransference of Neurotic and Borderline Patients. In: *Int. J. Psychoanal.* 71, 249–259.

Joseph, B. (1994 [1971]): Ein klinischer Beitrag über die Analyse einer Perversion. In: Dies.: *Psychisches Gleichgewicht und psychische Veränderung*. Stuttgart: Klett-Cotta Verlag.

— (1994 [1982]): Die Sucht nach Todesnähe. In: Dies.: *Psychisches Gleichgewicht und psychische Veränderung*. Stuttgart: Klett-Cotta Verlag.

Klein, S. (1980): Autistic Phenomena in Neurotic Patients. In: *Int. J. Psychoanal.* 61, 395–402. Dt. (2006) in: *Autistische Phänomene in psychoanalytischen Behandlungen.* Hg. von B. Nissen. Gießen: Psychosozial-Verlag.

Klüwer, R. (1997): Einblicke in die Welt des Autismus. In: *Z. Psychoanal. Theorie Praxis* 12, 151–165.

— (2006): Der Ungeborene. In: *Autistische Phänomene in psychoanalytischen Behandlungen.* Hg. von B. Nissen. Gießen: Psychosozial-Verlag.

Lellau, J. (2009): Hemmung und Perversionsbildung. In: *Forum Psychoanal.* 25, 14–31

McDougall, J. (1985): Plädoyer für eine gewisse Anormalität. Frankfurt am Main: Suhrkamp Verlag.

Meltzer, D. (1966): The relation of anal masturbation to projective identification. In: *Int. J. Psychoanal.* 47, 335–342.

— (1968): Panik, Verfolgung, Furcht – Zur Differenzierung paranoider Ängste. In: *Melanie Klein Heute.* Bd. 1. Hg. von E. Bott Spillius. München/Wien: Verlag Internationale Psychoanalyse, 288-298.

— (1973): *Sexual states of the mind.* Pertshire Scotland: Clunie Press.

— (1975a): The Psychology of Autistic States and of Post-Autistic States. In: *Explorations in Autism.* Hg. von D. Meltzer et al. Pertshire Scotland: Clunie Press, 6–29.

— (1975b): Dimensionality in Mental Functioning. In: *Explorations in Autism.* Hg. von D. Meltzer et al. Pertshire Scotland: Clunie Press, 223–239.

— et al. (Hg.) (1975): *Explorations in Autism.* Pertshire Scotland: Clunie Press.

Mitrani, J. (2009): Zu den Nebenwirkungen der chronischen Verwendung autosensueller Schutzfaktoren. In: *Die Entstehung des Seelischen.* Hg. von B. Nissen. Gießen: Psychosozial Verlag (im Druck).

Money-Kyrle, R. (1971): The aim of psycho-analysis. In: *Int. J. Psychoanal.* 49, 691–698.

Morgenthaler, F. (1974 [1988]): Die Stellung der Perversion in Metapsychologie und Technik. In: *Homosexualität, Heterosexualität, Perversion.* Hg. von F. Morgenthaler. Frankfurt am Main: Qumran-Verlag.

Nissen, B. (2005): Autistoide Einkapselungen bei monosymptomatischer Hypochondrie. In: *Forum der Psychoanalytischen Psychosentherapie* 12, 27–49.

— (Hg.) (2006): *Autistische Phänomene in psychoanalytischen Behandlungen.* Gießen: Psychosozial-Verlag.

— (2006a): Zur Bestimmung autistoider Organisationen. In: *Autistische Phänomene in psychoanalytischen Behandlungen.* Hg. von B. Nissen. Gießen: Psychosozial-Verlag.

— (2009): Die Entstehung des Neuen im psychoanalytischen Prozeß – am Beispiel einer Perversion. Vortrag auf der DPV-Frühjahrstagung, Heidelberg. Erscheint im Tagungsband.

Reiche, R. (2007): Psychoanalytische Therapie sexueller Perversionen. In: *Sexuelle Störungen und ihre Behandlungen*. Hg. von V. Sigusch. Stuttgart: Thieme Verlag.

Rosenfeld, D. (1984): Hypochondrias, Somatic Delusion, and Body Scheme in Psychoanalytic Practice. In: *Int. J. Psychoanal*. 63, 377–388.

Rosenfeld, H. (1989): *Zur Psychoanalyse psychotischer Zustände*. Frankfurt am Main: Suhrkamp Verlag.

Stein, R. (2006): Warum Perversion? »Verkehrte Liebe« und der perverse Pakt. In: *Verkehrte Liebe. Ausgewählte Beiträge aus dem IJP*. Bd. 1. Hg. von G. Junkers. Tübingen: edition diskord, 17–53.

Steiner, J. (1993): *Psychic Retreats*. London: Routledge. Dt.: Orte des seelischen Rückzugs. Pathologische Organisationen bei psychotischen, neurotischen und Borderline-Patienten. Stuttgart: Klett-Cotta 1998.

Stoller, R. J. (1975): *Perversion. Die erotische Form von Haß*. Gießen: Psychosozial-Verlag 1998.

Tustin, F. (1988): *Autistische Barrieren bei Neurotikern*. Frankfurt am Main: Nexus Verlag.

— (1989): *Autistische Zustände bei Kindern*. Stuttgart: Klett-Cotta.

Winnicott, D. W. (1988): *Von der Kinderheilkunde zur Psychoanalyse*. Frankfurt am Main: Fischer Verlag.

Dr. phil. Bernd Nissen, Limastr. 9 a, 14163 Berlin, BerndNissen@gmx.de

Diverse Perversionskonstrukte

Friedemann Pfäfflin[*]

Eine auch nur annähernd einheitliche und konsensfähige inhaltliche Definition von Perversion gibt es nicht. Umgangssprachlich werden der Terminus und das dazu gehörige Adjektiv pervers vorwiegend als auf beliebige Personen und Themen pejorativ anwendbare Invektiven verwendet und in jüngster Zeit gelegentlich auch in paradoxer Verwendung als Anerkennung. Der folgende Beitrag setzt sich erstens mit dem vielfachen Bedeutungswandel von Perversion auseinander, diskutiert zweitens alternative Termini, die seinen Gebrauch ersetzen sollten oder sollen, fokussiert drittens psychoanalytische Konzepte, in denen das Wort Perversion als *terminus technicus* verwendet wird. Unter diesen Konzepten wird insbesondere jenes von Arnold Goldberg hervorgehoben, das bisher im deutschen Schrifttum wenig aufgegriffen wurde.

Zur allgemeinen Geschichte der Termini Perversion und pervers

Das Wort pervers ist lateinischen Ursprungs und bezeichnete zunächst ein lokales Aus-dem-Lot-geraten-Sein bzw. eine lokale Ver-rücktheit *(oculi perversi* = verdrehte Augen bzw. schielen), dann auch Verstöße gegen naturrechtliche Normen *(bellum poscunt perverso numine* = sie zettelten einen ungerechten Krieg an, Vergil) (naturrechtliches Perversionskonstrukt). Erstmals bei Marquis Donatien

[*] Friedemann Pfäfflin, Prof. Dr. med., Leiter der Sektion Forensische Psychotherapie der Universitätsklinik für Psychosomatische Medizin und Psychotherapie, Ulm. http://sip.medizin.uni-ulm.de/forensische/index.html

Alphonse François de Sade (1740–1814) findet sich die allerdings noch unspezifische Anwendung des Wortes auf sexuelle Normverstöße, denn sein Wortgebrauch war viel weiter und prangerte in politisch-provokativer Weise die Normverstöße der feudalen Gesellschaft an, um sie *ad absurdum* zu führen (politisch-provokatives Perversionskonstrukt, sofern man beim Marquis de Sade überhaupt schon von einem Perversionskonstrukt sprechen kann). Von seinem umfangreichen Schrifttum sind nur die sexuell provokanten Werke erhalten, während seine zahlreichen Theaterstücke verlorengegangen sind, zu deren Aufführungen die noble Pariser Gesellschaft in die Irrenanstalt Charendon regelmäßig Wallfahrten unternommen hatte (vgl. Materialien zu Peter Weiss' *Marat/Sade*, 1967).

Erst mit dem Entstehen der Psychiatrie als medizinischer Disziplin in der zweiten Hälfte des 19. Jahrhunderts und den etwa um dieselbe Zeit einsetzenden Anfängen der Sexualwissenschaft widmeten sich diese beiden Fächer dem Thema, wobei insbesondere im psychiatrischen Schrifttum das Wort Perversion noch nicht eingeschränkt auf sexuelle Normverstöße verwendet wurde. Auch die Störung des »Lebens- und Familienglücks anderer Menschen« oder »Unlust an Arbeit« wurden zum Beispiel im Psychiatrie-Lehrbuch von Richard v. Krafft-Ebing (1890) als Perversionen bezeichnet. Zahlreiche Lehrbücher jener Zeit beschrieben und klassifizierten alle möglichen Formen von Perversitäten, die sie als Konkretion von Perversion und als Ausdruck von Degeneration, minderwertiger Erbanlage und Psychopathie auffaßten und gleichzeitig moralisch verurteilten. Im deutschen Strafgesetzbuch hat sich dieses moralische Perversionskonstrukt von 1871 ein ganzes Jahrhundert lang gehalten, denn erst etwa im Jahr 1970 wurde der frühere einschlägige Abschnitt »Straftaten gegen die Sittlichkeit«, der die Sexualdelikte definiert, umbenannt in »Straftaten gegen die sexuelle Selbstbestimmung«, der die Verletzung der Selbstbestimmung des Tatopfers fokussiert. Entsprechendes Verhalten wurde pönalisiert und je nach Ausmaß auch als krankhaft eingestuft (moralisches und strafrechtliches Perversionskonstrukt).

War es im 18. und 19. Jahrhundert die Onanie, der breit gefächerte pathogene Wirkungen zugeschrieben und die als für viele Krankheiten ursächlich eingeschätzt worden war, wurde Ende des 19. und Anfang des 20. Jahrhunderts der (männlichen) Homosexualität diese Rolle zugeschrieben. Seit den 1990er Jahren sind es vor allem pädosexuelle Handlungen, die als Grundübel der Zeit gebrandmarkt werden. Eine *EU-Framework-Decision on Combating the Sexual Exploi-*

Tab. 1: Perversionskonstrukte

naturrechtlich	römisches Altertum
politisch-provokativ	Marquis de Sade (1740 – 1814)
moralisch	
psychiatrisch	Psychiatrie 19.– 20. Jahrhundert
strafrechtlich	Strafgesetzbuch 1871 – 1970
ethnologisch	Iwan Bloch (1872 – 1922; 1907)
psychoanalytisch	Sigmund Freud (1849 – 1938; 1905)
anthropologisch	Straus (1930), v. Gebsattel (1932), Kunz (1942)
daseinsanalytisch	Binswanger (1949/50), Boss (1952)
statistisch/soziologisch	Alfred Kinsey (1894 – 1956; 1949) u. Mitarb.
phänomenologisch/forensisch	Hans Giese (1920 – 1970)

tation of Children and Child Pornography (May-Chahal/Herczog 2003) zielt darauf ab, die Schutzaltergrenzen europaweit auf die Vollendung des 18. Lebensjahrs anzuheben und im Strafrecht damit die Differenzierungen zwischen Kindheit und Adoleszenz einzuebnen.

Trotz ihrer Klassifikationsschemata und ihrer diversen ätiologischen Modelle kam die psychiatrische und sexualwissenschaftliche Literatur bis zum Beginn des 20. Jahrhunderts nicht über die Kompilation von Kasuistiken hinaus. Eine umfassende Konzeptualisierung sexuellen Erlebens, die so genannte normale ebenso wie perverse Sexualität einschloß, gelang erst Sigmund Freud (1905 d), worauf später noch näher einzugehen sein wird (psychoanalytische Perversionskonstrukte).

Unabhängig davon hatte sich bereits im Jahr 1907 der Berliner Sexualforscher Iwan Bloch »vom Standpunkt des Anthropologen und Ethnologen« aus mit Nachdruck gegen die am Abnormen, an den klinischen »Entartungserscheinungen« orientierte Lehre von der *Psychopathia sexualis* (v. Krafft-Ebing 1886) gewandt und die »endgültige, letzte Ursache aller geschlechtlichen Perversionen, Aberrationen, Abnormitäten, Irrationalitäten [in dem dem] Genus Homo eigentümlichen geschlechtliche[n] Variationsbedürfnis [gesehen], welches als eine physiologische Erscheinung aufzufassen ist« (Bloch 1907, 509) (ethnologisches Perversionskonstrukt). Er betonte die kulturell bedingte Wertschätzung bzw.

Ablehnung sexueller Verhaltensvarianten. Ähnlich sahen Alfred Kinsey und seine Mitarbeiter in der Perversion »einfach ein[en] Gradmesser [...], mit welchem das normwidrige Verhalten einer Person relativ zu den Sitten der Gesellschaft, in der sie lebt, gemessen werden kann« (Kinsey et al. 1949, 351) (statistisches bzw. soziologisches Perversionskonstrukt).

Der anthropologischen Perversionslehre (Erwin Straus 1930; Viktor Emil v. Gebsattel 1932; Hans Kunz 1942) erschienen psychoanalytische Ansätze zu physikalisch-naturwissenschaftlich und sie suchte nach einer phänomenologisch umfassenderen Erklärung für Perversionen. In der Daseinsanalyse (Binswanger 1949/50; Boss 1952) wurde der Versuch unternommen, psychoanalytische und anthropologische Perversionskonstrukte zu integrieren. Gemessen an den Idealen der »Sinnerfüllung des liebenden In-der-Welt-Seins«, der »normgerechten Liebeswirklichkeit«, die sowohl der anthropologischen als auch der daseinsanalytischen Richtung eigen waren, stellten Perversionen nur defiziente Ausdrucksformen, existentielle Verstümmelung und Kümmerformen von Sexualität und Liebe dar.

Im forensisch-psychiatrischen Bereich wurden im Hinblick auf die Beurteilung der Zurechnungsfähigkeit (§ 51 StGB a. F.) bzw. Schuldfähigkeit (§§ 20, 21 StGB) die Arbeiten des Psychiaters und Sexualwissenschaftlers Hans Giese (1962) und seines Nachfolgers Eberhard Schorsch (Giese/Schorsch 1973) bedeutsam, weil sie in die Rechtsprechung Eingang fanden. Giese knüpfte an die anthropologische und daseinsanalytische Tradition an und formulierte Kriterien, an denen bemessen werden konnte, unter welchen Voraussetzungen strafbares perverses Verhalten die sachverständig zu beurteilenden Voraussetzungen für die von Gerichten zu beurteilende, (krankheitsbedingte) erhebliche Verminderung der Zurechnungs- bzw. Schuldfähigkeit erfüllten (phänomenologisch-forensisches Perversionskonstrukt). Als solche Kriterien bzw. Leitsymptome formulierte Giese (1) den »Verfall an die Sinnlichkeit«, d. h. die Beobachtung, daß bestimmte Reize für den Patienten Signalcharakter haben und er darauf reagieren muß, z. B. ein Pädophiler, der einer Kinderstimme nicht widerstehen kann; (2) die zunehmende Frequenz entsprechenden Verhaltens bei abnehmender Befriedigung; (3) der Trend zu Promiskuität und Anonymität; (4) der Ausbau von Phantasie, Praktik und Raffinement und (5) schließlich eine innere Verfassung, die Giese »süchtiges Erleben« nannte. Anhand der Untersuchung einer sehr großen Stichprobe von Gutachten aus Sexualstrafverfahren differenzierte Schorsch

(1971, vgl. Pfäfflin 2009) vier Verlaufsformen, nämlich (1) die ich-syntone Verarbeitung der Perversion; (2) das partielle Zulassen, z. B. im subkulturellen Milieu; (3) die ich-dystone Verarbeitung und schließlich (4) die Verleugnung. Schorsch griff damit die Kritik an Gieses Suchtbegriff auf und trug ihr Rechnung (Schorsch 1973). Außerdem erweiterte er später das Konstrukt im Hinblick auf ätiologische und therapeutische Aspekte (Schorsch/Becker 1977; Schorsch et al. 1985).

Alternative Bezeichnungen bzw. Konstrukte

In den heute verbindlichen diagnostischen Regelwerken ICD-10 und DSM-IV kommen die Termine pervers und Perversion nicht vor, sondern sind durch andere Termini ersetzt. Dies hat zwei Gründe. Erstens haben sie einen pejorativen Beiklang, der zu einem diagnostischen Regelwerk nicht paßt. Aus diesem Grund waren Kriminologie und Soziologie bereits in den 1960er Jahren dazu übergegangen, statt von Perversionen von *Deviationen* zu sprechen. Ob sich ein Mensch aber besser akzeptiert fühlt, wenn man ihn bzw. seine Symptomatik als deviant anstatt als pervers bezeichnet, kann man mit Fug und Recht bezweifeln. Denn der negative Assoziationshof der früheren Bezeichnung geht bald auf die neue Bezeichnung über. Der zweite Grund, sich von den Termini pervers und Perversion zu verabschieden, waren insbesondere die strittigen ätiologischen Konzepte zur Erklärung perverser Symptombildung, insbesondere auch psychoanalytische, die in den phänomenologisch-deskriptiv ausgerichteten Regelwerken störten.

Bei der Suche nach einem »wertfreien« Begriff verfielen bereits die Verfasser des DSM-III (1980) auf eine aus dem Wien zu Freuds Zeiten stammende Vokabel, die *Paraphilie,* die seither in den folgenden Ausgaben des DSM (DSM-III-R 1987; DSM-IV 1994) beibehalten wurde. Freuds Zeitgenosse, der Kulturanthropologe und Herausgeber der mehrbändigen *Anthropophyteia,* Friedrich S. Krauss (1904–1913), hatte das Wort als Synonym für die im 19. Jahrhundert beschriebenen Perversitäten, die sich nicht nur auf sexuelles Verhalten beschränkten, verwendet. Über den neuseeländisch-amerikanischen Sexologen John Money fand es Eingang in die amerikanische psychiatrische Nomenklatur (Money 1977). In seiner später ausufernden Klassifikation von Paraphilien berücksichtigte Money (1986) alle Übergänge vom »Normalen« zum »Abnormen«, wohingegen Wolfgang Berner (2005) die Bezeichnung Paraphilie für die schwerer gestörten Fälle

Tab. 2: Alternative Bezeichnungen für Perversion

Sexuelle Deviation (Kriminologie, Soziologie)
Sexuelle Präferenzstörung (ICD-10)
Paraphilie (DSM-IV)
Dissexualität (Sexualmedizin, Beier)
Neosexualitäten (Sexualwissenschaft, Sigusch)

reservieren will und die neurosenpsychologisch besser verständlichen Verläufe unter die Kategorie Perversion faßt.

Anstatt von Perversionen spricht die ICD-10 von Störungen sexueller Vorlieben (ICD-10, F65, *Störungen der Sexualpräferenz*) und führt damit ein voluntaristisches und lustvolles Element ein (Vorlieben), während sie mit dem Wort Störung den früheren Krankheitsbegriff ersetzt, dafür aber, wahrscheinlich unbeabsichtigt, die alte moralische Verurteilung wieder einführt.

Der Sexualmediziner Klaus Beier propagiert die Bezeichnung *Dissexualität,* dabei bewußt an die sprachliche Analogie zum Wort Dissozialität anknüpfend. Als Dissexualität bezeichnet er »ein sich im Sexuellen ausdrückendes Sozialversagen« (Beier 1995, 6), was konzeptionell an die anthropologischen und daseinsanalytischen Perversionskonstrukte erinnert.

Anknüpfend an Freuds (1905 d) Konzeption der konstitutiven Verbindung zwischen so genannter normaler und polymorph perverser Sexualität und unter Bezugnahme auf die während der zurückliegenden Dekaden erfolgte einschneidenden Veränderungen dessen, was unter Liebe und Perversion zu verstehen ist, beschrieb Volkmar Sigusch in zahlreichen Arbeiten das, was er *Neosexualitäten* nennt (vgl. zusammenfassend Sigusch 2005 a). Es sind neue Ausdrucksformen sexuellen Erlebens und Verhaltens, die in den westlichen Ländern jederzeit leicht zugänglich sind, öffentlich diskutiert und gelebt werden. »Das ist die kulturelle Konversion der alten psychiatrischen Geheim- und Gruselkabinette monströser Perversionen in weltweit publizierte, mehr oder weniger skurrile, aber keineswegs krankhafte oder moralisch zweifelhafte individuelle Vorlieben« (Sigusch 2005 a, 105). Exemplarisch und sehr hübsch handelt er dies z. B. am Verschwinden des früheren Straftatbestandes der Sodomie ab, an dessen Stelle inzwischen die »Neoallianz« der »Kultursodomie« bzw. Haustierhaltung getreten sei (Sigusch 2005 a, 56–65), aber auch an anderen Beispielen, den *Love Parades,* den in den westlichen Ländern ohne weiteres zugänglichen sadomaso-

chistischen Inszenierungen, den Möglichkeiten gleichgeschlechtlicher Ehe-
schließungen, des Geschlechtswechsels, um hier nur wenige Beispiele zu nennen. Die alten Perversionen haben ausgedient, und ihr Platz wird inzwischen von
den Neosexualitäten eingenommen. »Das ist nur möglich, weil das sexuell Perverse für die Normalsexualität konstitutiv ist, so daß nichts aus dem Rahmen
fällt, erscheine es noch so bizarr« (Sigusch, 2005 a, 105). Wenn die von Giese
und Schorsch beschriebenen Kriterien erfüllt sind, gibt es in dieser Vielfalt von
weder moralisch verwerflichen, strafbaren oder schädlichen Perversionen allerdings auch aus seiner Sicht noch Verläufe, die man als krankhaft bezeichnen
muß und bei denen Behandlung angezeigt ist.

Psychoanalytische Perversionskonstrukte

In den *Drei Abhandlungen zur Sexualtheorie* konzeptualisierte Sigmund Freud
(1905 d) eine konstitutive Verbindung von polymorph-perversen und so genannten normalen Aspekten des Sexuellen und überwand damit die Ausgrenzung des
Perversen aus der normalen bzw. gesunden Sexualität, wie sie in der Psychiatrie
seiner Zeit gängig war. Weder ging es ihm dabei primär um eine Darstellung der
kindlichen Sexualität, noch um eine genauere Herausarbeitung dessen, was unter
Perversion zu verstehen ist. Mit letzterem befaßte er sich erst in der Arbeit
Fetischismus (Freud 1927 e); zu ersterem konnte er unter anderem auf zeitgenössische sexualwissenschaftliche Werke zurückgreifen, auch wenn er sie nicht
im einzelnen zitierte (vgl. Sulloway 1982; Sigusch 2005 b). Vielmehr ging es
ihm um eine entwicklungspsychologische Perspektive der normalen Sexualent-
wicklung mit dem Ziel der »Vereinigung der Genitalien in dem als Begattung be-
zeichneten Akte, der zur Lösung der sexuellen Spannung und zum zeitweiligen
Erlöschen des Sexualtriebs« führt (Freud 1905 d, 48 f.). Diese Perspektive und
Normierung diente ihm zur Erklärung der Ätiologie der Neurosen, die er als
Negativ der Perversion bezeichnete. Von der als irgendwo in der Mitte angesie-
delten Entwicklung zum normalen sexuellen Verhalten und Erleben Erwachsener
fand er sowohl Abirrungen in Richtung der Verdrängung des Sexuellen (Neurosen als Negativ der Perversion bzw. Verdrängung der jedem sexuellen Verhalten
inhärenten polymorph-perversen Züge) als auch in Richtung späteren perversen
Verhaltens, wobei bei letzterem Partialaspekte der ursprünglichen polymorph-
perversen Anlage die Führung übernehmen, so daß die sexuelle Entspannung im

Orgasmus allein von ihnen abhängt. Dies vorausgesetzt, kann man im Freud-schen Sinne von einer Perversion im Sinne eines *terminus technicus* sprechen.

Daß es sich bei Perversionen einfach um das Persistieren der polymorph-per-versen Anlage bzw. einzelner Züge davon handeln würde, hat als erster Hanns Sachs (1923) in Frage gestellt. Die polymorph-perverse Anlage des Säuglings ist noch weit von dem entfernt, was beim Erwachsenen als perverse Symptomatik imponiert. Freud kam beim Studium des Fetischismus (Freud 1927e) und der Realitätsbezogenheit von Psychotikern (Freud 1940e [1938]) erneut auf die Per-versionen zurück und modifizierte seine ursprünglichen Beschreibungen dahin-gehend, daß eine Perversion beim Erwachsenen nicht einfach auf das Persistieren polymorph-perverser Anlagen zurückzuführen sei, sondern daß es dazu bestimm-ter Zwischenschritte bzw. Abwehrmechanismen bedürfe wie Sexualisierung, Fetischisierung, Spaltung und Verleugnung. Abgewehrt werden müsse vor allem die Kastrationsangst.

Die in Tabelle 3 aufgeführte schematische Einteilung psychoanalytischer Per-versionskonstrukte orientiert sich an der Übersicht von Nikolas Becker (2007) und ist ein nützliches Navigationssystem, weil man in der Weite des psychoana-lytischen Schrifttums sonst allzu leicht die Orientierung verliert und sich in den Verästelungen vielfältiger Privattheorien, die manchmal nur aus der Behandlung eines einzigen Patienten abgeleitet wurden, verlieren kann.

Sehr pauschal läßt sich sagen, daß der ungelöste Ödipus- bzw. Kastrations-komplex im psychoanalytischen Schrifttum bis in die 1950er Jahre der ge-meinsame Nenner zur Erklärung nicht nur von Perversionen, sondern auch von Neurosen und anderen Krankheitsbildern war. Erst danach wurden ich-psycho-logische, selbst-psychologische und objektbeziehungstheoretische Entwick-lungsaspekte stärker herausgearbeitet und damit auch die Bedeutung weiterer Abwehrvorgänge, und es wurden zusätzliche Weichenstellungen in den prä- und postödipalen Entwicklungsphasen viel stärker beachtet. Besonders wichtig wur-

Tab. 3: Psychoanalytische Perversionskonstrukte

> Persistierende Partialtriebregung
> Abwehr von Kastrationsangst
> Abwehr früherer Ängste
> Funktion

den dabei insbesondere die Arbeiten von Margaret Mahler (1972) und ihrer Mitarbeiter (Mahler et al. 1978), die die Prozesse der Separation des Kindes von seiner primären Bezugsperson und dessen Individuation näher untersuchten und die bedeutende Rolle des Vaters (Triangulierung) in diesen Prozessen hervorhoben. Im Zuge neuer Erkenntnisse der Säuglingsforschung mußten allerdings frühere psychoanalytische Erkenntnisse revidiert werden (Stern 1992; Dornes 2006), und die in der psychoanalytischen Tradition anfangs so zentrale Rolle triebdynamischer Aspekte wird heute weitgehend von bindungstheoretischen Konstrukten eingenommen.

Eine unter theoretischen wie therapeutischen Gesichtspunkten wesentliche Bereicherung des psychoanalytischen Diskurses über Perversionen stellten die Arbeiten von Fritz Morgenthaler (1974; 1984) dar, der primär formal argumentierte und der Perversion eine bestimmte Funktion zuschrieb. Anstatt rückblickend auf ätiologische Aspekte zu fokussieren, richtete er damit das Augenmerk vorausblickend auf teleologisch funktionale Aspekte, die unter therapeutischen Gesichtspunkten gleichzeitig dazu anregten, nach nicht-perversen Alternativen zu suchen. Ebenfalls eher formal als inhaltlich sah er die Funktion der Perversion darin, eine Lücke in der Selbstentwicklung zu schließen. Dieser Verschluß bzw. diese Plombe, so argumentierte er, ermögliche es dem Patienten, eine innere und äußere Homöostase aufrechtzuerhalten und damit sozial zurechtzukommen. Schon vor ihm hatte Phillis Greenacre (1969) vom *security prob* gesprochen. Andere Autoren betonten andere funktionelle Aspekte der Perversion, so z. B. Robert Stoller (1975; 1979), der die Perversion als »die erotische Form von Haß« bezeichnete, Masud Khan (1983), der sie als Ausdruck von Entfremdung, und Janine Chasseguet-Smirgel (1986; 1989), die sie als »Teufelszeug« deutete, wie dies Sigusch (2005, 91–95) in einer Kritik ihres Ansatzes auf den Begriff brachte.

Unter behandlungstechnischen Aspekten hat Reimut Reiche (1990; 2007) fünf klinische Kriterien beschrieben, die alle erfüllt sein müssen, um im Sinne eines psychoanalytischen *terminus technicus* von einer Perversion sprechen zu können, und die unabhängig von den jeweiligen Perversionskonstrukten in der Therapie beobachtbar sind. Es sind dies (1) das Kriterium des obligaten Fetisch, d. h. die Beobachtung, daß der Patient unbelebte Objekte sexuell besetzt; (2) das Kriterium der perversen Szene, in der die innere Objektbeziehung zwanghaft und periodisch externalisiert bzw. agiert wird und damit den Raum bloßer Phantasie und Vorlieben verläßt; (3) das Kriterium des Orgasmus; dieses Kriterium hat Reiche an anderer Stelle revidiert (Reiche 2005 a, 143 f.); (4) das Kriterium der süchtigen Unaufschiebbarkeit, das nach Inszenierung verlangt, und (5) das Kriterium der Perversion-in-der-Perversion; damit ist gemeint, daß sich hinter jeder Ausgestaltung einer Perversion weitere Ausgestaltungen verbergen wie die kleineren Puppen in einer russischen Puppe. Reiche fand es auffallend, »daß Analytikerinnen, die [...] in Fallberichten über [...] Perversion bei der Frau sprechen, *nie* eine Patientin beschrieben, die die genannten *fünf* Kriterien wirklich erfüllt« (2007, 278; Hervorh. i. O.).

Im Verlauf von Psychoanalysen mit Patienten mit perverser Symptomatik fand Reiche sieben typische Konstellationen: (1) Entweder schon im Erstinterview oder im späteren Verlauf der Behandlung kommt eine für den Patienten typische sexuelle Szene zum Vorschein mit Sexualisierung der analytischen Situation. (2) Der Patient wird gewahr, daß er auf die Perversion existentiell angewiesen ist mit hochgradig krisenhafter Zuspitzung. (3) Ist eine solche Krise überstanden, gerät die Behandlung in ruhigere Bahnen. (4) Um sich vor weiteren derartigen Krisen, die jedoch regelmäßig zu erwarten sind, zu schützen, idealisiert der Patient den Analytiker in einem Maße, daß sich dieser von der Idealisierung womöglich anstecken läßt, so daß »man wirklich von perverser Objektbeziehung sprechen« kann (Reiche 2007, 282). (5) »Wenn diese wechselseitige Idealisierung zudem sexualisiert wird, verwandelt sich die Übertragung der Perversion in eine Perversion der Übertragung« (ebd.). Dies kann dazu führen, daß der Analytiker (6) seine deutende Potenz verliert und damit gleichermaßen jene Ohnmacht erlebt, die den Patienten früher zur Entwicklung der Perversion veranlaßt hatte. Die genannten Konstellationen werden sich (7) mehrfach im Prozeß der Durcharbeitung wiederholen.

Die Diskussion über Perversionen bei Frauen ist vergleichsweise jung und wurde vor allem durch die Arbeit von Estela Welldon (1998) angeregt und unter anderen von Sophinette Becker (2003; 2005), Anna Motz (2008) und Ilka Quindeau (2008) fortgeführt. Nach diesen Autorinnen waren Perversionen bei Frauen deshalb lange nicht erkannt worden, weil sie deren spezifische Körpererfahrungen und psychosexuellen Entwicklungslinien nicht berücksichtigten. Fetischisierung, Externalisierung, Aggressivität und Sexualisierung beziehen sich bei Frauen häufig auf deren ganzen Körper einschließlich auf eigene Kinder als Teil des eigenen Körpers. So kann zum Beispiel in der perversen Mütterlichkeit das eigene Kind fetischisiert und gequält werden, oder selbstverletzendes Verhalten, anorektische und bulimische Symptomatik können zu Perversionsäquivalenten werden.

Eigene Präferenz

Seit Freuds *Drei Abhandlungen* ist bezüglich des Diskurses über Perversion kaum ein Stein auf dem anderen geblieben (Reiche 2005 b; Becker 2007). Es wäre auch verwunderlich, wenn sich der Diskurs im Verlauf von hundert Jahren nicht nachhaltig verändert hätte. Die psychoanalytischen Theorien sind immer komplexer geworden und einige blieben dabei teilweise einer mythischen Diktion verhaftet, wie z. B. bei Janine Chasseguet-Smirgel, ganz zu schweigen von Lacan oder manchen Kleinianischen Autoren. Hinzu kommt die erhebliche Schwierigkeit, die dort gewonnenen Erkenntnisse in eine für die Behandlung brauchbare Diktion zu übersetzen, in der sich auch der Patient wiederfinden kann. Da wünsche ich mir oft einfachere Texte.

Ein Autor, der diesem Bedürfnis entgegenkommt, ist Arnold Goldberg, Nachfolger von Heinz Kohut am Psychoanalytischen Institut in Chicago. Seine kurze Monographie *The Problem of Perversion. The View from Self-Psychology* (Goldberg 1995) liegt leider bisher auf Deutsch nicht vor, dafür aber zwei kürzere Aufsätze (Goldberg 1997; 1998). Während sich viele psychoanalytische Autoren ausschließlich oder vornehmlich damit aufhalten, den vielfältigen ätiologischen Theorien noch ein eigenes Versatzstück hinzuzufügen und die Sache damit noch komplizierter machen, gefällt mir Goldbergs Bemühen, alles möglichst einfach zu formulieren. Für ihn sind in der Behandlung drei Aspekte ausschlaggebend, nämlich (1) die Sexualisierung im Rapport des Patienten zu erkennen, (2) ihm durch Deutung dabei zu helfen, Spaltungstendenzen zu überwinden und damit die Sexualisierung zu reduzieren, und erst an letzter Stelle interessiert er sich (3) für die spezifische Psychodynamik. Seine generellen Ausführungen zur Ätiologie fallen ausgesprochen knapp aus, und seine Hinweise auf die von ihm postulierte Störung bzw. den Defekt der Selbstobjekt-Entwicklung sind eher allgemein gehalten. Diese Reihenfolge, in der er das Thema erschließt, ist erfrischend, weil der Patient bei diesem Vorgehen in der Bearbeitung dessen, was ihn belastet, von vornherein zum Partner wird. Je mehr er die Erfahrung macht, daß er sich entspannen kann, desto besser kann er sich dafür interessieren, jene Weichenstellungen zu untersuchen und zu rekonstruieren, die ihn aktuell dazu zu zwingen scheinen und die ihn früher dazu veranlaßt hatten, Beziehungen in dysfunktionaler Weise zu gestalten. Anstatt mit den Bruchstücken eines grandiosen Theoriegebäudes erschlagen zu werden, zum Beispiel mit dem in eine Deutung eingestreuten Wort Kastrationsangst oder Ödipuskomplex, fügt er in der gemeinsamen therapeutischen Arbeit die Fragmente seiner eigenen aktuellen und früheren Beziehungserfahrungen Stück für Stück zusammen, soweit dies möglich ist, oder räumt sie beiseite.

Wenn Goldberg von Sexualisierung spricht, bezieht er sich, so scheint mir, ausschließlich auf die negativen Aspekte dieser Reaktionsform, nicht auf die positiven, deren Genese Reiche (2005 a) in seinem Beitrag nachgeht. Letztere sind unter entwicklungspsychologischen Gesichtspunkten von großer Bedeutung, doch steht die symptomatische Sexualisierung bei der Behandlung von Perversionen im Vordergrund. Wenn Goldberg des weiteren von vertikaler Spaltung spricht, hat er vor allem Patienten im Auge, die ihre Perversion ich-synton oder auch ich-dyston verarbeiten. Es kommt ihm auf den Hinweis an, daß das perverse Erleben, anders als bei der Verdrängung, nicht unbewußt ist, sondern daß das so genannte normale neben dem perversen Erleben prinzipiell jederzeit dem Bewußtsein zugänglich ist, die beiden Formen aber strikt getrennt gehalten werden und nur in Situationen besonders starker Erregung funktionell unbewußt werden können. Wenn der Patient von den abgespaltenen perversen und ihn störenden Anteilen berichtet, muß der Therapeut bzw. Analytiker nach Goldberg »anerkennen, daß der Patient diese andere Seite von sich braucht, und er muß gleichzeitig zum Ausdruck bringen, daß es für den Patienten notwendig ist, daß diese andere Seite beseitigt oder zumindest eingeschränkt werden muß« (Goldberg 1997, 154). Auf die doppelte bzw. gespaltene Übertragung wird der Therapeut mit einer doppelten Gegenübertragung reagieren, und es kommt darauf an, daß er in seiner Intervention die Verbindung zwischen den gespaltenen Polen herstellt, um damit zu signalisieren, daß die Spaltung überwindbar ist. Scheinbar spontane Reduktion der perversen Symptomatik ohne dauerhaften Effekt führt Goldberg darauf zurück, daß der Therapeut in diesen Fällen zeitweilig den strukturellen Defekt beim Patienten gefüllt hatte, daß aber die weitere Durcharbeitung der doppelten Übertragungskonstellationen unterblieben ist und/oder daß sich der Therapeut verführen hat lassen, jeweils nur auf einen der (gespaltenen) Übertragungsaspekte agierend einzugehen. Strukturell finden sich zwischen Goldbergs und Reiches Konzeptualisierungen viele Parallelen.

Zu Recht betonen die meisten Autoren, daß sich Perversionen auf allen Strukturniveaus antreffen lassen (vgl. z. B. Kernberg 1997; 2001). In Anknüpfung an die Arbeiten von Otto F. Kernberg unterscheidet Fritz Lackinger (2005) *benigne* von *transgressiven* und *malignen* Perversionen, je nach Grad der Schädigung anderer Personen bzw. der Verletzung des sexuellen Selbstbestimmungsrechts anderer. Wie bereits erwähnt, differenziert auch Wolfgang Berner (2005), orientiert am Strukturniveau der Persönlichkeitsorganisation, zwischen neurotischen Formen, für die er die Bezeichnung Perversion, und strukturell stärker gestörten Formen, für die er die Bezeichnung Paraphilie reservieren will.

Im klinischen Kontext der forensischen Psychotherapie begegnet man den *benignen* Formen Lackingers, wenn überhaupt, dann ebenso selten wie den neurotischen Formen Berners oder den von Sigusch beschriebenen Neosexualitäten. Hier herrschen jene Formen vor, in denen die Perversion entweder ich-synton oder ich-dyston agiert wurde und gewöhnlich bereits zur Straffälligkeit geführt hat. Je nach Schweregrad und Beurteilung der Schuldfähigkeit und Gefährlichkeitsprognose, finden die Behandlungen im ambulanten Setting, im Justizvollzug oder im psychiatrischen Maßregelvollzug statt. Im deutschsprachigen Raum werden die Behandlungen nur noch in einem verschwindend kleinen Teil dieser Einrichtungen analytisch konzeptualisiert (vgl. Gramigna 2004; Lackinger et al. 2008; Mika 2004; Ross et al. 2008; Schott 2004). Neben dem veränderten Zeitgeist sowie dem Mangel an evidenz-basierten Studien über analytische oder psychodynamische Behandlungen von Patienten mit Perversionen mag dies auch daran liegen, daß wir es als Analytiker versäumt haben, über unsere theoretischen Konstrukte und unsere Behandlungen in einer auch Nicht-Analytikern verständlichen Sprache zu berichten.

Zum Beitrag von Mervin Glasser

Vor etwa zwei Jahren war mir der in diesem Band diskutierte Beitrag von Mervin Glasser (1979) zugeschickt worden mit der Frage, ob er sich zur Übersetzung bzw. zum Nachdruck im *Jahrbuch der Psychoanalyse* eigne. Glasser hat über viele Jahre an der Portman Clinic in London als Psychoanalytiker gearbeitet und dort viele Straftäter und Patienten mit Perversionen behandelt. In den 1980er Jahren habe ich zweimal mit großem Gewinn an mehrtägigen Supervisionsseminaren dort teilgenommen. Dennoch war ich nach der Lektüre eher reserviert, die

Anfrage positiv zu beantworten, und schlug statt dessen vor, dem Thema Perversion einen ganzen Band mit aktuelleren Beiträgen zu widmen. Was mir an Glassers Beitrag am besten gefällt, ist der Schlußsatz, eine Perversion diene der Aufrechterhaltung der psychischen Homöostase, eine Formulierung, die man ähnlich auch bei anderen Autoren findet und der ich uneingeschränkt zustimme. Damit werden die konstruktiven Aspekte der Symptombildung gewürdigt. Des weiteren arbeitet er die zentrale Rolle, die der Sexualisierung im Prozeß der Perversionsbildung zukommt, nachvollziehbar heraus, und er unterscheidet zwischen allgemeinen Aggressionen und pervers-sadistischen. Gut gefällt mir auch, daß er Weichenstellungen in späteren als frühkindlichen Entwicklungsphasen ausführlich berücksichtigt (Glasser 1979, 296–303 in diesem Band 41–50), wiewohl er die Patienten, die unter Perversionen leiden, letztlich in ihrem Kernkomplex als fixiert bzw. als dorthin regrediert charakterisiert. Reichhaltig ist schließlich Glassers klinischer Erfahrungsschatz, aus dem er viele Vignetten schöpft, um seine Thesen zu illustrieren. Daß solche Vignetten in ihrer Verkürzung nichts beweisen, sondern eben nur Illustrationen sind, ist ein grundsätzliches Problem analytischer Vignetten, kein spezielles dieses Autors (Kächele/Pfäfflin 2009).

Daneben gibt es aber vieles, das mir weit weniger gefällt und das ich problematisch finde. Das fängt damit an, daß er von vornherein weiß oder zu wissen glaubt, was der Kernkomplex aller Perversionen ist, nämlich der Konflikt des sich in der analen Phase befindlichen Kindes zwischen dem Wunsch nach Symbiose einerseits und dem Wunsch nach Separation-Individuation andererseits, wie ihn Margaret Mahler und Mitarbeiter (Mahler 1972; Mahler et al. 1978) beschrieben haben, bzw. dem Wunsch nach Verschmelzung mit der Mutter (bzw. primären Bezugsperson) und der Angst, dabei vernichtet zu werden. Seit ich mich mit den Morden an Juden, Zigeunern und psychiatrischen Patienten während des »Dritten Reiches« befaßt habe, ist für mich die englische Formulierung *annihilation anxiety* (Glasser 1979, 279, dt. 21) bzw. das Wort *annihilation* (a. a. O., 286; 295; 300 u. ö., dt. 29, 40, 46) so eng mit der Shoah assoziiert, daß ich die individualpsychologische Anwendung auf psychosexuelle Entwicklungsphasen als unerträgliche Dramatisierung empfinde. Analog gilt dies für synonyme Formulierungen wie zum Beispiel, die Kleinkinder fürchteten, mit ihrer Wut das ihnen wichtige Gegenüber total zu zerstören (»threatens its total destruction«, 284, dt. 27), oder sie könnten vollkommen verlassen werden (»abandonment«, 286, dt. 29) oder Amok laufen (»run amok«, 288 f., dt. 31). In ähnlicher Weise wird der Verschmelzungswunsch sprachlich dramatisiert als Wunsch des Kleinkindes nach »*complete* gratification«, »*absolute* security, *totally* reliable containment« (Glasser 1979, 279; Hervorh. F. P., dt. 20).

Selbstverständlich brauchen und haben wir Modelle über die psychosexuelle Entwicklung, um daran abweichende Entwicklungen bemessen zu können, doch sind es gerade die vielen Vignetten in dem Text von Glasser, die einerseits seinen Text lebendig erscheinen lassen, ihn andererseits aber ebenso sehr stören, weil sie gewissermaßen eins zu eins Rückübersetzungen aktueller Konflikte der Patienten auf den Kernkomplex sind, um dessen Gültigkeit zu illustrieren.

Sprachlich irritierend ist des weiteren die In-eins-Setzung der Patienten mit ihrer Symptomatik. Sie heißen einfach Perverse (»the pervert's psychopathology« [a. a. O., 278, dt. 20], oder »the pervert« [303, dt. 49], Exhibitionisten (»the exhibitionist« [290, dt. 34]), Transvestiten, Homosexuelle, Pädophile (»an 18-year-old paedophiliac« [302, dt. 48]) und werden damit *pars pro toto* pathologisiert, was Zweifel aufkommen läßt, ob der schöne Schlußsatz des Aufsatzes wirklich ernst gemeint ist (in diesem Band 50). Denn was da über einen gesagt wird, gilt dann gleich für alle. Ähnlich uniformiert werden die Mütter dieser Patienten beschrieben. Obwohl Glasser einräumt, daß häufig keine Quellen zur Verfügung stehen, um zu verifizieren, was die Patienten über ihre Mütter sagen, findet er doch ein Charakteristikum in den Schilderungen »echter Perverser, so daß man mit der Annahme auf der sicheren Seite steht, daß es zutrifft« (»but one characteristic features so consistently in the accounts the true perverts give that one is safe to assume their veracity«, 292; Übers. F. P., dt. 36). Dieses Charakteristikum sei der ausgeprägt narzißtische Charakter der Mutter, die ihr Kind narzißtisch behandelt (»This is that she has a markedly narcisstic character and relates to her child in narcissistic terms«, 292, dt. 36).

Typologien sind nützlich, um komplexe Phänomene zu systematisieren und begrifflich besser zu erfassen. In diesem Sinne habe ich oben Goldbergs Vereinfachungen positiv hervorgehoben. Dort wurden Mechanismen beschrieben, die bei der Perversionsbehandlung beachtet werden sollten. Hier dagegen wird von der Symptomatik erwachsener Patienten ein direkter Schluß auf die Eigenschaften der Mütter abgeleitet, und gleichermaßen werden die Patienten extrem typisiert, weil der Autor offenbar schon vorher alles über sie weiß. Aus meiner Sicht sollte jeder Behandlungsbericht – und Glasser zitiert aus vielen Behandlungen –

in einer Weise verfaßt sein, daß der Patient ihn lesen, verstehen und davon profitieren kann, ohne stigmatisiert zu werden.

Zusammenfassung

Der Beitrag zeigt den vielfältigen Bedeutungswandel des Wortes Perversion und seiner Derivate auf und diskutiert alternative und ergänzende Bezeichnungen, wie sexuelle Deviation, Paraphilie, sexuelle Präferenzstörung und Neosexualität, die seinen Gebrauch ersetzen sollen. Danach verweist er auf psychoanalytische Konstrukte, in denen das Wort Perversion als *terminus technicus* gebraucht wird. Unter diesen Konzepten fokussiert er insbesondere jenes von Arnold Goldberg, das im deutschen Sprachraum bisher erst wenig aufgegriffen wurde. Abschließend kommentiert er den in diesem Band erstmals in deutscher Sprache veröffentlichten Beitrag von Mervin Glasser.

Summary

Concepts of Perversion

The paper outlines the wide range in which the word perversion and its derivatives were and are used. In addition, alternative terms are discussed that were introduced to replace the word perversion, e.g. sexual deviation, paraphilia, sexual preference disorder, and neo-sexualities. It then focusses on psychoanalytic concepts of perversion in which the term is used as a technical term. Among these, special attention is payed to the concept of Arnold Goldberg. Finally, it discusses some aspects of the paper of Mervin Glasser, reprinted in this volume.

Literatur

Becker, N. (2007): Psychoanalytische Theorie sexueller Perversionen. In: *Sexuelle Störungen und ihre Behandlung*, 4. Aufl. Hg. von V. Sigusch. Stuttgart/New York: Thieme, 265–275.

Becker, S. (2003): Frauen und Perversion. In: *Psychodynamische Psychotherapie* 2, 155–166.

— (2005): Das weibliche Körperselbst und die Perversion. In: *Forum Psychoanal.* 21, 242–254.

Beier, K. M. (1995): *Dissexualität im Lebenslängsschnitt. Theoretische und empirische Untersuchungen zu Phänomenologie und Prognose begutachteter Sexualstraftäter.* Berlin: Springer.

Berner, W. (2005): Von der Perversion zur Paraphilie. In: *Freud und das Sexuelle. Neue Psychoanalytische und sexualwissenschaftliche Perspektiven.* Hg. von I. Quindeau/V. Sigusch. Frankfurt am Main/New York: Campus, 153–177.

Binswanger, L. (1949/1950): Sinn und Gehalt der sexuellen Perversionen. In: *Psyche – Z Psychoanal.* 3, 881–909.

Bloch, I. (1907): *Das Sexualleben unserer Zeit in seinen Beziehungen zur modernen Kultur.* Berlin: Louis Marcus Verlagsbuchhandlung.

Boss, M. (1952): *Sinn und Gehalt sexueller Perversionen. Ein daseinsanalytischer Beitrag zur Psychopathologie des Phänomens der Liebe.* 2. Aufl. Bern/Stuttgart: Huber.

Chasseguet-Smirgel, J. (1986): *Kreativität und Perversion.* Frankfurt am Main: Nexus.

— (1989): *Anatomie der menschlichen Perversion.* Stuttgart: DVA.

Dornes, M. (2006): *Die Seele des Kindes. Entstehung und Entwicklung.* Frankfurt am Main: Fischer.

Freud, S. (1905 d): Drei Abhandlungen zur Sexualtheorie. In: *GW* V, 27–145.

— (1927 e): Fetischismus. In: *GW* XIV, 311–317.

— (1940 e [1938]): Die Ich-Spaltung im Abwehrvorgang. In: *GW* XVII, 59–62.

Gebsattel, V. E. v. (1932): Süchtiges Verhalten im Gebiet sexueller Verirrungen. In: *Mschr. Psychiat. Neurol.* 82, 113–177.

Giese, H. (1962): *Psychopathologie der Sexualität.* Stuttgart: Enke.

— /Schorsch, E. (1973): *Zur Psychopathologie der Sexualität.* Stuttgart: Enke.

Glasser, M. (1979): *Some aspects of the role of aggression in the perversions.* In: *Sexual Deviation,* 2. Aufl. Hg. von I. Rosen. Oxford/New York/Toronto: Oxford University Press, 278–305. Dt. in diesem Band 19–53.

Goldberg, A. (1995): *The Problem of Perversion. The View from Self Psychology.* New Haven: Yale University Press.

— (1997): Perversion. In: *Recht & Psychiatrie* 15, 152–155.

— (1998): Perversion aus der Sicht psychoanalytischer Selbstpsychologie. In: *Psyche – Z Psychoanal* 52, 709–730.

— (1998): Between empathy and judgment. In: *J. Am. Psychoanal. Assoc.* 47, 350–400.

Gramigna, R. (2004): Psychotherapie im Spannungsfeld zwischen Patientenbehandlung und Tätertherapie. In: *Recht & Psychiatrie* 22, 56–62.

Greenacre, P. (1969 [1971]): The fetish and the transitional object. In: Ders.: *Emotional Growth,* Bd. 1. New York: International Psychoanalytic Universities Press, 315–334.

Kächele, H./Pfäfflin, F. (Hg.) (2009): *Behandlungsberichte und Therapiegeschichten*. Gießen: Psychosozial-Verlag.

Kernberg, O.F. (1997): *Wut und Haß. Über die Bedeutung von Aggression bei Persönlichkeitsstörungen und sexuellen Perversionen*. Stuttgart: Klett-Cotta.

— (2001): Die narzißtische Persönlichkeit und ihre Beziehungen zu antisozialem Verhalten und zu Perversionen. In: *Persönlichkeitsstörungen, Theorie und Therapie* 3, 137–171.

Khan, M. M. R. (1983): *Entfremdung bei Perversionen*. Frankfurt am Main: Suhrkamp.

Kinsey, A./Pomeroy, W./Martin, C./Gebhard, P. (1949 [1967]): Begriff des Normalen und Abnormen im geschlechtlichen Verhalten. In: *Die sexuelle Perversion*. Hg. von H. Giese. Frankfurt am Main: Akademische Verlagsgesellschaft, 331–352.

Kohut, H. (1971): *The Analysis of the Self*. New York: International University Press.

Krafft-Ebing, R.v. (1886): *Psychopathia sexualis*. Stuttgart: Enke.

— (1890): *Lehrbuch der Psychiatrie*, 4. Aufl. Stuttgart: Enke.

Krauss, F. S. (1904–1913 [1989]): *Anthropophyteia. Jahrbücher für Folkloristische Erhebungen und Forschungen zur Entwicklungsgeschichte der geschlechtlichen Moral,* Bde. 1–10. Leipzig: Deutsche Verlag-Aktien-Gesellschaft und Ethnologischer Verlag. Nachdruck. Wien: Herbst-Presse.

Kunz, H. (1942): Zur Theorie der Perversion. In: *Mschr. Psychiat. Neurol.* 105, 1–103.

Lackinger, F. (2005): Persönlichkeitsorganisation, Perversion und Sexualdelinquenz. In: *Psyche – Z Psychoanal* 59, 1107–1130.

— /Dammann, G./Wittmann, B. (Hg.) (2008): *Psychodynamische Psychotherapie bei Delinquenz. Praxis der Übertragungsfokussierten Psychotherapie*. Stuttgart/New York: Schattauer.

Mahler, M. (1972): *Symbiose und Individuation*. Stuttgart: Klett.

— /Pine, F./Bergmann, A. (1978): *Die psychische Geburt des Menschen*. Frankfurt am Main: Fischer.

Materialien zu Peter Weiss' *Marat/Sade* (1967). Frankfurt am Main: Edition Suhrkamp.

May-Chahal, C./Herczog, M. (Hg.) (2003): *Child Sexual Abuse in Europe*. Straßburg: Council of Europe Publishing.

Mika, J. (2004): Straftäterbehandlung. Kasuistik einer psychodynamischen Einzeltherapie. In: *Recht & Psychiatrie* 22, 51–56.

Money, J. (1977): Paraphilias. In: *Handbook of Sexology*. Hg. von J. Money/H. Musaph. Amsterdam/London/New York: Excerpta Medica, 917–928.

— (1986). *Lovemaps. Clinical concepts of sexual/erotic health and pathology, paraphilia, and gender transposition in childhood, adolescence, and maturity*. New York: Irvington Publishers.

Morgenthaler, F. (1974): Die Stellung der Perversionen in Metapsychologie und Technik. In: *Psyche – Z Psychoanal* 28, 1077 – 1089.

— (1984): *Homosexualität, Heterosexualität, Perversion*. Frankfurt am Main/Paris: Qumran.

Motz, A. (2008): *The Psychology of Female Violence: Crimes Against the Body*. 2. Aufl. Hove: Brunner-Routledge.

Quindeau, I. (2008): *Verführung und Begehren. Die psychoanalytische Sexualtheorie nach Freud*. Stuttgart: Klett-Cotta.

— /Sigusch, V. (Hg.) (2005): *Freud und das Sexuelle. Neue psychoanalytische und sexualwissenschaftliche Perspektiven*. Frankfurt am Main/New York: Campus.

Pfäfflin, F. (2009): Sexualstraftaten. In: Venzlaff/Foerster: *Psychiatrische Begutachtung. Ein praktisches Handbuch für Ärzte und Juristen*. Hg. von K. Foerster/ H. Dreßing. München: Urban & Fischer, 329 – 360.

Reiche, R. (1990 [2000]): *Geschlechterspannung. Eine psychoanalytische Untersuchung*. Frankfurt am Main: Fischer. Nachdruck. Gießen: Psychosozial-Verlag.

— (2005a): Das Rätsel der Sexualisierung. In: *Freud und das Sexuelle. Neue psychoanalytische und sexualwissenschaftliche Perspektiven*. Hg. von I. Quindeau/ V. Sigusch. Frankfurt/New York: Campus, 135 – 152.

— (2005b): Nachwort. In: *Sigmund Freud: Drei Abhandlungen zur Sexualtheorie. Reprint der Erstausgabe nach 100 Jahren*. Frankfurt am Main: S. Fischer, 95 – 127.

— (2007): Psychoanalytische Therapie sexueller Perversionen. In: *Sexuelle Störungen und ihre Behandlung*, 4. Aufl. Hg. von V. Sigusch. Stuttgart/New York: Thieme, 276 – 291.

Ross, T./Urbaniok, F./Pfäfflin, F. (2008): Straftäter und forensische Aspekte. In: *Störungsspezifische Psychotherapie*. Hg. von S. Herpertz/F. Caspar/C. Mundt. München/Jena: Urban & Fischer, 679 – 693.

Sachs, H. (1923): Zur Genese der Perversionen. In: *Int. Z Psychoanal.* 9, 172 – 182.

Schmidt-Quernheim, F./Hax-Schoppenhorst, T. (Hg.) (2008): *Professionelle forensische Psychiatrie. Behandlung und Rehabilitation im Maßregelvollzug*, 2. Aufl. Bern: Huber.

Schorsch, E. (1971): *Sexualstraftäter*. Stuttgart: Enke.

— (1973): Psychopathologie der Sexualität? In: *Zur Psychopathologie der Sexualität*. Hg. von H. Giese/E. Schorsch. Stuttgart: Enke, 1 – 31.

— /Becker, N. (1977 [2000]): *Angst, Lust, Zerstörung. Sadismus als soziales und kriminelles Handeln. Zur Psychodynamik sexueller Tötungen*. Reinbek: Rowohlt; 2. Aufl. Gießen: Psychosozial-Verlag.

— /Galedary, G./Haag, A./Hauch, M./Lohse, H. (1985 [1996]): *Perversion als Straftat. Dynamik und Psychotherapie*. Berlin u. a.: Springer; 2. Aufl. Stuttgart: Enke.

Schott, M. (2004): Unzerstörbare Liebesfähigkeit oder die Macht früher Erfahrungen. In: *Recht & Psychiatrie* 22, 62–66.

Sigusch, V. (2005a): *Neosexualitäten. Über den kulturellen Wandel von Liebe und Perversion.* Frankfurt/New York: Campus.

— (2005b): Freud und die Sexualwissenschaft seiner Zeit. In: *Freud und das Sexuelle. Neue psychoanalytische und sexualwissenschaftliche Perspektiven.* Hg. von I. Quindeau/V. Sigusch. Frankfurt am Main/New York: Campus, 15–35.

Stern, D. (1992): *Die Lebenserfahrung des Säuglings.* Stuttgart: Klett-Cotta.

Stoller, R.J. (1975): *Perversion. The Erotic Form of Hatred.* New York: Pantheon. Dt. (1998): Perversion. Die erotische Form von Hass. Gießen: Psychosozial-Verlag.

— (1979) *Sexual Excitement. Dynamics and Erotic Life.* New York: Pantheon.

Straus, E. (1930): *Geschehnis und Erlebnis. Zugleich eine historiologische Deutung des psychischen Traumas und der Renten-Neurose.* Berlin: Springer.

Sulloway, F.J. (1982): *Freud. Biologie der Seele. Jenseits der psychoanalytischen Legende.* Köln-Lövenich: Hohenheim.

Welldon, E. (1988): *Mother, Madonna, Whore.* London: Free Association Books. Dt. (1992): Mutter, Madonna, Hure. Die Verherrlichung und Erniedrigung der Mutter und der Frau. Bonz: Waiblingen. Nachdruck 2003 unter dem Titel: *Perversionen der Frau.* Gießen: Psychosozial-Verlag.

Prof. Dr. med. Friedemann Pfäfflin, Forensische Psychotherapie, Universität Ulm, Am Hochsträss 8, 89081 Ulm, friedemann.pfaefflin@uni-ulm.de

Perverse Verknüpfungen: Realitätsbezug und argumentative Struktur

*Heinz Weiß**

1. Freuds Untersuchung perverser Objektbeziehungen

In seinen frühen Untersuchungen zu perversen Objektbeziehungen beschreibt Freud (1905 d) als »pervers« Verschiebungen in Hinblick auf das Befriedigungsobjekt und das Sexualziel. Er spricht von der »polymorph perversen« infantilen Sexualität (Freud 1905 d, 92) und macht für die Entwicklung klinischer Perversionen Hemmungen und Fixierungen der infantilen Sexualorganisation verantwortlich. Diese fülle »die kollateralen Wege aus«, wenn »der Libido auf normalem Wege die Befriedigung versagt wird« (Freud 1905 d, 69). Die »Abdrängung der Libido vom normalen Sexualziel und Sexualobjekt« (Freud 1905 d, 70) komme insbesondere dann zum Tragen, wenn es nicht gelinge, die libidinösen Regungen unter dem Primat der genitalen Sexualität zu vereinigen.

Anders als bei den Neurosen, bei denen diese Regungen verdrängt würden, bilde sich bei der Perversion ein Teil der Symptome um den Preis einer abnormen Sexualität. Deshalb könne man die Neurose »*sozusagen* [...] [als] *Negativ der Perversion*« (Freud 1905 d, 65; Hervorh. i. O.) bezeichnen. Dabei fällt Freud der oft erhaltene Realitätsbezug (Freud 1905 d, 60) sowie die häufige Manifestation

* Prof. Dr. med. Heinz Weiß ist Chefarzt der Abteilung für Psychosomatische Medizin am Robert-Bosch-Krankenhaus, Stuttgart. 1992/1993 Visiting Scientist an der Tavistock Clinic, London. Zahlreiche Veröffentlichungen zur Geschichte, Theorie und Behandlungstechnik der Psychoanalyse, zur neurologischen Psychosomatik sowie zur Psychoanalyse pathologischer Persönlichkeitsorganisationen.

Jahrb. Psychoanal. 60, S. 101–121 © 2010 frommann-holzboog

der entsprechenden Neigungen in *Gegensatzpaaren* (Freud 1905 d, 66 f.) auf. Am Beispiel der »prägenitalen Organisationen« untersucht er die Entwicklung dieser Gegensatzpaare (aktiv/passiv, männlich/weiblich), wobei er für die orale Organisation (Einverleibung, Identifizierung) noch keine Gegensätze anerkennt.[1]

Später erweitert Freud diese Sichtweise und gelangt zu der Auffassung, daß es bestimmte Abwehrprozesse und Verknüpfungen sind, welche eine perverse Einstellung gegenüber der Wirklichkeit bedingen. Bereits in seiner Arbeit *Ein Kind wird geschlagen* (Freud 1919 e) weist er auf die komplexe argumentative Struktur hin, die aus der Ausgangvorstellung (»der Vater liebt nur mich«) über verschiedene Umarbeitungen die lustbetonte Schlagephantasie entstehen läßt. In seinem Aufsatz über den Fetischismus (Freud 1927 e) weist er nach, daß der perversen Symptombildung ein bestimmter Wirklichkeitsbezug zugrunde liegt: Im Falle des Fetischismus werde nämlich die Tatsache des Geschlechtsunterschiedes *zugleich anerkannt und negiert.* Für diesen eklatanten Widerspruch müsse eine kunstvolle Lösung gefunden werden, wie sie auf raffinierte Weise die Einführung des Fetisch-Objekts ermögliche. Dadurch daß der Fetisch die mit der Wahrnehmung des Geschlechtsunterschiedes verbundene Kastrationsangst kaschiert, könne die Tatsache der Penislosigkeit der Frau zugestanden, andererseits aber heimlich verleugnet werden – »die wunschgerechte wie die realitätsgerechte Einstellung« (Freud 1927 e, 316) bestehen nebeneinander.

Diese Möglichkeit der Problemlösung erscheint Freud als so bedeutsam, daß er in seiner Arbeit über den Fetischismus seine früheren Überlegungen zur Unterscheidung von Neurose und Psychose (Freud 1924 b; 1924 e) erneut aufgreift und zum Teil revidiert: Offenbar gebe es eine *dritte Einstellung,* bei der weder »das Ich im Dienste der Realität ein Stück des Es unterdrücke« noch sich »vom Es fortreißen lasse«, um »sich von einem Stück der Realität zu lösen«

---

1   Diese Auffassung wurde in der Folge vor allem durch die Arbeiten Karl Abrahams (1924; 1925) und Melanie Kleins (1932; 1946) erweitert, in denen der Gegensatz Einverleibung/Ausstoßung die Grundlage für das Verständnis projektiver und introjektiver Identifizierungsvorgänge bildet (vgl. Frank/Weiß 2007). In seiner Arbeit über *Die Verneinung,* welcher für die spätere Beschreibung von Spaltungsvorgängen eine wichtige Bedeutung zukommt, nimmt Freud (1925 h) diesen Gedanken vorweg, wenn er die beiden Unterscheidungen »gut«/»schlecht« und »innen«/»außen« als zentral für die Urteilsfunktion des Ich erkennt. Das frühe Ich wolle sich die guten Erfahrungen »introjizieren« und »alles Schlechte von sich werfen« (Freud 1925 h, 13).

(Freud 1927e, 315). Vielmehr komme es zu einer *Spaltung*, die es beiden Einstellungen erlaube, Gültigkeit zu beanspruchen und *gleichzeitig* zu existieren. Seine diesbezüglichen Gedanken hatte er bereits in seiner grundlegenden Arbeit *Die Verneinung* (Freud 1925h) angedeutet, von der es heißt, daß sie nur zu einer partiellen Aufhebung der Verdrängung führt. Diese Überlegungen werden in seinen späten Arbeiten *Abriß der Psychoanalyse* (1940a) und *Die Ichspaltung im Abwehrvorgang* (1940e) weiter ausgeführt. Dort spricht Freud von einer »kniffige[n] Behandlung der Realität« (1940e, 61), die es dem Individuum erlaube, mit gegensätzlichen Versionen der Wirklichkeit zu leben.

2. »*Turning a blind eye*« – der Realitätsbezug bei pathologischen Persönlichkeitsorganisationen (John Steiner)

Doch wie kommt diese Versöhnung der gegensätzlichen Einstellungen zustande? Welche Mechanismen kommen ins Spiel, um die zugrunde liegenden Spaltungen unsichtbar zu machen? Und welche Rolle spielen solche Vorgänge beim Aufbau pathologischer Persönlichkeitsorganisationen?

Diese Fragen beschäftigten Donald Meltzer (1966; 1968), Betty Joseph (1971), Herbert Rosenfeld (1971) und andere Autoren (Segal 1972, O'Shaughnessy 1981), als sie die Funktion komplexer Abwehrstrukturen untersuchten. Ihre Beschreibungen wurden von John Steiner (1993) in seiner Theorie pathologischer Persönlichkeitsorganisationen zusammengefaßt.

Bei der Behandlung seelischer Rückzugszustände *(psychic retreats)* war ihm aufgefallen, daß sich solche Patienten in einen seelischen Gleichgewichtszustand begeben, in dem sie vor den Ängsten der paranoid-schizoiden und der depressiven Position bis zu einem gewissen Grad geschützt sind. Er charakterisiert diesen Zustand als *Borderline-Position* und führt aus, daß er dem Individuum eine gewisse Stabilität auf Kosten von Entwicklung und Veränderung gewährt. Die nähere Untersuchung dieses Gleichgewichts ergab, daß es auf einer *Pseudoakzeptanz* der Wirklichkeit beruhte, ähnlich jenem Vorgang, wie ihn Freud in seiner Fetischismus-Arbeit beschrieben hatte.

Steiner geht dabei zunächst von der Frage aus, wie eine solche gegensätzliche Beurteilung der Wirklichkeit zustande kommt. Er weist darauf hin, daß Freud in seinem Aufsatz über den Fetischismus zwei weitere Patienten erwähnt, die den Tod ihres Vaters auf eine ganz ähnliche Weise »skotomisiert« hatten. In

Erweiterung der Freudschen Auffassung betrifft die Halbverleugnung jetzt nicht mehr allein die Tatsache des Geschlechtsunterschieds, sondern ganz allgemein das Verhältnis des Subjekts zu zentralen Aspekten seiner inneren und äußeren Realität. »Pervers« ist demnach eine Haltung *gleichzeitiger Anerkennung und Verleugnung der Realität,* wodurch diese in einer bestimmten Weise umgestaltet, verzerrt, mißrepräsentiert wird. Die Mißrepräsentation führt in den zuvor bestehenden Gegensatz ein »kunstvolles Argument« (Steiner 1993, 137) ein und trägt damit dazu bei, die offenkundige Spaltung unkenntlich zu machen.

Steiner verdeutlicht diesen Mechanismus an einem weiteren Beispiel aus Freuds *Die Traumdeutung* (1900a). Auch hier geht es um die Schwierigkeit des Kindes, mit der Vorstellung des Todes umzugehen:

> Von einem hochbegabten 10jährigen Knaben hörte ich nach dem plötzlichen Tod seines Vaters zu meinem Erstaunen folgende Äußerung: ›Daß der Vater gestorben ist, verstehe ich, aber warum er nicht mehr zum Nachtmahl nach Hause kommt, kann ich mir nicht erklären‹. (Freud 1900a, 260)

Offenbar bestehen bei diesem Jungen zwei unterschiedliche Sichtweisen der Wirklichkeit nebeneinander her: eine, in der der Vater gestorben ist und sein Tod akzeptiert wird, sowie eine zweite, in der er noch lebt, es aber versäumt, zum Abendessen nach Hause zu kommen. Nicht diese, in den Anfangsstadien des Trauervorgangs durchaus häufig anzutreffende Spaltung ist nach Steiner pervers. Wohl wäre dies aber der Versuch, beide Versionen der Wirklichkeit zusammenzubringen und den zwischen ihnen bestehenden Widerspruch aufzulösen, indem man etwa dem Jungen erklärt, eines Tages *werde* sein Vater zurückkommen, oder er werde zurückkommen, wenn er brav sei. Die perverse Absicht bestünde dann darin, das Kind vor der Notwendigkeit der Auseinandersetzung mit der Realität zu schützen, anstatt ihm zu helfen, mit ihr fertig zu werden (Steiner 1993, 93).

Die perverse Objektbeziehung ist nach Steiner wesentlich durch einen solchen Doppelcharakter gekennzeichnet, welche die Realität *zugleich scheinbar anerkennt und heimlich negiert.* Sie läßt sich vor allem bei Patienten finden, in deren Persönlichkeitsorganisation Borderline-Elemente eine wichtige Rolle spielen (vgl. Weiß 2009). Im Gegensatz zur psychotischen Spaltung führt die Aufspaltung hier nicht zu einem Bruch, sondern eher zu einer *Zerschneidung* in der Beziehung zur Realität. Steiner spricht deshalb von einem willentlichen Nichtwissenwollen – »*turning a blind eye*« – als einem Vorgang, durch den der

Wirklichkeit ein blindes Auge zugewendet wird. Er hat diesen Vorgang an Sophokles' Tragödie *König Ödipus* im einzelnen illustriert (Steiner 1985; 1990). Anders als der psychotische Patient, der einen Teil der Wirklichkeit verleugnet und an ihrer Stelle eine neue, wahnhafte Wirklichkeit konstruiert, verfolgt der Borderline-Patient gegenüber der Wirklichkeit gewissermaßen eine Doppelstrategie: Er erkennt die Realität nach außen hin scheinbar an und kreiert zugleich eine zweite, dritte oder vierte Version von ihr, wobei er den Widerspruch zwischen diesen verschiedenen Wirklichkeitskonstruktionen auf geschickte Weise negiert. Dadurch bleibt ihm zugleich der Konflikt erspart, der den neurotischen Patienten zur Abwehr und Kompromißbildung zwingt.

3. Die Einführung des perversen Arguments

Um diese Art von Realitätsbezug aufrechtzuerhalten, werden komplexe Argumente eingeführt, welche die Widersprüche auf kunstvolle Weise überbrücken. Mit ihrer Hilfe können die Gegensätze so behandelt werden, als existierten sie gar nicht oder als seien sie bereits miteinander versöhnt. Im Falle des Fetisch-Objekts lautet dieses Argument, die Frau verfüge insgeheim doch über einen Penis, was die Wahrnehmung des Geschlechtsunterschiedes ermöglicht und zugleich vor der damit verbundenen Kastrationsdrohung schützt.

Im Falle des Jungen, dessen Vater gestorben ist, wird der Verlust so lange in der Schwebe gehalten, als man ihn in dem Glauben läßt, der Vater sei zwar tot, *werde* aber eines Tages wiederkommen, oder aber er werde wieder zum Abendessen kommen, wenn er brav sei und seinen Teller leer esse.

Ödipus konnte die Weissagung des delphischen Orakels und die Warnungen Teiresias' lange Zeit mit immer neuen Argumenten zurückzuweisen, obwohl die Evidenz, daß er der gesuchte Mörder seines Vaters Laios sein mußte, immer erdrückender wurde. Seine Suche nach der Wahrheit kann zugleich als Versuch ihrer Vertuschung verstanden werden. Als er den Tatsachen schließlich mutig ins Auge blickt und seine Spaltung zusammenbricht, werden seine Schuldgefühle unerträglich und er blendet sich. Bezeichnenderweise richtet sich sein Angriff gegen die Augen als jenem Organ, mit dem er die Wirklichkeit aufnimmt. Indem er seine Wahrnehmungsfähigkeit zerstört, versucht er, die »Quelle seines Schmerzes« auszuschalten (Steiner 1993, 179): Er verläßt die Borderline-Position (vgl. Weiß 1999, 14f.), um alle Schuld abzustreifen und sich in *Ödipus auf*

Kolonos zu göttlicher Größe zu erheben. Mit der ›Flucht von der Wahrheit zur Allmacht‹ (vgl. Steiner 1990, 187) findet er schließlich eine psychotische Lösung für den quälenden inneren Konflikt.

Entscheidend für die Aufrechterhaltung der perversen Beziehung wird somit die Funktion des perversen Arguments. Es ermöglicht, unterschiedliche Versionen der Wirklichkeit aufrecht zu erhalten, sie auf geschickte Weise miteinander zu verbinden und die Widersprüche so zu behandeln, als gäbe es sie nicht. Wie Kitt oder Klebemasse verhindert die Argumentation eine weitergehende Desintegration, blockiert aber ebenso Bewegungen in Richtung einer echten Integration. Deshalb kommen solche Argumente oft dann ins Spiel, wenn die Analyse Fortschritte macht und die Spaltungen nicht länger aufrechtzuerhalten sind.

Der Analytiker kann dann auf subtile Weise in die Argumentation einbezogen werden, z. B. dadurch, daß neue Einsichten zwar anerkannt, aber heimlich unterlaufen werden. In diesem Fall werden die emotionalen Konsequenzen einer Erkenntnis negiert – z. B. mit dem Argument, es genüge ja, sich ihrer bewußt zu sein –, oder Übertragungsgefühle werden nicht als wirkliche Gefühle betrachtet, weil sie aus einer künstlichen Situation hervorgegangen seien und »zur Analyse dazu gehören«. Oft werden dann auch Deutungen so behandelt, als seien sie »nur Deutungen« – eine Situation, die manchmal schwierig zu erkennen ist, besonders wenn der Patient scheinbar mitarbeitet und mit Hilfe der Analyse tatsächlich zu wertvollen Einsichten gelangt ist (vgl. Joseph 1985, 89).

Gerade dann, wenn sich der Patient aus seinem Rückzug heraus bewegt, aber noch nicht in der Lage ist, die auftauchenden schmerzlichen Gefühle zu integrieren, können perverse Argumente einen Ausweg bieten, um sich erneut in den Schutz einer pathologischen Organisation zu begeben.

4. Money-Kyrles »Grundtatsachen des Lebens« und die Entstehung von »Mißkonzeptionen«

Bei diesen Bewegungen handelt es sich weniger um ein Ausweichen als um eine *aktive Verdrehung* der psychischen Realität. Was ihr Verständnis erschwert, ist der Umstand, daß der Analytiker auf projektivem Weg häufig in sie einbezogen wird.

Roger Money Kyrle (1968; 1971) beschrieb die Entstehung solcher »Mißkonzeptionen« anhand der von ihm so genannten »Grundtatsachen des Lebens«

(basic facts of life). Sie betreffen einige wenige, fundamentale Aspekte der Wirklichkeit, deren Verleugnung oder Verdrehung allen späteren Entwicklungen und Erkenntnisschritten im Wege stehen. Unter diesen nur schwer zu akzeptierenden »Grundtatsachen« am Anfang des menschlichen Lebens nennt er:

- die Anerkennung der Abhängigkeit des Säuglings von der mütterlichen Brust als einer *äußeren* Quelle des Guten
- die Anerkennung des elterlichen Verkehrs als eines schöpferischen Akts, von dem das Kind aufgrund seiner Kleinheit und Unreife ausgeschlossen ist, sowie
- die Anerkennung der Realität des Älterwerdens und des Todes.

Money-Kyrle läßt offen, ob es neben diesen drei Grundtatsachen noch andere grundlegende »Tatsachen« gibt. Man könnte sich z. B. vorstellen, daß die von Freud (1925 h) in seiner Arbeit *Die Verneinung* beschriebenen Grundlagen der Urteilsfunktion, zwischen »gut« und »schlecht«, »innen« und »außen« unterscheiden zu können, weitere solche »Grundtatsachen des Lebens« bilden.

Alle der von Money-Kyrle genannten »Grundtatsachen« können nun auf unterschiedliche Weise mißrepräsentiert werden. Im Falle der von Steiner beschriebenen Halbakzeptanz resultieren charakteristische klinische Bilder, die zu einer Erweiterung des Perversionsbegriffs führen. »Perversion« bezieht sich jetzt nicht mehr allein auf eine Verschiebung in Hinblick auf das Sexualobjekt und das Sexualziel. Vielmehr stellen die sexuellen Perversionen lediglich einen Sonderfall einer bestimmten Einstellung dar, die sich auch hinsichtlich anderer, fundamentaler Aspekte der Wirklichkeit findet.

Narzißtische Perversionen der Anerkennung der Abhängigkeit
von einer äußeren Quelle des Guten

So spricht Steiner im Falle der Halbakzeptanz der ersten »Lebenstatsache« – der Anerkennung der Brust als einer *äußeren* Quelle des Guten – von einer *narzißtischen Perversion*. Hier werden Teile des Selbst in das Objekt projiziert, so daß es nur scheinbar als getrennt erlebt wird. Meltzer (1966) beschrieb einen solchen Vorgang in seinem Aufsatz »Die Beziehung der analen Masturbation zur projektiven Identifizierung«: Hier werden die Brüste der sich abwendenden Mutter mit deren Nates gleichgesetzt, in welche die projektive Identifizierung erfolgt. Anstelle der schmerzlichen Abhängigkeit vom äußeren Objekt resultiert eine narzißtische Beziehung, welche erotisiert und unbewußt als Triumph über diese Abhängigkeit erlebt werden kann.

Ähnlich wie Meltzer weist auch Joseph (1971; 1975; 1989) darauf hin, daß dieser Teil der Beziehung innerhalb der Übertragung oft auf versteckte Weise agiert wird. Daraus kann eine Art Pseudoeinsicht, erregende Passivität oder Pseudokooperation hervorgehen, die den Analytiker in kollusive oder konfrontative Enactments hineinzieht:

Eine meiner Patientinnen hatte mich zu Beginn ihrer Analyse gewarnt, sie sei eine »raffinierte Schlange«, und mich durch ihre »Ehrlichkeit« dazu verführt, nicht zu sehen, wie »raffiniert« sie manchmal tatsächlich sein konnte. Meine Deutungen empfand sie als hilfreich, solange diese ihre heimliche Überzeugung nährten, sie selbst habe bereits einen ähnlichen Gedanken gehabt oder sie habe es mir überhaupt erst ermöglicht, die Dinge so zu sehen. Ließ sie es hingegen zu, daß ich mich von ihr unabhängiger machte und eigene Gedanken formulierte, so erlebte sie Übertragungsdeutungen als Demütigungen, die ich ihr absichtlich zufügte. Manchmal hatte sie den Eindruck, ich würde ihr die Probleme, wegen derer sie in Analyse gekommen war, überhaupt erst bereiten, um diese dann deuten und sie von mir abhängig machen zu können. Dabei war es für sie wichtig, meine Gedanken vorauszuahnen, um ihnen zuvorzukommen. Auf diese Weise entwickelte sich eine Übertragungssituation wie in dem Wettlauf zwischen dem Hasen und dem Igel. In der Schule war sie einmal beim »Spicken« erwischt worden, hatte in der entsprechenden Arbeit dann aber besser abgeschnitten als die Klassenkameradin, von der sie abgeschrieben hatte. Ähnlich entstanden Konfusion und Schuldgefühle, *wer* in der Analyse *wen* ausbeutete, um von den Gedanken des anderen zu profitieren.

Im Falle narzißtischer Perversionen lautet die heimliche Überzeugung, das gute Objekt sei zwar ein äußeres, verdanke seine guten Eigenschaften aber dem eigenen Selbst oder sei ein Teil von ihm. Die Abhängigkeit wird also zugleich anerkannt und heimlich negiert. Dies kann zu typischen Konstellationen der übertriebenen Dankbarkeit, der heimlichen Überlegenheit, aber auch der Kälte oder der stillen Vereinnahmung führen. Bricht das perverse Argument zusammen, so wird die Spaltung offensichtlich. Mit der Wahrnehmung von Getrenntheit fühlt sich der Patient dann oft Gefühlen des Neids, der Scham (Steiner 2006) oder der Schuld ausgesetzt.

Sexuelle Perversionen der Anerkennung des Generations- und Geschlechtsunterschieds

Nach Money-Kyrle (1971) bildet die Anerkennung der Abhängigkeit von einer äußeren Quelle des Guten die Grundlage für alle weiteren Entwicklungsschritte. Bleibt diese unvollständig, so kommt es auch zu Verzerrungen der ödipalen Konzeption sowie zu Mißrepräsentationen der Realität von Endlichkeit und Verlust.

Betrifft die Halbverleugnung die zweite Lebenstatsache – die Anerkennung des elterlichen Verkehrs als eines schöpferischen Akts, aus dem neues Leben und neue Beziehungen hervorgehen –, so werden die *Unterschiede zwischen den Geschlechtern und Generationen* mißrepräsentiert. Mithilfe komplexer Argumente finden Umdeutungen der Urszene statt, wie sie von zahlreichen Autoren (Glover 1933; Gillespie 1956; Riesenberg-Malcolm 1970; Chasseguet-Smirgel 1981; 1984; McDougall 1978; Stoller 1975; Khan 1979; Glasser 1979; De Masi 1999) beschrieben wurden. Sie umgehen die Anerkennung der elterlichen Vereinigung mit dem Ziel, die Unterschiede zwischen männlich und weiblich, zwischen Eltern und Kind, aufzuheben.

An Traummaterial war Money-Kyrle (1968) aufgefallen, daß sich im Unbewußten oft alle möglichen Darstellungen des elterlichen Verkehrs finden – *»nur nicht die richtige«* (Money-Kyrle 1968, 417). Diesen Mißkonzeptionen kann etwa die Illusion zugrunde liegen, ein schöpferischer Verkehr, der neues Leben hervorbringt, könne auch zwischen Partnern des gleichen Geschlechts oder zwischen einem Elternteil und dem Kind stattfinden.

Auch hier stellen Spaltung und pathologische projektive Identifizierung Wege dar, die zur Bildung von Mißkonzeptionen führen. Oft nehmen sie die Form eines Eindringens in die Urszene an, wobei sich das Kind entweder mit dem gleichgeschlechtlichen oder dem gegengeschlechtlichen Elternteil identifiziert. Die entstehende Vorstellung kann lauten, *zugleich* der Partner und das Kind zu sein – eine Mißkonzeption, die manchmal dadurch unterstützt wird, daß die Mutter den Vater heimlich entwertet oder der Vater sich gegenüber dem Kind als die bessere Mutter ausgibt.

Wiederum wird der Anerkennung der ödipalen Realität ausgewichen, solange Spaltungsmechanismen überwiegen und keine wirkliche Integration geleistet werden muß. Die Spaltung in eine gute und böse Brust kann auf den Vater übertragen werden, welcher der Spaltung in einen guten und einen schlechten

Penis unterliegt. Auf diese Weise können zwei Versionen der Urszene nebeneinander her bestehen: eine idealisierte zwischen der guten Mutter und dem guten Vater und eine gewalttätige, sadistische zwischen dem schlechten Paar. Häufiger noch betrifft die Spaltung die Beziehung der Eltern untereinander und es entsteht z. B. ein Bündnis mit einer idealisierten Mutter, aus der ein grausamer Vater ausgeschlossen wird. Ebenso kann die enge Verbindung mit einem gütigen Vater gesucht werden, um sich vor einer neidischen Mutter zu schützen.

Im Falle perverser Lösungen werden die Unterschiede zwischen männlich und weiblich, Eltern und Kind, gut und böse auf geschickte Weise überbrückt. Die entsprechenden Behauptungen zielen darauf ab, daß der Verkehr zwischen einem homosexuellen Paar oder zwischen einem Elternteil und dem Kind der Beziehung zwischen den Eltern gleichwertig ist. Ebenso wird der Unterschied zwischen Liebe und Haß teilweise verwischt, so daß eine sadomasochistische Beziehung als erregend und befriedigend ausgegeben wird, ohne die Verletzungen anzuerkennen, die dem Objekt zugefügt werden. Das Argument kann z. B. die Form der Frage annehmen, worin der Schaden eigentlich liegen solle, wenn der Partner es doch möge …, was gegen eine Bestrafung einzuwenden sei, wenn sie doch »aus Liebe« zum Kind geschehe …, was an der Folter verwerflich sei, wenn sie der Verteidigung der Freiheit diene … etc. Mithilfe dieser Argumente werden Beziehungen hergestellt, welche narzißtische und sexuelle Gratifikation unter Umgehung von Trauer- und Schuldgefühlen gewähren. Da sie moralische Überlegenheit und Freiheit von seelischem Schmerz versprechen, eignen sie sich für den Aufbau pathologischer Persönlichkeitsorganisationen, die auf solchen Verdrehungen der Wirklichkeit beruhen.

Dabei stellt die Unterscheidung von gut und böse (Klein 1935, 72 f.) möglicherweise eine eigenständige »Lebenstatsache« dar, die im Falle ihrer Mißrepräsentation zur *Perversionen des moralischen Urteils* führt.

Romantische Perversionen des Zeiterlebens

In gewisser Weise lassen sich die von Money-Kyrle beschriebenen »Lebenstatsachen« auf die Verbindung der fünf elementaren Gegensatzpaare »innen/außen«, »männlich/weiblich« »Zweiheit/Dreiheit«, »gut/böse« und »vorher/nachher« zurückführen. Die Operationen, die sie verbinden, sind Projektion und Introjektion sowie Spaltung und Integration.

Money-Kyrles dritte Lebenstatsache betrifft die »Anerkennung der Unausweichlichkeit der Zeit und schließlich des Todes« (1971, 441). Sie bedeutet, an dem schmerzlichen Umstand nicht vorbeisehen zu können, daß alle guten Erfahrungen einmal zu einem Ende kommen müssen. Der Verlust des guten Objekts beinhaltet sowohl die Anerkennung des Schadens, der ihm in der unbewußten Phantasie zugefügt worden ist, wie auch die Einsicht, daß die Wiedergutmachungsbestrebungen die Kontrolle über das Objekt nicht wiederherstellen konnten. Erst durch diese Erfahrung von Verlust entsteht ein Gefühl von Getrenntheit, aus dem die Zeiterfahrung hervorgeht (Weiß 2003). Die Endlichkeit der guten Erfahrungen bedeutet aber zugleich, daß auch die schlechten Erfahrungen endlich sind.

Mißrepräsentationen des Zeiterlebens gehen von einer Halbakzeptanz dieser fundamentalen Lebenstatsache aus. Sie münden in eine Vorstellung von Unendlichkeit, in der die Begrenztheit der menschlichen Erfahrungen heimlich geleugnet wird. Wie im Märchen soll dann die idealisierte Beziehung endlos weitergehen. Steiner spricht deshalb von »romantischen Perversionen der Wirklichkeit des Zeiterlebens« (1993, 146). Sie können ihren Ausdruck in utopischen Zuständen oder in der Konstruktion einer Traumwelt finden, die als Rückzugsort von der Wirklichkeit dient. Ebenso kann die Zeitlosigkeit aber auch in *Dystopien* – z. B. als »allwissende Verzweiflung«, ewige Verdammnis, endloses Leiden oder immerwährende Qual – dargestellt werden (Weiß 2009).

Gemeinsam ist diesen Zuständen, daß sie einen statischen Zustand konservieren, während die Realität, in der Veränderung und Verlust nicht zu vermeiden sind, entwertet wird. Das Streben nach Unveränderlichkeit kann die Entwicklung innerhalb einer Analyse dauerhaft blockieren. Zeitlose Zustände können aber auch nur vorübergehend vorherrschen, wenn die mit dem Erleben von Veränderung einhergehende Angst oder seelischer Schmerz unerträglich werden. Dann werden »Inseln von Zeitlosigkeit« aufgesucht, an denen sich der Fluß des Geschehens verlangsamt oder zum Stillstand kommt. Sie rufen in Übertragung und Gegenübertragung charakteristische Konstellationen hervor, die manchmal außerordentlich schwierig zu bearbeiten sind. Das folgende klinische Beispiel (vgl. Weiß 2008) soll einige dieser Probleme illustrieren.

5. Klinisches Beispiel

Die Patientin, eine 55-jährige Sozialpädagogin, hatte um Analyse nachgesucht, als ihre durch jahrelange Demütigungen gekennzeichnete Ehe auseinandergebrochen war. Die Art und Weise, wie sie ihren Mann trotz aller Kränkungen noch immer verehrte, wie auch einzelne Erinnerungen aus ihrer Kindheit, vermittelten einen Eindruck, daß sie von einer grausamen Organisation beherrscht wurde, die sie zwang, einen Leidenszustand zu idealisieren, um nicht verlassen zu werden. So hatte sie sich schon als Kind häufig in ein Versteck zurückgezogen, wenn sie von der Lieblosigkeit ihrer Mutter enttäuscht war oder sich vor den Schlägen ihres Vaters fürchtete. Dort biß sie sich in den Oberarm und saugte sich den Schmerz aus ihren Wunden.

Wie wir im Verlauf der Behandlung besser verstanden, stellte die Analyse einen ganz ähnlichen Rückzugszustand dar, in dem sich die Patientin Schmerzen zufügte und von unstillbarer Sehnsucht erfüllt war. Während sich ihre Depression bald besserte, stellte sie in den Sitzungen eine romantische Atmosphäre her, in der alle Einzelheiten des Raumes, unserer Begegnung, meiner Sprache etc. verklärt wurden. Ich fühlte mich oft hilflos und hatte den Eindruck, sie mit meinen Deutungen nicht erreichen zu können. Die Patientin hingegen sprach von unseren Sitzungen als »Zuckerstunden«. Für sie klang alles, was ich sagte »wie Musik«, und das einzige Problem bestand für sie darin, dieses Gefühl aus den Stunden mit hinauszunehmen, wo sie es zur Ausgestaltung einer Phantasiewelt verwendete, die durch Zeitlosigkeit und Ungetrenntheit charakterisiert war. Solange sie diesen Zustand aufrechterhielt und ich dem Bild, das sie sich von mir und unserer Beziehung gemacht hatte, entsprach, war »alles gut«. Dabei veranlaßte sie mich manchmal, ihr meine Deutungen in einer besonders einfühlsamen Weise zu geben, wie um ihr nicht weh zu tun. Ich schien dann mit einer idealisierten Figur identifiziert, mit deren Hilfe sie einen Zustand »seelischer Unwirklichkeit« (Britton 1998, 30; 154) aufrecht erhielt, in dem es keinen Mangel gab und die Zeit stehen blieb.

Allerdings hatte meine Patientin erhebliche Schwierigkeiten, mit Situationen der Trennung und des Verlustes umzugehen. Insbesondere konnte sie die *Endlichkeit* der Analyse nicht ertragen und sehnte sich danach, *eines Tages auf der Couch zu sterben*. So bildeten die Begrenzungen der Analyse über lange Zeit hinweg das wichtigste, ja das einzige Thema der Therapie. Wann immer sie vor dem Ende einer Stunde oder vor Unterbrechungen mit schmerzlichen Gefühlen in Berührung kam, konnte sie mit einer einzigen Bemerkung, wie z. B. »Herr Dr. Weiß, es ist so wunderschön, hier zu sein ...«, wieder in den früheren, verklärten Zustand zurückkehren.

Zwar nahm sie meine Deutungen, die auf ihre Trennungsangst abzielten, durchaus auf und arbeitete mit ihnen. Allerdings geschah dies in einer pflichtbewußten, nicht selten selbstanklagenden Weise, welche vor allem sicherstellen sollte, daß auch ich zufrieden war und zwischen uns keine Dissonanzen auftraten. Sie lobte mein intuitives Verständnis ihrer Probleme, meine einfühlsame Sprache, ließ jedoch keine Veränderung zu und hatte Schwierigkeiten, sich an das zu erinnern, was ich gesagt hatte. Dies erreichte sie dadurch, daß sie den *Klang meiner Stimme* vom Inhalt meiner Deutungen ablöste und nur noch auf jene besondere Melodik hörte, die auf ihre Sehnsucht antworten sollte. Gelang ihr dies, dann waren alle Erinnerungen und Rekonstruktionen, welche die Vergangenheit betrafen, wertlos, und die Zeit schien zu einem endlosen Augenblick zu gerinnen.

Hörte sie jedoch umgekehrt auf den *Inhalt* meiner Deutungen und gelangte sie zu der Überzeugung, diese unterminierten das Bild, das sie sich von unserer Beziehung gemacht hatte, dann schlug die auf Verklärung beruhende Beziehung rasch in eine Situation um, in der Grausamkeit und Schuld auf meiner Seite lagen und sie sich einem Objekt unterwarf, das sie demütigte und quälte. Ich sprach dann in jener »kalten Staatsanwaltsstimme«, die voller Anklage und ohne Mitgefühl war. Aus der romantischen Zeitlosigkeit ging dann ein endloses Leiden hervor, welches ebenfalls keine Getrenntheit zuließ.

Beide Beziehungsformen waren erotisiert, statisch und zeitlos. Sie beruhten auf einer romantischen und einer masochistischen Version von Zeitlosigkeit, welche rasch ineinander übergehen konnten und nur eine endlose Sehnsucht oder ein endloses Leid zuließen. Im einen Fall erlebte die Patientin meine Deutungen als *Liebe ohne Worte,* im anderen Fall als *Worte ohne Liebe,* ohne daß Gefühl und Bedeutung, mütterliches und väterliches Objekt in ihrem Inneren zusammenkommen konnten. Es war die wiederholte Deutung dieses Umschlags von der einen in die andere Form von Beziehung, die allmählich etwas mehr Raum für Getrenntheit, Verstandenwerden und symbolisches Denken zuließ. Oft wurde dieser Raum aber ebenso schnell wieder verschlossen, wenn die damit verbundenen emotionalen Erfahrungen für sie unerträglich wurden. Eine kurze

Sequenz vom Beginn einer Sitzung aus dem dritten Behandlungsjahr soll diesen Vorgang illustrieren.

Material aus der Anfangssequenz einer Sitzung

Die Patientin hatte in einer vorausgegangenen Stunde *von einem Glaskäfig geträumt* (wahrscheinlich ein Bild für die Fragilität und Unwirklichkeit ihrer Rückzugsorganisation), *in dem ein Vogel gefangen war. Dann war eine hilfreiche Hand erschienen, die dem Vogel den Ausweg wies.* Speziell in der letzten Sitzung jedoch war ihr der Abschied wieder sehr schwer gefallen, und wie so oft hatte sie sich beim Weggehen das Bild des Sonnenuntergangs aus einer Schubert-Arie vorgestellt – ein romantisches Bild, von dem wir wußten, daß es zugleich eine versteckte Todessehnsucht enthielt.

Zur folgenden Sitzung war sie dann in einer traurigen, bedrückten Stimmung zurückgekehrt. Sie berichtete von einer Mittelohrentzündung ihrer Tochter, die Geige spielte, und sprach von ihrer Sorge, die Tochter könnte ihr Gehör für Musik verlieren. Die Patientin machte dabei einen verzweifelten Eindruck, und da es für uns etwas Vertrautes war, daß sie ihre eigene Befindlichkeit über den Zustand ihrer Tochter ausdrückte, deutete ich, sie sei möglicherweise bedrückt, weil sie befürchtete, sie könnte ihre musikartige Beziehung zu mir verlieren.

Sie machte eine längere Pause und wirkte eine Weile nachdenklich und traurig. Dann schlug ihre Stimmung erneut um und sie berichtete von quälenden Zweifeln, ob sie ein Konzert besuchen solle, unter dessen Zuhörern sie auch mich und meine Frau vermutete. Sie habe Angst, dies könne als Neugierde und Eindringen in mein privates Leben empfunden werden, und ich könnte sie dafür zurückweisen, so wie ich es vor längerer Zeit schon einmal getan hätte, als sie mich nach etwas Persönlichem gefragt und ich ihr keine direkte Antwort gegeben, sondern lediglich die möglichen Gründe für ihre Frage gedeutet hatte.

Ich versuchte, den damaligen Kontext wiederherzustellen und auf die Art und Weise, wie sie meine Reaktion erlebt hatte, noch einmal einzugehen. Sie aber fügte sogleich hinzu, sie habe meine damalige Deutung wie ein »Geschlagenwerden« empfunden, und deutete damit an, daß sie auch jetzt erwartete, von mir verletzt zu werden.

Ich erwiderte, sie sehe ihre Neugierde offenbar als etwas so konkret Eindringendes an, daß sie erwarte, hierfür bestraft zu werden, und sie antwortete,

114

ihre Sehnsucht sei so intensiv, daß ich sie, würde sie sie über mich »ausschüt-ten«, als etwas Quälendes und Erstickendes erleben würde, um sich dann für den ganzen Rest der Stunde in immer neuen Selbstanklagen zu ergehen.

Diskussion

Die Anfangssequenz dieser Sitzung vermittelt einen Eindruck davon, wie die Patientin, als sie von der Mittelohrentzündung ihrer Tochter sprach, zunächst mit einem Gefühl von Getrenntheit in Kontakt kam. Als ich ihre Angst deutete, sie könnte ihre Empfänglichkeit für die Musik von Idealisierung verlieren, wirkte sie für einen Moment traurig und nachdenklich. Dann aber schlug ihre Stim-mung um und sie war erneut mit dem Thema von Eindringen und Verletztwerden beschäftigt. In ihren selbstquälerischen Zweifeln begab sie sich in ein Konzert, in dem sie auch mich und meine Frau vermutete, und stellte durch die phanta-sierte Zurückweisung eine grausame Beziehung her, in der sie die Musik von Sehnsucht durch die Musik von Schmerzen ersetzte. Das Ausgeschlossensein vom Paar erschien ihr jetzt als eine unerträglich grausame Situation. Auf diese Weise schloß sie mich erneut in den Glaskäfig ihrer Rückzugsorganisation ein, wo es letztlich gleichgültig war, ob sie durch meine Deutungen gestreichelt oder geschlagen wurde, wenn es ihr nur gelang, jenen zeitlosen, ungetrennten Zu-stand wiederherzustellen, aus dem sie sich zu Beginn der Stunde für einen kur-zen Moment hervorgewagt hatte.

Das technische Problem in dieser Behandlung bestand für mich darin, daß die Patientin immer wieder einen Druck auf mich ausübte, diese Beziehung in der einen oder anderen Weise zu inszenieren. Dann löste sie sadistische Impulse und Schuldgefühle in mir aus, so daß es mir manchmal tatsächlich so vorkam, als würde ich meine Deutungen mit einem Unterton von Vorwurf oder Anklage, von Beschwichtigung oder Tröstung geben. Die Schwierigkeit lag darin, mich aus dieser Verwicklung wieder zu lösen und zu einer Position zurückzufinden, die es mir ermöglichte, die stattfindende Interaktion zu beobachten und zu inter-pretieren.

Im Verlauf der Analyse gelang es der Patientin allmählich, etwas mehr Raum für symbolisches Denken zu finden und ihre inneren Eltern miteinander in Ver-bindung zu bringen. In solchen Momenten konnte sie auch mir gegenüber mehr Getrenntheit zulassen und erlebte meine Deutungen nicht mehr ausschließlich als Grausamkeit oder Zärtlichkeit, welche von mir ausgingen. Wurden die nun auftauchenden Gefühle von Neid, Eifersucht und Schuld jedoch unerträglich, dann zog sie sich erneut in ihre romantische oder masochistische Version von Zeitlosigkeit zurück. Beide Versionen konnte sie mit dem Argument versöhnen, *eines Tages werde ihr Analytiker sie lieben, wenn sie nur lange genug litt*. Ein weiteres Argument, mit dem sie mir die Schuld für die ihr zugefügte Enttäuschung abnahm, lautete, *ich tue ihr dies alles nur an, weil mich meine berufliche Haltung dazu verpflichte*. Diese und andere Argumente waren Teil eines komplexen Glaubenssystems, welches von der Patientin verlangte, die Leiden der Gegenwart klaglos zu ertragen, in der Hoffnung, irgendwann erlöst zu werden. Solange sie an dieser Überzeugung festhielt, konnte sie die Realität in der Schwebe halten und mußte sich nicht jenen Widersprüchen stellen, die das Leben in der Wirklichkeit mit sich bringt.

6. Zeitlosigkeit als Merkmal perverser Objektbeziehungen

Ebenso wie die Anerkennung der Brust als äußerer Quelle des Guten die Voraussetzung für die Anerkennung aller weiteren Lebenstatsachen bildet, stellt Zeitlosigkeit einen Weg dar, um die mit ihnen verbundenen Konflikte und Begrenzungen zu umgehen. Zeitlosigkeit kann in der endlosen Wiederholung des Gleichen, in der Illusion von Ungetrenntheit und Unsterblichkeit oder im Stillstand jeder Entwicklung zum Ausdruck kommen. Sie bildet darüber hinaus ein universelles Merkmal perverser Objektbeziehungen (Stoller 1975). Wie in den vorausgegangenen Abschnitten gezeigt werden sollte, liegt letzteren eine heimliche Verleugnung jener elementaren Gegensatzpaare zugrunde, aus denen Money-Kyrles »Lebenstatsachen« zusammengesetzt sind.

Unter ihnen kommt der »Unausweichlichkeit der Zeit und schließlich des Todes« (Money-Kyrle 1971, 441) eine besondere Bedeutung zu, weil mit ihr die Anerkennung der Begrenztheit aller guten – wie auch aller schlechten – Erfahrungen verbunden ist. Nur weil diese Erfahrungen endlich sind, kann die Brust als *äußeres* Objekt erkannt werden, können aus dem elterlichen Verkehr neue Generationen und neues Leben hervorgehen.

Zeitlosigkeit kann auf vielfältige Weise hergestellt werden (Birksted-Breen 2003; Riesenberg-Malcolm 2004; Schmithüsen 2004; Weiß 2009). Sie kann zu komplexen Spaltungen oder Zerschneidungen des Zeiterlebens führen, aus denen Utopien, Dystopien (L. Weiß 2008) oder Inseln von Zeitlosigkeit hervorgehen. Diese ermöglichen es, parallele Wirklichkeitskonstruktionen einzuführen und die Widersprüche des menschlichen Lebens heimlich zu umgehen. Dadurch tragen sie zur süchtigen Qualität perverser Objektbeziehungen bei und verleihen pathologischen Organisationen Zusammenhalt und Stärke. In der analytischen Situation machen sich zeitlose Zustände oft nur in atmosphärischen Veränderungen und diffusen Gegenübertragungsgefühlen bemerkbar. Gelingt es jedoch im Verlauf einer Behandlung, die ihnen zugrundeliegenden Mißrepräsentationen und Argumentationsstrukturen zu erfassen, so kann die Macht pathologischer Organisationen allmählich nachlassen und der Patient mehr Mut fassen, sich einer schwierigen inneren und äußeren Wirklichkeit zu stellen.

Zusammenfassung

Ausgehend von Freuds Beschreibung perverser Objektbeziehungen werden Realitätsbezug und typische Formen der Spaltung und Halbverleugnung untersucht. Als charakteristisch wird eine Haltung des willentlichen Nichtwissenwollens betrachtet, durch die der Wirklichkeit ein »blindes Auge« zugewendet wird. Nach J. Steiner kann sich diese Halbverleugnung auf alle drei der von R. Money-Kyrle beschriebenen »Grundtatsachen des Lebens« beziehen: die Abhängigkeit von der Brust, die Anerkennung der ödipalen Situation sowie die Akzeptanz von Vergänglichkeit und Tod. Je nachdem, welche »Lebenstatsache« mißrepräsentiert wird, resultieren narzißtische Perversionen, sexuelle Perversionen oder Perversionen des Zeiterlebens. Nach Auffassung des Autors kann die Unterscheidung von »gut« und »böse« als eine weitere grundlegende »Lebenstatsache« betrachtet werden, deren Mißrepräsentation zu Perversionen des moralischen Urteils führt. Als entscheidend für den Aufbau einer perversen Beziehung zur Realität wird die Einführung »kunstvoller Argumente« angesehen, durch die Widersprüche ausgeblendet und parallele Wirklichkeitskonstruktionen ermöglicht werden. Sie sind für die süchtige Qualität perverser Objektbeziehungen verantwortlich und verleihen pathologischen Organisationen ihren Zusammenhalt. Eine besondere Bedeutung scheint dabei zeitlosen Zuständen zuzukommen. Abschließend werden einige behandlungstechnische Probleme an einem klinischen Beispiel dargestellt.

Summary

Perverse ›Links‹ – Contact with Reality and Argumentative Structure

Starting with Freud's description of perverse object relations the paper examines typical forms of splitting and half-denial which characterize the perverse relationship with reality. »Turning a blind eye« (J. Steiner) can be regarded as a specific mechanism which leads to distortions and misrepresentations of what R. Money-Kyrle has come to call the three »basic facts of life«: the dependency from the breast as an external source of goodness, the recognition of the oedipal situation and finally, the acknowledgement of the reality of ageing and death. As a consequence, narcissistic and sexual perversions may arise as well as perversions of the reality of time. In the author's view the distinction between ›good‹ and ›bad‹ can be seen as another ›basic fact of life‹ with its misrepresentation leading to perversions of moral judgement. So as to reconcile contradictory and often incompatible attitudes ›perverse arguments‹ can be introduced. They tend to fade out contradictions and enable parallel constructions of reality to coexist. These links contribute to the addictive quality of perverse object relations and knit pathological organizations of the personality closely together. Timeless states of mind seem to be of special significance and often obstruct psychic development. To conclude, some of the resulting technical problems are illustrated by a clinical vignette.

Literatur

Abraham, K. (1924 [1971]): Versuch einer Entwicklungsgeschichte der Libido auf Grund der Psychoanalyse seelischer Störungen. In: Ders.: *Psychoanalytische Studien*, Bd. 1. Frankfurt am Main: Fischer, 113–183.

— (1925 [1971]): Psychoanalytische Studien zur Charakterbildung. In: Ders.: *Psychoanalytische Studien,* Bd. 1. Frankfurt am Main: Fischer, 184–226.

Birksted-Breen, D. (2003): Time and the après-coup. In: *Int. J. Psychoanal.* 84, 1501–1515.

Britton, R. (1998 [2001]): *Glaube, Phantasie und psychische Realität. Psychoanalytische Erkundungen.* Stuttgart: Klett-Cotta.

Chasseguet-Smirgel, J. (1981): Loss of reality in perversion – with special reference to fetishism. In: *J. Am. Psychoanal. Ass.* 29, 511–534.

— (1984 [1986]): *Kreativität und Perversion*. Frankfurt am Main: Stroemfeld.

De Masi, F. (1999 [2009]): *Die sadomasochistische Perversion. Objekt und Theorien*. Jahrb. Psychoanal. Beiheft 23. Stuttgart-Bad Cannstatt: frommann-holzboog.

Frank, C./Weiß, H. (Hg.) (2007): *Projektive Identifizierung. Ein Schlüsselkonzept der psychoanalytischen Therapie*. Stuttgart: Klett-Cotta.

Freud, S. (1900a): Die Traumdeutung. In: *GW* II/III.

— (1905d): Drei Abhandlungen zur Sexualtheorie. In: *GW* V, 33–145.

— (1919e): Ein Kind wird geschlagen. In: *GW* XII, 197–226.

— (1924b [1923]): Neurose und Psychose. In: *GW* XIII, 387–391.

— (1924e): Der Realitätsverlust bei Neurose und Psychose. In: *GW* XIII, 363–368.

— (1925h): Die Verneinung. In: *GW* XIV, 11–15.

— (1927e): Fetischismus. In: *GW* XIV, 311–317.

— (1940a): Abriß der Psychoanalyse. In: *GW* XVII, 63–138.

— (1940e): Die Ichspaltung im Abwehrvorgang. In: *GW* XVII, 57–62.

Gillespie, W. H. (1956): The general theory of sexual perversion. In: *Int. J. Psychoanal.* 37, 396–403.

Glasser, M. (1979): Some aspects of the role of aggression in the perversions. In: *Sexual Deviation*. Hg. von Rosen, I. London: Oxford University Press, 278–305. Dt. in diesem Band 19–53.

Glover, E. (1933): The relation of perversion-formation to the development of the reality sense. In: *Int. J. Psychoanal.* 14, 486–504.

Joseph, B. (1971 [1994]): Ein klinischer Beitrag über die Analyse einer Perversion. In: Dies.: *Psychisches Gleichgewicht und psychische Veränderung*. Hg. von Spillius, E. B./Feldman, M. Stuttgart: Klett-Cotta, 84–104.

— (1975 [1994]): Der unzugängliche Patient. In: Dies.: *Psychisches Gleichgewicht und psychische Veränderung*. Hg. von Spillius, E. B./Feldman, M. Stuttgart: Klett-Cotta, 116–134.

— (1985 [1994]): Übertragung: Die Gesamtsituation. In: Dies.: (1989): *Psychisches Gleichgewicht und psychische Veränderung*. Hg. von Spillius, E. B./Feldman, M. Stuttgart: Klett-Cotta, 231–248.

— (1989 [1994]): *Psychisches Gleichgewicht und psychische Veränderung*. Hg. von Spillius, E. B./Feldman, M. Stuttgart: Klett-Cotta.

Khan, M. M. R. (1979 [1983]): *Entfremdung bei Perversionen*. Frankfurt am Main: Suhrkamp.

Klein, M. (1932 [1997]): Die Psychoanalyse des Kindes. In: Dies.: *Gesammelte Schriften (GSK)*, Bd. II. Hg. von Ruth Cycon unter Mitarbeit von Hermann Erb. Stuttgart-Bad Cannstatt: frommann-holzboog.

— (1935 [1996]): Beitrag zur Psychogenese der manisch-depressiven Zustände. In: *GSK*, Bd. I,2, 38–45.

— (1946 [2000]): Bemerkungen über einige schizoide Mechanismen. In: *GSK*, Bd. III, 1–41.

McDougall, J. (1978 [1985]): *Plädoyer für eine gewisse Anormalität.* Frankfurt am Main: Suhrkamp.

Meltzer, D. (1966 [1995]): Die Beziehung der analen Masturbation zur projektiven Identifizierung. In: *Melanie Klein heute. Entwicklungen in Theorie und Praxis*, Bd. 1. Beiträge zur Theorie. Hg. von Spillius, E. B. Stuttgart: Klett-Cotta, 130–147.

— (1968 [1995]): Panik, Verfolgungsangst, Furcht – zur Differenzierung paranoider Ängste. In: *Melanie Klein heute. Entwicklungen in Theorie und Praxis*, Bd. 1. Beiträge zur Theorie. Hg. von Spillius, E. B. Stuttgart: Klett-Cotta, 288–298.

Money-Kyrle, R. (1968 [1978]): Cognitive development. In: *The Collected Papers of Roger Money-Kyrle*. Hg. von Meltzer, D./O'Shaughnessy, E. Strath Tay, Pertshire: Clunie Press, 416–433.

— (1971 [1978]): The aim of psychoanalysis. In: *The Collected Papers of Roger Money-Kyrle*. Hg. von Meltzer, D./O'Shaughnessy, E. Strath Tay, Pertshire: Clunie Press, 442–449.

O'Shaughnessy, E. (1981 [1995]): Klinische Untersuchung einer Abwehrorganisation. In: *Melanie Klein Heute. Entwicklungen in Theorie und Praxis,* Bd. 2. Anwendungen. Hg. von Spillius, E. B. Stuttgart: Klett-Cotta, 367–390.

Riesenberg-Malcolm, R. (1970 [1995]): Der Spiegel: die perverse Sexualphantasie einer Frau, betrachtet als Abwehr eines psychotischen Zusammenbruchs. In: *Melanie Klein Heute. Entwicklungen in Theorie und Praxis,* Bd. 2. Anwendungen. Hg. von Spillius, E. B. Stuttgart: Klett-Cotta, 155–188.

— (2004): Bedeutsames Vergessen: Eine klinische Untersuchung. In: *Jahrb. Psychoanal.* 48, 9–26.

Rosenfeld, H. A. (1971 [1995]): Beitrag zur psychoanalytischen Theorie des Lebens- und Todestriebs aus klinischer Sicht: eine Untersuchung der aggressiven Aspekte des Narzißmus. In: *Melanie Klein Heute. Entwicklungen in Theorie und Praxis*, Bd. 1. Beiträge zur Theorie. Hg. von Spillius, E. B. Stuttgart: Klett-Cotta, 299–319.

Schmithüsen, G. (2004): »Die Zeit steht still in rasender Eile«. Eine psychoanalytische Einzelfallstudie zu frühem Trauma und Zeiterleben. In: *Psyche – Z Psychoanal* 58, 293–320.

Segal, H. (1972): A delusional system as a defence against the re-emergence of a catastrophical situation. In: *Int. J. Psychoanal.* 53, 393–401.

Steiner, J. (1985): Turning a blind eye. The cover-up for oedipus. In: *Int. Rev. Psychoanal.* 12, 161–172.

— (1990): The retreat from truth to omnipotence in *Oedipus at Colonus*. In: *Int. Rev. Psychoanal.* 17, 227–237.

— (1993 [1998]): *Orte des seelischen Rückzugs. Pathologische Organisationen bei psychotischen, neurotischen und Borderline-Patienten.* Stuttgart: Klett-Cotta.

— (2006): *Narzißtische Einbrüche: Sehen und Gesehenwerden. Scham und Verlegenheit bei pathologischen Persönlichkeitsorganisationen.* Hg. von Weiß, H./ Frank, C. Stuttgart: Klett-Cotta.

Stoller, R. (1975 [1979]): *Perversion: Die erotische Form von Haß.* Reinbek: Rowohlt.

Weiß, H. (1999): Versionen der Ödipussituation. In: *Ödipuskomplex und Symbolbildung. Ihre Bedeutung bei Borderline-Zuständen und frühen Störungen. Hanna Segal zu Ehren.* Hg. von Weiß, H. Tübingen: edition diskord, 7–19.

— (2003): Zeiterfahrung und depressive Position. In: *Psyche – Z Psychoanal* 57, 857–873.

— (2008): Romantic perversion: the role of envy in the creation of a timeless universe. In: *Envy and Gratitude Revisited.* Hg. von Roth, P./Lemma, A. London: International Psychoanalytic Association, 152–167.

— (2009): *Das Labyrinth der Borderline-Kommunikation. Klinische Zugänge zum Erleben von Raum und Zeit.* Stuttgart: Klett-Cotta.

Weiß, L. (2008): Utopien: Begriff – Werke – Kategorien. Unveröffentl. Referat.

Prof. Dr. med. Heinz Weiß, Abteilung für Psychosomatische Medizin,
Robert-Bosch-Krankenhaus, Auerbachstraße 110, 70376 Stuttgart,
heinz.weiss@rbk.de

Der perverse Vater

Udo Hock[*]

Für Jean Laplanche

Wer beginnt, sich mit der Perversion auseinanderzusetzen, kann leicht am vielfachen Gebrauch des Begriffes in verschiedensten Kontexten irre werden und sich im Gestrüpp der diversen psychoanalytischen Ansätze und Theorien verlieren. Kein *genus proximum* und keine *differentia specifica*, nach Aristoteles die beiden Pole jeder Begriffsbildung und zugleich die beiden grundlegenden Operationen menschlichen Denkens (was ist die Perversion und was ist sie nicht), sind zur Orientierung in greifbarer Nähe, und nur die größten Wissenschaftsoptimisten unter den Psychoanalytikern mögen von einer progredienten Aneignung bzw. Klärung des Begriffes innerhalb dieser Disziplin sprechen. Daß Wissenschaftler anderer Couleur zu diesen Optimisten nicht zählen, läßt sich daran ablesen, daß die Perversion – genau wie die Hysterie – aus den einschlägigen Manuals zur Klassifizierung psychischer Erkrankungen eliminiert wurde (vgl. dazu kritisch Reiche 2005 sowie Berner 2005).

Da ich mich weder zur ersten noch zur zweiten Gruppe zähle, soll es im folgenden weder um die Entwicklung des psychoanalytischen Perversionsbegriffs noch um seine Konfrontation mit anderen Ansätzen, z. B. sexualwissenschaft-

[*] Dr. Udo Hock, Mitglied der Deutschen Psychoanalytischen Vereinigung (Zweig der IPV), Dozent des Berliner Psychoanalytischen Instituts, arbeitet in privater Praxis. Mitglied des wissenschaftlichen Beirats der Stiftung ›Jean Laplanche‹ sowie Mitherausgeber der Gesammelten Werke von Jean Laplanche auf Deutsch. Zahlreiche Veröffentlichungen, u. a. *Das Unbewußte Denken* (2000), zuletzt *Freud und Fließ zwischen Paranoia und Verführungstheorie* (2008), *Präsens und Präsenz des Traums* (2008).

licher (vgl. dazu Sigusch 2005a sowie 2005b) oder psychiatrischer Provenienz gehen. Immerhin erscheint es wichtig festzustellen, daß die Psychoanalyse kein Privileg auf die Theoretisierung und Behandlung von Perversionen hat. Das war bekanntlich schon zu Freuds Zeiten so, denn gerade im ausgehenden 19. Jahrhundert gab es mit sexualmedizinischen Fragestellungen eine intensive Auseinandersetzung, die von Freud zunächst einmal in einem »Federstrich« (Sigusch 2005a, 15) in die erste Fußnote seiner *Drei Abhandlungen zur Sexualtheorie* abgedrängt wird (Freud 1905d, 33).

Die Perversion gehört folglich nicht zum genuin psychoanalytischen Begriffsinventar wie etwa »Verdrängung« oder »Übertragung«, sondern liegt an der Schnittstelle mehrerer Wissensdiskurse. Und trotzdem leuchtet es unmittelbar ein, daß sie einen direkten Weg zum Unbewußten öffnet, weil sie – vielleicht mehr als jedes andere Symptom – die innige Verbindung des Menschen zu seinem triebhaften Begehren enthüllt. Schon in den genannten *Drei Abhandlungen* erklärt sie Freud in der adjektivischen Form »polymorph-pervers« zu einem, ja zu dem entscheidenden Grundbaustein der infantilen Sexualität und damit zugleich zu einem allgemeinen Zug menschlicher Sexualität. Doch nicht nur ihre untrennbare Verbindung zur infantilen Sexualität, auch ihre Bedeutung als Verkehrung, Verdrehung, Verunreinigung einer Sache, die in den Ausdrücken ›Pervertierung‹ bzw. ›etwas ist pervers‹ besonders deutlich wird, zeigt eine innige Beziehung zu den Wirkungen des Unbewußten. Denn auch das Unbewußte prozediert über die Verfälschung, Verunstaltung, Deformierung oder – mit einem herkömmlichen psychoanalytischen Begriff – *Entstellung* bewußter Handlungen.[1] Es gibt also sowohl inhaltlich über den gemeinsamen Bezug zur infantilen Sexualität (das Unbewußte ist das infantil Sexuelle und damit polymorphpervers) wie auch formal als Entgleisung einer wie auch immer gearteten Norm

---

1   Seit vielen Jahren versuche ich auf den Spuren Freuds unter dem Stichwort »Logik der Entstellung« die Entstellung als zentrale Gelenkstelle zwischen dem Bewußtsein und dem Unbewußten zu etablieren: »Was dem Bewußtsein als Verunstaltung oder Verfälschung erscheint, erweist sich als Äußerungsform des Unbewußten, das im regelgerechten Sprechen und Handeln verborgen bleibt. Die Entstellung ist folglich der Modus Vivendi zwischen Bewußtsein und Unbewußtem: das entstellte, i.S. von im Erscheinungsbild veränderte, Bewußtsein ist zugleich das ent-stellte, also sichtbar gewordene, Unbewußte« (Hock 2000, 59f.).

(sozial, biologisch, moralisch, psychologisch, grammatikalisch usw.) eine gewisse Nähe zwischen dem Unbewußten und der Perversion. Wenn wir als eine solche Norm im Bereich der Sexualität den Instinkt wählen, so läßt sich die menschliche Sexualität als ein pervertierter Instinkt bezeichnen, der von seinem natürlichen Weg abgekommen ist. Genau diese Richtung schlägt Freud im ersten Kapitel seiner *Drei Abhandlungen* ein, als er durch den Aufweis der Universalität der Perversionen »jede Idee eines determinierten Ziels und Objekts der menschlichen Sexualität zerstört« (Laplanche 1985, 27). Freud attackiert dabei zugleich die scheinbar natürliche sexuelle Beziehung des Mannes zur Frau (vgl. Freud 1905 d, 44, Fn. 1) – es gibt kein präfiguriertes Objekt des Sexualtriebs, wie auch die scheinbar selbstverständliche Fixierung auf den Genitalakt – und auch kein präfiguriertes Sexualziel. Selbst wenn man nicht so weit gehen will, die menschliche Sexualität »im Grunde als ›pervers‹« zu definieren, wie Laplanche/ Pontalis dies tun (⁵1982, 379), scheint es eine unwiderrufliche psychoanalytische Erkenntnis zu sein, die Perversion als ihren integralen Bestandteil anzuerkennen, statt sie mit einem Pathologieetikett zu versehen und damit Normale und Perverse streng voneinander zu trennen (vgl. Freud 1905 d, 44, Fn. 1).

Vor diesem Hintergrund möchte ich folgende Vorannahme für meine Beschäftigung mit der Perversion formulieren: Ihre Theoretisierung ist bei Freud immer eng verzahnt mit seinem jeweils vorherrschenden Begriff vom Unbewußten. So wenig Interesse er daran hat, die Perversion als eigenständige nosologische Kategorie zu bestimmen, so sehr ist ihm daran gelegen, ihre verschiedenen Verbindungen zum Unbewußten aufzuzeigen. In besagten *Drei Abhandlungen* geht es ihm z. B. insbesondere um die Verbindung der Perversion zur neu entdeckten infantilen Sexualität, in *Ein Kind wird geschlagen* versucht er, »die Ableitung der Perversionen aus dem Ödipuskomplex« zu bewerkstelligen, nachdem er diesen zwischenzeitlich zum »eigentliche[n] Kern der Neurose« erklärt hatte (Freud 1919 e, 213). Und in *Das ökonomische Problem des Masochismus* (Freud 1924 c) steht die rätselhafte Beziehung des Masochismus zum Todestrieb im Vordergrund, nachdem dieser Begriff wenige Jahre zuvor in *Jenseits des Lustprinzips* (Freud 1920 g) eingeführt worden war. Diese zentralen Texte Freuds zur Perversion werden durch eine Vielzahl von über sein ganzes Werk verstreute Bezugnahmen und durch kleinere Artikel (etwa *Fetischismus* [1927 e] oder *Die Ichspaltung im Abwehrvorgang* [1940 e]) ergänzt, ohne daß daraus eine konsistente Theorie der Perversion entstanden wäre.

Statt einer Zusammenschau dieser verschiedenen Beiträge, die notgedrungen an der Oberfläche verbleiben müßte und im besten Falle ein Patchwork verschiedener Ansätze ergeben würde, möchte ich die Perversion dort untersuchen, wo sie in der Geschichte der Psychoanalyse zum ersten Mal aufgetaucht ist, nämlich im Rahmen der Verführungstheorie. Ich behaupte, daß insbesondere in den Briefen, die Freud an Fließ geschrieben hat, eine Dimension der Perversion auftaucht, die, auch als Folge der Editionspolitik von Ernst Kris, nämlich skandalöse Stellen dieses Briefwechsels auszulassen, verloren gegangen ist und erst in der englischen Neuausgabe von 1985 bzw. der deutschen von 1986 wiederentdeckt werden konnte. Dabei ist mein Interesse nicht primär historischer Art, es geht mir in der Hauptsache darum, diese Dimension für eine am Primat des Anderen (Laplanche) ausgerichtete Theorie der Perversion wiederzugewinnen. Primat des Anderen meint, daß das Unbewußte exogen und je individuell in der Auseinandersetzung mit dem Anderen gebildet wird. Demzufolge zeichnet es in seinem Kern weder eine biologische oder auch phylogenetische Erbschaft aus noch überindividuelle Strukturen, wie sie Freud in seinen sogenannten Komplextheorien (Ödipus- bzw. Kastrationskomplex) bzw. Urphantasien (Urszene, Kastration, Verführung, Rückkehr in den Mutterleib) zu erkennen glaubt. Die Theorie vom Primat des Anderen behauptet statt dessen, daß sich das Unbewußte in der von Laplanche so genannten anthropologischen Grundsituation immer wieder neu konstituiert: Das Kind versucht die rätselhaften sexuellen Botschaften des erwachsenen Anderen zu übersetzen und scheitert dabei notwendigerweise, weil ihm ein adäquater Code fehlt. Aus diesem unübersetzten Rest geht dann das Unbewußte als verdrängter Teil der Botschaften des Anderen hervor.

Die Vaterätiologie

Keine Theorie Freuds hat so viel Zustimmung in der Ablehnung erfahren wie die sogenannte Verführungstheorie, der zufolge sexuelle Verführungsszenen die entscheidende Rolle in der Ätiologie der Neurosen spielen. Quer über alle Schulen hinweg scheint man sich darin einig zu sein, daß erst durch die Aufgabe dieser Theorie der Wert der unbewußten Phantasien bzw. des Phantasmas zutage treten und erst in der Engführung dieser Phantasien mit dem Ödipuskomplex die Psychoanalyse den rechten Weg finden konnte. Freud selbst hat in wenigstens zwei Etappen diese Spur gelegt, die aus den vermeintlichen vorherigen Abirrungen führen soll. In *Zur Geschichte der psychoanalytischen Bewegung* von 1914 spricht er von den »erfundenen Traumen« der Hysteriker, die solche Szenen phantasierten, um »die autoerotische Betätigung der ersten Kinderjahre zu verdecken«. Endlich komme in dieser Sexualtätigkeit »die mitgebrachte Konstitution zu ihrem Rechte«, die, worauf Abraham (1907) hingewiesen habe, »sexuelle Erlebnisse von besonderer Art, also Traumen, zu provozieren versteht« (Freud 1914 d, 56).[2] Und elf Jahre später in seiner *Selbstdarstellung* ergänzt er diese Abkehr von der Verführungstheorie um die Erkenntnis, daß er damals »zum erstenmal mit dem **Ödipus-Komplex** [halbfett i. O.] zusammengetroffen war«, den er »in solch phantastischer Verkleidung [nämlich als reale Verführungserlebnisse, U. H.] noch nicht erkannte« (Freud 1925 d, 60).

Diese von Freud selbst initiierte offizielle Geschichtsschreibung, von Kris in der Einleitung zur Erstausgabe der Fließbriefe von 1950 perfektioniert,[3] läuft allerdings Gefahr, die Entwicklung der psychoanalytischen Theorie linear progredient verlaufen zu lassen. Die ersten theoretischen Ausführungen Freuds wären dieser allzu einfachen Epistemologie zufolge im besten Falle das Saatgut für seine spateren Erkenntnisse[4] oder sie würden im schlechtesten Falle als Ausschußprodukt des gleichen Prozesses völlig zu Recht in Vergessenheit geraten. Freud suggeriert selbst mit seinem Zitat aus seiner *Selbstdarstellung*, daß die Verführungstheorie einem präödipalen Stadium zuzurechnen sei, dessen Gepräge er erst durch die ordnende Macht des Ödipuskomplexes habe erfassen können.

---

2   Der junge Abraham hatte in dem vielsagenden Artikel *Das Erleiden sexueller Traumen als Form infantiler Sexualbetätigung* den folgenschweren Satz geschrieben, »daß in einer großen Anzahl von Fällen das Erleiden des sexuellen Traumas vom Unbewußten des Kindes gewollt wird, daß wir darin eine Form infantiler Sexualbetätigung zu erblicken haben« (1982, 166). Vgl. dazu ausführlich *Jahrbuch der Psychoanalyse* 52, 2006 mit dem Schwerpunktthema ›Karl Abrahams Begriff der Traumatophilie‹.

3   Diese Einleitung wurde in die Ausgabe der Fließbriefe von 1986 mitaufgenommen; vgl. deshalb Kris 1950 in Freud 1985 c, 519–561.

4   Kris' Kommentierungen der Fließbriefe folgen immer wieder dieser Tendenz. Ein typisches Beispiel: Freud spricht von der »*Mehrheit der psychischen Personen*«, Kris kommentiert in einer Fußnote: »Wohl eine Vorahnung der Vorstellung vom Über-Ich« (Freud 1985 c, 256 bzw. 256, Fn. 5). Darüber hinaus kann man in den Fußnoten zur deutschen Ausgabe der Fließbriefe nachverfolgen, wie Michael Schröter in seinen Ergänzungen die Bemerkungen Kris' zu Freuds früher »Abkehr« von der Verführungstheorie bzw. ihrer »Verwerfung« (237, Fn. 1 bzw. 283 f., Fn. 1) mehrfach relativiert.

Die Theoriebildung wäre sozusagen der psychosexuellen Entwicklung – vom Präödipalen zum Ödipalen – nachgefolgt. Im klinischen Kontext hat Freud dagegen vor den Folgen einer solch einseitig rückwärts gewandten Sichtweise eindringlich gewarnt:

> Solange wir die Entwicklung von ihrem Endergebnis aus nach rückwärts verfolgen, stellt sich uns ein lückenloser Zusammenhang her und wir halten unsere Einsicht für vollkommen befriedigend [...]. Nehmen wir aber den umgekehrten Weg, [...] so kommt uns der Eindruck einer notwendigen und auf keine andere Weise zu bestimmenden Verkettung ganz abhanden. (Freud 1920a, 296)

Eingedenk dieser Feststellung möchte ich die Verführungstheorie nicht als eine Kinderkrankheit der Psychoanalyse abtun, als ›prä-psychoanalytische‹ Zeit, sondern für eine Theorie der Perversion fruchtbar machen; und zwar ausgehend von der Figur des *perversen Vaters*, wahrhaft eine jener Ausschuß- und Ausschlußfiguren der psychoanalytischen Geschichte, an die sich kaum noch jemand erinnern mag. Was ist darunter zu verstehen?

Zunächst einmal fällt auf, daß Freud diese Figur vor dem offiziellen Publikum geheimgehalten hat, kein Wort davon ist in den veröffentlichten Texten und insbesondere in den *Studien über Hysterie* festgehalten, nur im privaten Briefverkehr mit Fließ, und dort auch nur in den *Briefen* und nicht in den verschiedenen, den Briefen beigelegten *Manuskripten A–N*, ist sie zu finden. Tatsächlich handelt es sich um eine Zuspitzung der sexuellen Ätiologie der Hysterie. Während er etwa im gleichnamigen Aufsatz *Zur Ätiologie der Hysterie* vor allem auf der Wichtigkeit besteht, die Hysterie als Folge einer sexuellen Aggression durch einen Erwachsenen aufzufassen und ihm eine Verführung zwischen Kindern als ätiologischer Faktor nur als Folge einer vorausgegangenen Verführung durch einen Erwachsenen denkbar erscheint (Freud 1896c, 445), identifiziert er den Verführer an verschiedenen Stellen seiner Korrespondenz mit Fließ mit dem »perversen Vater« und spricht deshalb auch einmal von einer »paternellen Ätiologie« (Freud 1985c, 251), ein anderes Mal von »Vaterätiologie« (a. a. O., 312). Im berühmten Brief vom 6. 12. 1896 führt er dazu aus:

> Die Hysterie spitzt sich mir immer mehr zu als Folge von *Perversion* des Verführers; die Heredität *immer mehr* als Verführung durch den Vater. Es stellt sich also ein Generationswechsel heraus:

1. Generation: Perversion
2. Generation: Hysterie [...]. (Freud 1985 c, 223)

Aus der Metamorphose von der Perversion zur Hysterie bei der gleichen Person im Laufe des Alterungsprozesses schließt Freud:»Die Hysterie eigentlich also nicht abgelehnte Sexualität, sondern besser *abgelehnte Perversion*« (ebd., Hervorh. i. O.).

In der Folge ist Freud dann nicht um Beispiele verlegen, um dieses Verhältnis von persversem Vater und hysterischer Tochter, das er an die Stelle eines hereditären Zusammenhangs setzt (im Klartext: die Hysterie ist nicht vererbt, sondern Folge eines perversen Übergriffs des Vaters), zu illustrieren. Gerade zu dieser Zeit Ende 1896, Anfang 1897 macht uns Freud Brief über Brief und Seite für Seite zu Zeugen eines perversen Vater-Tochter-Universums, das aus gutem Grund in der Ausgabe von 1950 ausgespart ist. Die symptomatischen Folgen des Oralverkehrs mit dem Vater beschreibt er für eine Patientin folgendermaßen:

Ein auffälliger Tic, sie macht einen Rüssel (vom Saugen). Sie leidet an Ekzem um den Mund und nicht heilenden Einrissen der Mundecken. Bei Nacht läuft ihr anfallsweise der Speichel zusammen, wonach dann Einrisse auftreten. (Ganz analoge Beobachtung habe ich bereits einmal auf das Saugen am Penis zurückgeführt.)
In der Kindheit (zwölf Jahre) bekam sie die Sprachhemmung zum ersten Mal, als sie mit *vollem Mund* vor der Lehrerin flüchtete.
Ihr Vater hat ein ähnliches explosives Sprechen, als ob er den Mund voll hätte.
Habemus papam!
Als ich ihr die Aufklärung entgegenschleuderte, war sie zuerst gewonnen, dann beging sie die Torheit, den Alten selbst zur Rede zu stellen, der auf die ersten Anbahnungen entrüstet ausrief:»Soll ich das gar gewesen sein?« (Freud 1985 c, 233, Brief vom 3. 1. 1897; zitierte Passage in der Ausgabe von 1950 ausgelassen; Hervorh. i. O.).

Freud ist zu jener Zeit regelrecht obsediert davon, dem Rätsel der Perversion auf die Spur zu kommen. Ihre Spuren führen ihn in die »Zoophilie« (a. a. O., 235), ins inquisitorische Mittelalter (237 f.) sowie zu religiösen Sexualkulten aus der Frühzeit der Menschheit (239 f.). Mit dem Tierreich verbindet die Perversion die besondere Wertschätzung des Geruchs, »der beim Menschen abgesetzt wird. Solange der Geruch (-Geschmack) herrscht, wirkt Harn, Kot und die gesamte Körperoberfläche, auch das Blut sexuell erregend« (236 f.).[5] In der Besessenheit

---

5   Vgl. dazu das eindrucksvolle Beispiel von Bernd Nissen in diesem Band.

vom Teufel identifiziert Freud das Wirken früher Verführungsszenen und fragt sich infolgedessen: »Warum sind die Geständnisse auf der Folter so ähnlich den Mitteilungen meiner Patienten in der psychischen Behandlung?« (237). Mithilfe der Folterpraktiken erschließen sich ihm sogar »einige bisher dunkle Symptome der Hysterie« (238). Und im nächsten Brief erkennt er in den Perversionen »einen Rest eines uralten Sexualkultus« wieder, »der einmal vielleicht noch im semitischen Orient (Moloch, Astarte) Religion war«.[6] Genau in diesem Zusammenhang taucht übrigens zum ersten Mal die Formel auf, wonach die Neurose das Negativ der Perversion darstelle (240). Es ist im Rahmen dieser kurzen Arbeit nicht möglich, alle Details von Freuds Beschäftigung mit der Perversion in jener Zeit wiederzugeben, darunter schwer verdauliche Beschreibungen, in denen etwa der spätere hysterische Kopfschmerz als Folge einer früheren Kopffixierung zum Zweck des Oralverkehrs aufgefaßt wird (245; ausgelassen in der Ausgabe von 1950). Wichtig erscheint es jedoch festzustellen, daß Freud im Brief vom 21.9.1897 zunächst seine Verführungstheorie und damit auch die These von den perversen Vätern als den Verursachern der Hysterie aufgibt.[7] Bekanntlich lautet sein zweites Argument für diese Abkehr:

> Dann die Überraschung, daß in sämtlichen Fällen der *Vater* als pervers beschuldigt werden mußte, mein eigener nicht ausgeschlossen, die Einsicht in die nicht erwartete Häufigkeit der Hysterie, wo jedesmal dieselbe Bedingung erhalten bleibt, während doch solche Verbreitung der Perversion gegen Kinder wenig wahrscheinlich ist. (Die Perversion muß unermeßlich häufiger sein als die Hysterie, da ja Erkrankung nur eintritt, wo sich die Ereignisse gehäuft haben und ein die Abwehr schwächender Faktor hinzugetreten ist.) (283 f.; Hervorh. i. O.)

Gemäß diesen Überlegungen müßte es also noch mehr perverse Väter geben als hysterische Töchter, da zwar jede Hysterie auf eine Perversion verweist, aber nicht jede Perversion zwangsläufig eine Hysterie in der Folgegeneration nach

---

6   Astarte, Göttin der Phöniker, und Moloch (griech. Name Kronos), Gottheit der Kanaaniter, beide bekannt für besonders grausame Opferrituale. Martin Bergmann (1992) hat dazu ein Buch geschrieben, das bei Berkel (2006, 110 f.) ausführlicher besprochen wird.

7   »Tagundnachtgleiche«, hat ihn Laplanche genannt, weil er – geschrieben zum Herbstbeginn, an dem sich Tag und Nacht die Waage halten – genauso viel Licht wie Schatten enthält.

sich zieht; was Freud dann doch als »wenig wahrscheinlich« einschätzt. Damit ist allerdings das Ende der Theorie von den perversen Vätern keineswegs besiegelt. Wenige Wochen später ist erneut von der »Vaterätiologie« die Rede (312) und im Folgebrief vom 22. 12. 1897 entwirft Freud ein perverses Szenario zwischen Patientin/Tochter, Vater und Mutter, das in seiner Brutalität und Grausamkeit schwer vorstellbar erscheint und trotzdem mit dem Satz eingeleitet wird: »Für die innere Echtheit der infantilen Traumen spricht folgendes Stückchen [...]«. In der Beschreibung selbst tauchen dann Details auf, die eine Authentifizierung des Ereignisses durchaus möglich und denkbar erscheinen lassen (»gewaltsam defloriert und mit seiner Gonorrhoe infiziert, so daß sie damals unter dem Blutverlust und der Vaginitis lebensgefährlich erkrankte« [314]; ausgelassen in der Ausgabe von 1950). Freud spricht zum damaligen Zeitpunkt wiederholt ironisch von seiner »Drekkologie« bzw. »drekkologischen Berichten« (in griechischen Buchstaben geschrieben), wohl um zu betonen, daß sein Interesse an perversen Praktiken ausdrücklich wissenschaftlich sei (vgl. 316, 317, 320).[8] Von der Ablösung der Verführungs- bzw. Mißbrauchstheorie durch die Hinwendung zu den später ödipal genannten Phantasien in der Folge des Briefes vom 21. 9. 1897 kann jedenfalls keine Rede sein. Diesen Ausgang zu wählen, erscheint allzu einfach. Denn mehr noch als die Theorie lassen die detailversessenen Beschreibungen perverser Handlungen den Leser perplex und ratlos zurück. Kein Wunder, daß sie Kris in seiner ersten Herausgabe der Fließbriefe 1950 regelmäßig ausgelassen hatte. Einer größeren Öffentlichkeit wären in jenen Jahren bestimmte Zeilen des Gründungsvaters der Psychoanalyse nur schwerlich zuzumuten gewesen, ohne daß er nicht selbst in den Verruf gekommen wäre, ein gefährlicher Perverser mit krankhaften Phantasien zu sein. Schon weil die entscheidenden Passagen unveröffentlicht waren, nimmt dann auch keine der großen Freudmonographien (Jones, Gay, Anzieu usw.) darauf Bezug, ich wüßte aber auch nicht, wo sie in neueren Schriften zur Perversion und/oder Verführungstheorie je erwähnt worden wären.[9] So hatte ich vorübergehend das Gefühl, überhaupt der erste Leser zu

---

8 In den Briefen ist konkret von drei »drekkologischen Berichte[n]« die Rede, die Fließ
schließlich auf den Wunsch Freuds hin zurückschickte (vgl. Brief vom 23. 2. 1898), so
daß sie nicht erhalten sind.
9 Sowohl Quindeau (2004) als auch Berkel (2006) erwähnen Freuds Argument von der
Unzahl perverser Väter, ohne sozusagen in die Details zu gehen. Quindeau sieht in der

sein, der sich mit diesen schwierigen, ja abstoßenden Passagen der Freudschen Fließbriefe auseinandersetzte. Wo waren die Freudforscher und Freudliebhaber, die vor mir diesen Weg gegangen waren? Fast scheint es, als ob es zu einer kollektiven Verleugnung der entsprechenden Passagen gekommen sei. Mit diesem perversen Vater möchte niemand etwas zu tun haben. Allerhöchstens als Gespenst, Phantom oder Revenant einer nahezu vergessenen Zeit hat er innerhalb der Psychoanalyse überlebt.

Klinische Beispiele

Bevor ich den Stellenwert des perversen Vaters innerhalb der Psychoanalyse weiterentwickeln möchte, erscheint es angebracht, die eigene klinische Praxis zu befragen, wie dort die Person des perversen Vaters auftaucht. Zu diesem Zweck möchte ich vier Fälle ausschnittweise vorstellen, in denen das Verhältnis der Patientinnen zu ihren Vätern perverse Züge trägt. Dabei soll ausschließlich dieses Verhältnis fokussiert werden, während etwa die Bedeutung der Mutter, auch für das Zustandekommen der mißbräuchlichen Situationen, weitgehend ausgespart bleiben muß.

Patientin 1 kommt aufgrund einer drohenden Trennungssituation in die Behandlung, ihr Mann will sie wegen einer anderen Frau verlassen. Sie ist 40 Jahre

Passage einen Rückfall in »einen traditionellen medizinischen Traumabegriff«, da der Vater direkt »beschuldigt« wird, für das Trauma verantwortlich zu sein. Die anzunehmende Häufigkeit perverser Väter erscheint ihr – im Gegensatz zu Laplanche, der dieses Argument »quasi unwiderlegbar« nennt (Laplanche 2006, 1007) – als Widerrufsgrund nicht überzeugend. Es fehlt ihr darin zudem die Zweizeitigkeit des Traumas, in der erst die Reminiszenz und nicht das äußerliche Ereignis, i.e. der perverse Vater, traumatisch wirkt (Quindeau 2004, 164). Ich verfolge in meinem Text eine andere Spur, für die die Zweizeitigkeit des Traumas nicht entscheidend ist. Berkel kommt bei ihrer Unterscheidung zwischen einer »vaterorientierte[n]« (Freud, Lacan) und einer »mutterorientierte[n]« (Klein) Ätiologie der Perversion auf das Zitat zu sprechen (Berkel 2006, 88, Fn. 6). Und Laplanche interessiert sich in seiner eigenen Umformulierung der Verführungstheorie nicht sonderlich für den Vater. Die perverse Botschaft bzw. »pervers zu nennende Wunschregungen« (Freud 1910 c, 188) können genausogut von der Mutter kommen, wie das Freud für Leonardo da Vinci gezeigt hat (vgl. dazu Laplanche ²1983, 89–93). Entscheidend ist in der anthropologischen Grundsituation einzig der Unterschied zwischen Erwachsenem und Kind.

alt, Mutter zweier Kinder, seit 20 Jahren verheiratet. Im Laufe der Behandlung macht sie sich im pflegerischen Bereich selbständig. Sie leidet unter schweren Depressionen sowie zahlreichen psychosomatischen Symptomen. Vorübergehend ist sie suizidal, nimmt einmal eine Überdosis Tabletten, die sie wieder erbricht, während ihr Mann im Nebenzimmer ist. Als Kind wurde sie mehrere Jahre von ihrem Vater, einem »Quartalssäufer«, sexuell mißbraucht, dies habe schon vor der Schulzeit begonnen und angedauert, bis sie etwa 12 oder 13 Jahre alt gewesen sei. Anfangs habe er sie »manipuliert«, später sei es auch zu Genital- und Oralverkehr gekommen. Er habe ihr gedroht, daß er ins Gefängnis und sie zusammen mit den Geschwistern ins Heim komme, falls sie etwas sage. Er habe aufgehört, als sie sich geweigert habe, zu ihm »hochzukommen«, sondern statt dessen zur Mutter gelaufen sei, die in der Nachbarschaft geputzt habe. Ihr Mann ist ihr erster und einziger Sexualpartner gewesen (hier verleugnet sie die Erfahrung mit dem Vater), seine Schwester ist vom Stiefvater mißbraucht worden, der dafür auch im Gefängnis gesessen habe. Aufgrund der Mißbrauchserfahrungen in ihren Familien hätten sie ewig zusammenhalten wollen.

Als der Vater der Patientin nach einer langen Krebserkrankung stirbt, vier Jahre vor Therapiebeginn, habe sie es erst gar nicht glauben können, sie habe ein Gefühl von Befriedigung dabei verspürt und zugleich lange darüber geweint.

Patientin 2 in den 30ern kommt ebenfalls in einer akuten Trennungssituation, sie möchte den Freund, Vater ihres Sohnes, verlassen, weil sie seine Kühle und sein Unverständnis für ihre emotionale Seite nicht länger ertragen kann. Seit längerem gibt es kein sexuelles Verhältnis mehr zwischen den beiden. Sie berichtet bereits in den Vorgesprächen von einem sexuellen Übergriff des Vaters in der Pubertätszeit. Er habe sie bedrängt, gewollt, daß sie ihm ein Kondom über den erigierten Penis zieht, wie das die Mutter immer mache. Sie habe sich verweigert und sei weggegangen. Auch die Schwester habe einmal ein ähnliches Erlebnis mit dem Vater gehabt. Besonders schwierig ist diese Erfahrung, weil sie in rechtem Gegensatz zum sonstigen Verhalten des Vaters und der Atmosphäre in der Familie steht: der Vater, ein verantwortungsbewußter, zuverlässiger Familienmensch mit hohen ethischen und religiösen Grundsätzen, die Familie insgesamt prüde, die Eltern tauschten kaum Zärtlichkeiten vor den Kindern aus. In ihrer Sexualität mit dem Freund war die Patientin erlebnisunfähig, Oralverkehr konnte sie lange Zeit überhaupt nicht ertragen. Sie leidet unter bulimischen Eßattacken und autoaggressiven Handlungen. In der Behandlung wird der übermächtige, zugleich verführende Vater deutlich, wenn die Patientin von sexuell-aggressiven Attacken auf sich selbst träumt und darin ihren Analytiker auf subtile Weise mit einbaut.

Patientin 3, Mitte 20. Wieder ist eine Trennungskrise Anlaß für die Behandlungsaufnahme: Die Patientin ist mit der Familie des Freundes im Urlaub und kann dort nicht ertragen, wenn er nicht bei ihr ist, sie will immer mit ihm alleine sein. In Momenten der Einsamkeit neigt sie zu schnellen sexuellen Kontakten. In den Vorgesprächen kommt sie schnell auf ihren eigenen familiären Hintergrund zu sprechen. Die Mutter sei bereits vor vielen Jahren gestorben, vor einigen Jahren auch der Vater (Krebs). Dieser Vater wird als Tyrann beschrieben, dem sie sich schon als kleines Kind kaum habe entziehen können. Immer wenn sie in den Behandlungsstunden von ihm spricht, weint sie ununterbrochen. Sie konnte schon immer nur schwer ertragen, wenn sie mit dem Vater alleine war. Er habe regelrechten Psychoterror auf sie ausgeübt, sie angebrüllt, weil er unbedingt gewollt hat, daß sie eine große Sportlerin werde und sie deshalb immer zum Trainieren aufgefordert. Nie hat sie ihm etwas recht machen können, nie sind ihre sportlichen Leistungen gut genug gewesen. Hinzu kommt, daß er wohl Alkoholiker gewesen ist und deshalb irgendwie auch unberechenbar. Die Patientin kann sich an keinen sexuellen Übergriff des Vaters erinnern, allerdings beschreibt sie eine zunehmende Auflösung der Intimgrenze nach dem Tod der Mutter. Der Vater hat eine neue Freundin, die ebenfalls übermäßig trinkt. In diesem progredienten Verlust der Scham wird die Patientin im jugendlichen Alter immer wieder Zeugin des Geschlechtsverkehrs zwischen dem Vater und seiner Freundin. Als der Vater stirbt, so erzählt sie minutiös unter Tränen, habe sie sich frei gefühlt, endlich habe sie dahin gehen können, wohin sie gewollt habe.

Patientin 4, Mitte 30, kommt ebenfalls u. a. aufgrund einer Beziehungskrise. Sie hatte in Mittelamerika ein Urlaubsverhältnis begonnen, doch habe sie dieser Mann »wie ein Stück Scheiße« behandelt, habe sie nur benutzen wollen, um auszureisen. Sie blickt auf eine Reihe schwieriger Beziehungen zurück, immer wieder habe sie sich auf Männer eingelassen, die sich als »Blender« herausgestellt hatten. In ihrer Sexualität neigt sie zur Promiskuität, ist dabei zu Beginn der Behandlung wenig erlebnisfähig. In der Behandlung ist es ihr kaum möglich zu liegen, sie fühlt sich dann ausgeliefert und schutzlos, möchte sich am liebsten bedecken. Ihren Vater schildert sie in Anlehnung an Erzählungen der Mutter als »sexsüchtig«, ein Pornokonsument, der andauernd von der Mutter Sex erwartet habe, sie selbst habe er entweder nicht beachtet oder immer wieder angebrüllt. Dann träumt sie plötzlich in der Behandlung, mit dem Vater zu schlafen, was ihr im Traum völlig selbstverständlich vorkommt. Während der gesamten Behandlungszeit ist sie mit der Frage beschäftigt, ob der Vater ihr gegenüber übergriffig gewesen sei. Auch die ältere Schwester habe während ihrer eigenen Therapie Andeutungen in diese Richtung gemacht. Es ist jedoch nie zu einem Gespräch zwischen den Schwestern gekommen. Jetzt ist der Vater alt und krank (u. a. Krebs) und die Patientin scheint sein Siechtum durchaus zu genießen, etwa wenn sie seinen Körper pflegt.

Die klinischen Beispiele zeigen auf unterschiedliche Weise: Es gibt den perversen Vater nicht nur als Phantasiegestalt, er ist nicht nur eine Figur innerhalb einer ödipalen Vorstellungswelt, wie Freud selbst und nach ihm Generationen von Analytikern die frühe Verführungstheorie umgedeutet haben, er existiert vielmehr in der alltäglichen psychoanalytischen Praxis. Laplanche hat wiederholt darauf hingewiesen, daß es lange Zeit eine Tendenz in der Geschichte der Psychoanalyse gegeben hat, sexuellen Mißbrauch und Inzest unter den Ödipuskomplex zu subsumieren (Laplanche 2004, 49). Wortwörtlich findet man etwa im Stichwortverzeichnis zu Fenichels großer Abhandlung über die Neurosen der Hinweis: »Incest, see under Oedipus Complex« (Fenichel 1945, 683). Der Akzent hat sich dadurch fast unmerklich von der traumatischen Sexualität der Erwachsenen, und in unseren Beispielen insbesondere des Vaters, zu den inzestuösen Wünschen der Kinder respektive Töchter verschoben. Gerade Fallbeispiel 1 zeigt freilich, wie unzureichend eine solche Erklärung ist, ja daß sie das Wesentliche verfehlt: Die Traumatisierung durch ein perverses Begehren des Vaters läßt sich so lange nicht verstehen, als dieses sexuelle Begehren des Anderen nicht als primär angesehen wird, als Einbruch in die Psyche der Patientin, demgegenüber sie psychisch hilflos und grundlegend passiv ist. Genau das meint Freuds frühe »Fremdkörpertheorie« (Freud 1985 c, 237 sowie 1893 a, 85), die er in den Briefen an Fließ im Zusammenhang mit seinen Überlegungen zu Besessenheit und Teufelsaustreibung erwähnt. Auch die Patientin 1 kommt, um vom Vaterteufel loszukommen und nicht, um von einer ödipalen oder präödipalen Fixierung geheilt zu werden. Der Unterschied zwischen ödipal und präödipal ist in dieser Hinsicht nachrangig, weil in beiden Fällen das Begehren des Kindes als ursprünglich angesehen wird.

Um Mißverständnissen entgegenzutreten, möchte ich an dieser Stelle darauf hinweisen, daß die Patientin kein einfaches Opfer der väterlichen Übergriffe, sondern auf unheimliche Weise in die Mißbrauchsbeziehung zum Vater eingebunden ist: Viele Jahre ruft sie der Vater hoch und sie folgt diesem Ruf, bis sie es endlich schafft, zu widerstehen und bei der Mutter Schutz zu suchen. Ist es ein Theorierückfall, trotzdem das Verhalten des Kindes als unschuldig oder auch »schuldlos« zu bezeichnen, wie es z. B. Ferenczi (1932, 521) getan hat? Oder heißt das schon, die Positionen einer Alice Miller zu teilen?[10]

Wenn auch weniger eindeutig als im ersten Fall sehe ich auch in den klinischen Beispielen 2 und 3 die Patientinnen in einer passiven Position gegenüber einem perversen väterlichen Verhalten, das sich dann auch in den späteren Symptomen zeigt. Die Begegnung mit dem Vater, dem die älteste Tochter einer Großfamilie ein Kondom überstreifen soll, primär unter ödipalem Gesichtspunkt zu verstehen (nach dem Motto *wenn ich – selbst als älteste schlecht versorgt – im Haushalt die Mutter schon vertreten muß, will ich auch deren Privilegien)*, geht am wesentlichen vorbei. Kein Zweifel, die Behandlung dieser Patientin hat gezeigt, welch starke Liebesgefühle sie für ihren Vater empfunden hat, doch in der perversen Geste des Vaters wird sie mit einer dunklen Seite seiner Person konfrontiert, die sie nicht in ihr Koordinatensystem einordnen kann und deshalb dauerhaft verfolgend und gerade für ihre eigene Sexualität hochgradig störend empfindet.

Bei Patientin 4 erscheinen die Verhältnisse zwischen Vater und Tochter schließlich verwirrend und unklar – für die Patientin wie den Behandler. Gerade deshalb eignet sich das Beispiel besonders gut, um darauf hinzuweisen, wie sehr die klinische Beobachtung inklusive Übertragungs-/Gegenübertragungsanalyse von der dahinterstehenden Metapsychologie (Verführung durch den Anderen à la Freud oder auch in anderer Weise à la Laplanche oder Folge ödipaler Phantasien)

---

10   In einer Art von Anhang an ihr Buch *Das Drama des begabten Kindes* listet Alice Miller 21 Merksätze auf, die über die »tatsächliche Situation des Kindes« Aufschluß geben sollen. Merksatz 1 lautet: »1. Das Kind ist immer unschuldig« (Miller, 1983, 183).

mitbestimmt wird. Wünsche nach der sexuellen Liebe des Vaters verbinden sich untrennbar mit Hinweisen auf erlebte Übergriffe. Und wie ist die Beliebigkeit ihrer Sexualobjekte und die dazugehörige geheime Phantasie, eine Hure zu sein, zu verstehen? Ist der perverse Vater nicht vielleicht doch mehr eine phantasmatische Gestalt als eine Realperson?

Bevor ich mich dieser Frage zuwenden möchte, erscheint es wichtig, einen gemeinsamen Zug der vier Beispiele hervorzuheben: Die Patientinnen kommen zunächst einmal wegen ihrer Beziehungsprobleme in die Behandlung, es gelingt ihnen nicht, ein befriedigendes Verhältnis mit einem Mann zu haben. Mit Blick auf den Vater läßt sich dazu übereinstimmend sagen: Nicht daß der Vater unerreichbar und verboten ist, eine unberührbare Person und als solche Repräsentant von Gesetz und Ordnung, ist dafür entscheidend, sondern daß er als obszöne Gestalt mit seinem eigenen perversen Begehren in Erscheinung tritt, trägt primär zur sexuellen Blockade innerhalb der Beziehungen bei. Die Reaktionen von Patient 1 und Patientin 3 auf den Tod des Vaters zeigen nachhaltig, daß sie trotz Trauerreaktion sein Ableben wie eine Befreiung aus seiner Umklammerung erlebten. Die jeweilige Krebserkrankung der Väter erscheint dabei wie eine destruktive Fortschreibung der vorherigen »Metastasen des Genießens«, wie Žižek dieses Wuchern sexuell-obszöner Lust paternaler Figuren nennt (Žižek 1996). Die mythische Überhöhung dieser Vaterfigur ist natürlich der Urvater aus *Totem und Tabu* (Freud 1912–13), für den es kein Inzesttabu gibt. Erst nach seiner Ermordung wird er zum Repräsentant des Gesetzes, Lacan zufolge zum symbolischen Vater, in dessen Namen das Inzestverbot gesprochen wird; von daher die Homonymie zwischen *Nom-du-père* und *Non-du père*. Vorher macht er seine eigenen Gesetze, ja ist er das Gesetz. Nicht nur die Boulevardpresse, auch die seriösen Zeitungen berichten immer wieder von solchen Vaterfiguren, die die kollektiven Phantasien auf sich ziehen: Familienväter, Kirchenväter, Sektenführer, Diktatoren, Autokraten usw.

»Die Neurose ist das Negativ der Perversion«

Schon in der Erstausgabe der Fließbriefe bis zur Unkenntlichkeit entstellt, haben der perverse Vater und sein theoretisches Pendant, die Vaterätiologie, nur noch wenige Spuren in Freuds Schriften hinterlassen, weder in seiner Theoretisierung des Unbewußten noch in seiner weitverzweigten Theorie der Perversion taucht er noch einmal zentral auf.[11] Freilich ist er nicht spurlos verschwunden, vielmehr hat eine Transformation stattgefunden. Der perverse Vater hat im Laufe der weiteren Entwicklung den frühen Bodensatz eines Realereignisses verlassen und ist mehr und mehr zu einer phantasmatischen Figur geworden, Götze oder Urbild für eine obszöne, ekelerregende Lust, wie sie insbesondere in der Perversion zu finden ist. Lacan hat für diese Form perverser Lust den neuen psychoanalytischen Begriff der ›*jouissance*‹ gefunden, auf den ich später näher eingehen werde.

Wenn ich diese Wendung im Freudschen Denken nachzuzeichnen suche, dann nicht um die Person des perversen Vaters zu entsubstantialisieren. Tatsächlich gibt es auch heute noch mehr perverse Väter, als gemeinhin angenommen, oft genug sind wir in unseren psychoanalytischen Behandlungen Zeugen solcher Verhältnisse, die in der Übertragung ihre Neuauflage finden können. Den perversen Vater als phantasmatische Figur zu etablieren, bedeutet also nicht, seine Existenz als reale Person zu leugnen, sondern in ihm jenseits seines statistischen Vorkommens die Inkarnation einer grenzwertig traumatischen Lustqualität zu sehen. Er hat sich sozusagen von seinen Anfängen in den Fließbriefen abgelöst und ist zu einer Art Dämon geworden, der die Freudschen Fallgeschichten genau wie unsere eigene klinische Praxis immer wieder heimsucht.

Als Ausgangspunkt für die Darstellung dieses Transformationsprozesses erscheint insbesondere Freuds wiederholt geäußertes Diktum »die Neurose ist das Negativ der Perversion« geeignet.[12] Es ist sicher Freuds Schlüsselsatz für das Verständnis des Verhältnisses von Neurose und Perversion, die Quintessenz der *Drei Abhandlungen zur Sexualtheorie,* in denen Freud wenigstens dreimal darauf zu sprechen kommt (vgl. Freud 1905d, 65; 132; 140). Zum ersten Mal taucht die Formel auf, als er sich im Anschluß an die ausführliche Darstellung der Perversionen dem »Sexualtrieb bei den Neurotikern« (a. a. O., 62) zuwendet und dabei feststellt, daß die Symptome »den konvertierten Ausdruck von Trie-

---

11   Immerhin ist in *Ein Kind wird geschlagen* an zentraler Stelle von der masochistischen Phantasie der Mädchen »Ich werde vom Vater geschlagen« die Rede (Freud 1919e, 204). Und wieder bleibt die Frage nach der »reale[n] Existenz« (ebd.) dieser Phantasie unbeantwortet.

12   Wiederholt tauft Freud die Neurosen sogar in »negative[] Perversionen« um, die er von den »positiven« unterscheidet (Freud 1905d, 67 sowie 133, Fn. 1) und knüpft dadurch die Verwandtschaftsbande noch enger.

ben darstellen, welche man als *perverse* (im weitesten Sinne) bezeichnen würde, wenn sie sich ohne Ablenkung vom Bewußtsein direkt in Phantasievorsätzen und Taten äußern könnten« (a. a. O., 65; Hervorh. i. O.). Es folgt eine Auflistung pervers zu nennender Spielarten der Sexualität, die sich hinter den Symptomen erkennen lassen (Abirrung in bezug auf Sexualobjekt bzw. -ziel, Partialtriebe). Die Idee, daß der Zusammenhang von Perversion und Neurose auf zwei Akteure zurückgeht, fehlt an dieser Stelle. Als er nach Einführung der infantilen Sexualität in der »Zusammenfassung« (a. a. O., 132) erneut auf die genannte Formulierung zurückgreift, ist Freud eindeutiger. Ähnlich heißt es zunächst, daß bei den Neurotikern »die Neigungen zu allen Perversionen als unbewußte Mächte nachweisbar sind«; Freud folgert dann aber aus der übergroßen Häufigkeit perverser Neigungen, »daß die Anlage zu den Perversionen die ursprüngliche allgemeine Anlage des menschlichen Geschlechtstriebs sei« (ebd.), mit anderen Worten Perversionen sind eine Folge der polymorph-pervers angelegten Sexualität des Kindes, damit sind alle Menschen potentiell pervers und somit perverse Verführer, nicht nur eine bestimmte Anzahl von Vätern. Insbesondere ist in den *Drei Abhandlungen* die Mutter die große perverse Verführerin (vgl. etwa a. a. O., 124) und Freuds Abhandlung über Leonardo da Vinci liefert wenige Jahre später das Fallbeispiel dazu (Freud 1910c).

Der Text ist komplex, mehrere Argumentationslinien können darin gefunden werden. Laplanche etwa feiert Freuds Entdeckung der polymorph-perversen infantilen Sexualität als großen Fortschritt, der für die Verallgemeinerbarkeit der Verführungstheorie unabdingbar sei (Laplanche 2006, 1007f.). Doch zugleich verankert Freud die infantile Sexualität tief im Endogenen, Begriffe wie »Konstitution«, »Heredität« oder »Anlage« bestimmen seine Begründungen. Es überzeugt auch nicht, wenn er im gleichen Kontext in einer Fußnote von 1915 die Perversionen banalisierend zurückführt »auf die Fixierung der infantilen Neigungen« bzw. auf »Regressionen zu denselben« (Freud 1905d, 133) – eine Theorie, die von sexualwissenschaftlicher Seite zu recht kritisiert wurde. Und wenige Seiten später spricht er gar von den »hereditären Verhältnisse[n] der positiv Perversen« und sieht in der Verteilung von perversen Männern und hysterischen Frauen innerhalb der gleichen Familie ein weiteres Indiz für die Richtigkeit seiner Behauptung von der Beziehung zwischen Perversion und Neurose (Freud 1905d, 138). Einzig im Beispiel des Wechsels von der Perversion zur Neurose im Laufe eines Lebens – in das Sprichwort verpackt »»Junge Hure, alte Betschwester‹«

(a. a. O., 140) – läßt sich der Einfluß seiner früheren Überlegungen zur Perversion aus den Fließbriefen wiedererkennen, freilich auch hier ohne Erwähnung eines verführenden oder gar perversen Anderen. Insgesamt sind die *Drei Abhandlungen* in bezug auf die Perversion ein eher aseptischer Text, mehr um Systematizität als Anschaulichkeit bemüht.

Doch erinnern wir uns. Hatte Freud nicht mitten in der Periode seiner Verführungstheorie, genau in jenen Wochen, als ihm die Einfälle zur Perversion von allen Seiten kamen, zum ersten Mal die folgenreiche Beziehung zwischen Perversion und Neurose aufgestellt? Jener Brief vom 24. 1. 1897 siedelt dieses Verhältnis jedoch inmitten von semitischem Sexualkultus, urältester Teufelsreligion und Inquisitionsgerichten an und gibt ihm folglich geschichtlich-mythische Raum-Zeit-Koordinaten, in die der Andere notwendig eingebunden ist: Des einen Perversion (des Priesters, Inquisitors oder auch »Hexenrichters«) ist des anderen Hysterie (des Ritualopfers, der Hexe, der Besessenen usw.). Und tatsächlich läßt sich diese auf den Anderen ausgerichtete Auslegung des Satzes »Die Neurose ist das Negativ der Perversion« in transformierter Form in genau dem Text finden, der zeitlich genau zwischen den Fließbriefen und den *Drei Abhandlungen* liegt. Denn als Freud in *Bruchstück einer Hysterie-Analyse* daran geht, Doras hysterischen Husten zu analysieren, taucht auch der perverse Vater wieder auf; und auch dieses Mal kann er zumindest als Mitverursacher für Doras hysterisches Symptom angesehen werden. Freud verbindet dort auf unnachahmliche Weise ihren Husten mit der unbewußten Vorstellung einer oralen Befriedigung zwischen Vater und Frau K. Schrittweise entlockt Freud Dora, daß der Vater impotent sei und deshalb nur andere Formen sexueller Befriedigung in Frage kommen:

> Es war doch unabweisbar, daß sie sich mit ihrem stoßweise erfolgenden Husten, der wie gewöhnlich einen Kitzel im Halse als Reizanlaß angab, eine Situation von sexueller Befriedigung *per os* zwischen den zwei Personen vorstellte, deren Liebesbeziehung sie unausgesetzt beschäftigte. (Freud 1905e, 207)

Hier ist sie also wieder, diese obszöne perverse Lust, verkörpert in einem alten impotenten Vater, der seine eigene Tochter an Herrn K. ›verkauft‹, um seine schmutzige Affäre mit Frau K. weiterbetreiben zu können. Der Vater ist hier zwar nicht mehr der sexuelle Aggressor, aber nichtsdestotrotz ist er ein notwendiger Bestandteil der hysterisch-perversen Szenerie. Durch ihren Husten setzt sich Dora selbst an die Stelle von Frau K., sie ist es, die den impotenten Vater oral befriedigt. Dieses Verständnis von der Neurose als Negativ der Perversion scheint mir deshalb am weitreichendsten, weil es gleichzeitig die Verbindung zum Anderen aufrechterhält und darüber hinaus von einer Lustform spricht, die zumindest beim uneingeweihten Leser »Grauen« erregt (Freud 1905 e, 208). Im Innern des Symptoms persistiert demzufolge als primärer Krankheitsgewinn eine verdrängte perverse Befriedigung, die genauso fixierend wirkt wie in der positiven Perversion ein bestimmter Weg der sexuellen Befriedigung.

Auch in den von mir beschriebenen Fällen erscheint es gut möglich, diese Form perverser Symptomlust zu erfassen, etwa wenn bei Patientin 2 der dauerhafte Ekel gegenüber einem erigierten Penis und die damit verbundene Unlust gegenüber dem Verkehr *per os* in wiederkehrende Freßattacken münden und damit verdrängte orale Trieblust in symptomatischer Form zum Zuge kommt. Nicht zu vergessen der Inzesttraum der Patientin 4, in dem sie scheinbar ganz natürlich mit dem Vater schläft, obwohl sie ihn im Wachzustand immer eher eklig und abstoßend empfunden hat. Auch in ihrem promisken Sexualleben geht sie erniedrigende Konstellationen ein, getrieben einerseits von der Überzeugung, nur als Sexualobjekt die Liebe ihrer Partner gewinnen zu können, und andererseits gibt es auch ein heimliches Genießen, die »Schlampe« zu sein. Patientin 3 wiederum erlebt in ihrer Beziehung einen ähnlichen angsterzeugenden Psychoterror wie früher im Verhältnis zum Vater: Was soll ich nur tun, um mich richtig, d. h. dem Wunsch des Partners gemäß, zu verhalten? Um gleichzeitig mit sicherem ›Instinkt‹ genau solche Überreaktionen, die sie bewußt zu vermeiden sucht, unbewußt zu provozieren.

Freud hat ja den Begriff des primären Krankheitsgewinns im Gegensatz zum sekundären Krankheitsgewinn nie ausgeführt. Eine einzige Stelle, interessanterweise als Fußnote von 1923 ausgerechnet an den Dora-Fall angehängt, nimmt explizit darauf Bezug (Freud 1905 e, 202). Im Text selbst ist dagegen einerseits von der »Rolle der Krankheitsmotive«, die Freud in der erwähnten Fußnote mit dem sekundären Krankheitsgewinn gleichsetzt, und andererseits den »Krankheitsmöglichkeiten« die Rede, die Freud als das »Material«, bezeichnet, »aus dem die Symptome gefertigt werden« (ebd.). Vielleicht läßt sich im Rückgriff auf die Figur des perversen Vaters und seine »Transsubstantialisierung« (Žižek) zum Inbegriff obszöner Lust weitere Aufklärung über dieses »Material« erhalten. Dafür ist es in einem letzten Schritt nötig, Lacans Begriff der *jouissance* genauer unter die Lupe zu nehmen.

Jouissance und père-version

Unter dem Einfluß des slowenischen Kulturanalytikers Slavoj Žižek, einem Star der Intellektuellenszene weltweit, der, ausgehend von einem Forschungsaufenthalt in Paris zu Beginn der 80er Jahre (inklusive Analyse bei Jacques-Alain Miller, dem Schwiegersohn Lacans), Lacan popularisiert hat wie kein zweiter, ist der Lacansche Begriff der *jouissance* zu so etwas wie dem Erkennungszeichen Lacanscher Theorie und Praxis geworden.[13] Von seinem ersten, zunächst auf Französisch erschienen Buch *Le plus sublime des hystériques*[14] – seiner mit einem Lacanzitat über Hegel garnierten Doktorarbeit (vgl. Lacan 1991, 38) – bis zu seiner jüngsten, auf Englisch erschienen Buchveröffentlichung *Violence* (2008) kreisen seine Analysen von (Pop-)Kultur, Politik und Philosophie um diesen Begriff.[15] Quasi parallel dazu gibt es seit den ersten Übersetzungen von Texten Lacanscher Provenienz ein Ringen um ein deutsches Äquivalent, das sich von »plaisir« = »Lust« unterscheidet: »Lusterleben« bzw. »Lustempfinden« findet sich in frühen Texten (vgl. dazu Hock 2000, Fn. 18), Genuß bzw. »Genießen« hat sich inzwischen etabliert, manchmal wird die *jouissance* auch französisch wiedergegeben (z. B. Berkel 2006). Die Schwierigkeiten in der Übersetzung sind natürlich zugleich ein Indikator für Verständnisprobleme. Was ist damit gemeint, und vor allem wie läßt sich der Begriff mit der Freudschen Psychoanalyse verbinden? Wieder führt der Weg in die Theorie der Perversion, dieses Mal in die Geschichte vom Rattenmann, genauer zu seiner »große[n] Zwangsbefürchtung« (Freud 1909d, 391), fürwahr ein gelungenes Beispiel für eine perverse Phantasie. Man muß die Stelle im Original lesen, denn als sich der Rattenmann bei der Schilderung einer besonders schrecklichen Strafe im Orient unterbricht (»bitte ersparen Sie mir die Details«), bietet ihm Freud an, »etwas von ihm Angedeutetes voll zu erraten«, um ihm beim Aussprechen des Ungeheuren zu helfen. So kommt folgender, eine gewisse Komik nicht entbehrender Dialog zustande:

---

13 Vgl. dazu z. B. die Eröffnungsnummer vom *Jahrbuch für klinische Psychoanalyse* (1998), die der Perversion gewidmet ist.

14 Auf Deutsch erschienen unter dem Titel *Der erhabenste aller Hysteriker* (Wien ²1992).

15 Für unser Thema ist das Kapitel »3.2. Die Phallophanie des analen Vaters« aus den *Grimassen des Realen* (1993, 160–186) am interessantesten.

142

Ob er etwa die Pfählung[16] meine? – Nein, das nicht, sondern der Verurteilte werde angebunden – (er drückte sich so undeutlich aus, daß ich nicht sogleich erraten konnte, in welcher Stellung) über sein Gesäß ein Topf gestülpt, in diesen dann **Ratten** eingelassen, die sich – er war wieder aufgestanden und gab alle Zeichen des Grausens und Widerstandes von sich – **einbohrten.** In den After, durfte ich ergänzen.

Freud kommentiert dann die nonverbalen Begleiterscheinungen dieser Erzählung:

Bei allen wichtigeren Momenten der Erzählung merkt man an ihm einen sehr sonderbar zusammengesetzten Gesichtsausdruck, den ich nur als **Grauen vor seiner ihm selbst unbekannten Lust** auflösen kann. (Freud 1909d 391 f., halbfett i. O.)

Im Zusammenhang mit dem Masochismus schreibt Laplanche zur Übersetzung des letzten Satzes:

Im *Rattenmann* haben die Übersetzer das allzu fade ›plaisir‹ nicht beibehalten können, um die Qualität und Intensität des sadomasochistischen Affektes wiederzugeben: **Das Grauen vor seiner ihm selbst unbekannten Lust** [i. O. Deutsch] (L'horreur d'une jouissance par lui-même ignorée). (Laplanche 1992, 38, Fn. 1, Übers. U. H.)

Vielleicht gibt es keine bessere Stelle bei Freud, um Lacans *jouissance* zu verstehen: eine perverse, »sadomasochistische« Form von Lustexzess, eine Horrorvorstellung (Grauen = l'horreur), vor der es dem Rattenmann graust und an die er trotzdem schicksalhaft gebunden ist: Er hört von dieser Strafpraxis und kann sie nicht mehr vergessen, sie ist das Leitsymptom, mit dem er in die Behandlung kommt (»heute will ich mit dem Erlebnisse beginnen, welches der direkte Anlaß für mich war, Sie aufzusuchen«; Freud 1909d, 390). Ich glaube nicht, daß es sich hier um ausgewählte Einzelfälle handelt. Freuds Werk ist gespickt mit Beispielen vergleichbarer Art, der Wolfsmann etwa verdankt wie der Rattenmann seinen Namen einer ähnlich grauenerregenden, diesmal phobischen Vorstellung, nämlich vom Wolf gefressen zu werden. In ihre Namensgebung ist ihnen die *jouissance* eingeschrieben. Schreber wiederum leidet unter dem Wahn, von Gott befruchtet zu werden, um eine bessere Menschheit aus seinem Schoß zu schaffen. Auch in meiner eigenen Praxis sind mir solche Beispiele angst- und zugleich abscheuerregender Symptome begegnet:

16 Eine Hinrichtungsmethode im Altertum. Der Pfahl wurde dabei auch durch den Anus oder die Vagina gebohrt, das Opfer kam langsam und extrem qualvoll zu Tode.

143

Ein junger, wohlerzogener Patient aus gutem Hause, der unter einer schweren Zwangsneurose litt, hatte z. B. grauenvolle sadistische Phantasien, die ihn vorübergehend so stark paralysierten, daß er kaum noch seine Wohnung verlassen konnte. Wiederkehrend stellte er sich vor, der Freundin mit einem Stein den Kopf zu zertrümmern, wobei er das Zerbersten und Krachen des Schädelknochens sinnlich wahrnehmen konnte. Dann wieder war er völlig gefangengenommen von der Angst, er könne pädophile Tendenzen haben, weil er immer wieder den deutlichen Impuls spürte, ein junges präpubertäres Mädchen »von hinten zu nehmen«. Selbst für den Amokläufer von Erfurt, Robert Steinhäuser, der im Jahre 2002 sechzehn Menschen und anschließend sich selbst getötet hatte, empfand er ein gewisses Mitgefühl, man könne solche Täter nicht pauschal verurteilen, wisse ja nicht, was in ihnen vorgegangen sei. All die exzessiven Gewaltphantasien, die im Laufe eines mehrere Jahre andauernden analytischen Prozesses auftraten und auch die Übertragung vorübergehend in Beschlag nahmen (»ja, heute habe ich mir vorgestellt, wie das wäre, wenn ich Sie vor die U-Bahn schubsen würde«), wären kaum auszuhalten gewesen, wenn mir nicht zugleich als Kontrast dazu die Wohlanständigkeit des Patienten klar signalisiert hätte, daß eine *passage à l'acte* nicht denkbar war. Der Patient war allerdings weitaus weniger davon überzeugt als ich, daß es nicht zu einer Umsetzung seiner Phantasien kommen würde. Anders als der Rattenmann erlebte er diese Gewaltvorstellungen so ich-dyston, daß ihn besagtes »Grauen vor einer ihm unbekannten Lust« vorübergehend völlig handlungsunfähig und schwer depressiv machte.

Man kann darüber diskutieren, ob es metapsychologisch gerechtfertigt erscheint, dieser symptomalen Form von Befriedigung einen anderen Namen zu geben als Lust im Sinne von *plaisir,* die ihr eigenes Prinzip (Lustprinzip) und damit auch ihre eigene Arbeitsweise hat (Sublimierung, Verdrängung usw.; vgl. Hock 2000, 201–221). Lacan hat mit *jouissance* auf jeden Fall eine Überbietungsfigur einführen wollen, die zu einem ›Jenseits des Lustprinzips‹ führt, in dem die Lust an eine traumatische Grenze stößt, wie das insbesondere auch in der masochistischen Befriedigung der Fall ist. Der Terminus ruft insofern immer die Begegnung mit dem Anderen und dessen eigener, potentiell traumatisierender Lust auf den Plan, wie das in Freuds früher Verführungstheorie der Fall war, als die Perversion nach einem Wortspiel Lacans aus dem *Séminaire XXIII* zuvorderst eine *père-version* darstellte.

Ausblick auf behandlungstechnische Implikationen

Ausgehend von klinischen Beispielen sowohl aus der Freudschen Verführungstheorie wie auch der eigenen Praxis erscheint der Vater zunächst als die Person *par excellence*, die in die Beziehung zur Tochter eine kaum erträgliche perverse Dimension einführt. Entscheidend an dieser Geburtsstunde der Perversion aus dem Geiste der Verführung sind verschiedene Punkte. Freuds offizielle Position und die der meisten seiner Nachfolger, wonach diese Frühzeit der Psychoanalyse und damit auch der Perversion durch die Entdeckung der infantilen Sexualität in den *Drei Abhandlungen* und des Ödipuskomplexes hinfällig wäre, ist nur schwer haltbar. Weder lassen sich die Verführungserlebnisse auf die eigene infantile Onanietätigkeit verdeckende »erfundene Traumen« noch auf »phantastische Verkleidungen« ödipaler Wünsche zurückführen. Beide Argumente Freuds sind metapsychologisch wie auch klinisch (vgl. meine eigenen Beispiele) wenig überzeugend. Des weiteren besagt Freuds als drittes genanntes Argument gegen die eigene Verführungstheorie aus dem berühmten Brief vom 21. 9. 1897, »daß es im Unbewußten ein Realitätszeichen nicht gibt, so daß man die Wahrheit und die mit Affekt besetzte Fiktion nicht unterscheiden kann« (Freud 1985 c, 284), gerade nicht, daß perverse Väter Einbildungen oder Fiktionen hysterischer oder auch neurotischer Töchter sind, sondern daß wir nicht wissen können, was wahr und was »mit Affekt besetzte Fiktion« ist. Ergo ist zwar nicht jeder Vater, der von seiner Tochter in der Analyse als pervers bezichtigt wird, es auch gewesen, sondern es ist einfach unklar, welcher zu Recht und welcher zu Unrecht beschuldigt wird. Schließlich, und das ist der Kern von Laplanches Verallgemeinerung der Freudschen eingeschränkten Verführungstheorie, gibt es sozusagen eine strukturelle Traumatisierung des Kindes durch die Sexualität des Erwachsenen (Vater, Mutter, Amme, Onkel usw.), weil dem Kind der Übersetzungscode fehlt, um daraus ein Narrativ zu bilden. Insofern erscheint die Perversion als ein notwendiges Aggrediens der Sexualität des erwachsenen Anderen, als das, was in dieser Sexualität verdrängt wiederkehrt. Von da aus läßt sich die Figur des perversen Vaters in die Freudsche Formel »Die Neurose ist das Negativ der Perversion« eintragen als obszönes, klebriges Bindemittel bzw. als »Material, aus dem die Symptome gefertigt werden«, wie es an einer Stelle in der Fallgeschichte von Dora heißt (Freud 1905 e, 202). Diese Reinterpretation schließt an Freuds Erkenntnis an, wonach die Symptome »den konvertierten Ausdruck von Trieben darstellen, welche man als *perverse* (im weitesten Sinne) bezeichnen würde« (Freud 1905d, 65), aus denen folglich hohe sexuelle Befriedigung folgt. Wesentlich erscheint, daß mit dieser konvertierten sexuellen Befriedigung, die folglich kaum als solche wahrgenommen werden kann, das Geheimnis der Symptomfixierung verbunden ist oder – mit einem bei Freud letztlich nicht entwickelten Ausdruck – der sogenannte *primäre Krankheitsgewinn*. Mit der Verbindung zwischen perversem Vater und der Verbindungsformel für Neurose und Perversion soll zudem die Bedeutung des Anderen für die Neurosen- und Symptombildung betont werden. Meines Erachtens ist der im Symptom gebundene perverse Lustexzeß, Lacans *jouissance,* der in manifesten Perversionen wie Masochismus und Sadismus positiv zum Ausdruck und Ausbruch kommt, nicht vorstellbar ohne Begegnung mit dem sexuellen Anderen und dessen Einbruch in den sich gerade konstituierenden psychischen Apparat des Kindes. Nichts anderes meint Freuds frühe »Fremdkörpertheorie« aus den *Studien über Hysterie.* Dagegen halte ich Abstand von Freuds Verständnis der Neurose-Perversions-Formel, wie er sie in den *Drei Abhandlungen* entwickelt. Dort erscheint die Perversion als Fixierung oder auch Regression auf polymorph-perverse frühinfantile Erscheinungsformen, die wiederum endogen oder auch konstitutionell aufgefaßt werden.

Abschließend möchte ich mir eine letzte Bemerkung zu den behandlungstechnischen Folgen dieser Konzeption der Perversion ausgehend von der Figur des perversen Vaters erlauben. Zum einen steht außer Frage, daß es immer wieder zu mißbräuchlichen Verhältnissen in Analysen kommt, dabei kümmern sich die Ethikkommissionen sozusagen um die namenlosen Fälle, während die Transgressionen ihrer prominenten Vertreter durchaus an exponierter Stelle verhandelt und beschrieben werden (vgl. z. B. Krutzenbichler/Essers 2002)[17]. Neben diesen manifest perversen Entgleisungen des analytischen Settings gibt es jedoch meines Erachtens eine perverse, in der Regel symptomgebundene Ebene innerhalb jeder psychoanalytischen Behandlung, die aufgrund der hohen Schamschwelle gegenüber solchen Impulsen nur schwer verbalisierbar ist. Gibt es diese Schamschwelle nur für die Patienten? Ich glaube, wir tun gut daran, die perverse Seite der Symptommedaille nicht nur den Patienten zu überlassen. Freud ist an einigen

---

17 Dabei gehört es noch zu den verzeihlicheren Übertretungen psychoanalytischer Regeln, daß eine ganze Anzahl von Psychoanalytikern der ersten Generation, darunter bekanntlich auch Freud, nicht umhin konnte, ihre eigenen Kinder zu analysieren!

Stellen seines Werkes explizit, teilweise abwehrend, teilweise aber durchaus auch affirmativ, auf dieses Problem zu sprechen gekommen. Im Falle Doras verwahrt er sich etwa gegen die Skandalisierung der Therapie in der Öffentlichkeit, wenn dort mit einem jungen Mädchen solche kitzligen Sachen (Freud spricht vom »Kitzel«) wie eine Befriedigung *per os* verhandelt werden (vgl. Freud 1905 e, 208), während er im *Nachwort zur ›Frage der Laienanalyse‹* auf recht humoristische Weise darüber nachdenkt, welche libidinöse Unterstufe à la Abraham und welcher Partialtrieb dem Beruf des Psychoanalytikers angemessen sein könnten. Einen allzu großen Drang zu helfen, bestimmt er dort z. B. als »Abkömmling« einer ausgeprägten sadistischen Veranlagung (Freud 1927 a, 290), der der Sache nicht dienlich ist. Welche Melange aus Voyeurismus, Sadismus, Masochismus und anderen ›perversen‹ Spielarten in den Beruf des Psychoanalytikers Eingang finden, ist letztlich sicherlich eine je individuelle Angelegenheit. Es steht jedoch außer Frage, daß ohne Bewußtsein davon, daß dem therapeutischen Interesse des Behandlers immer auch ein sublim-perverser Zug beigemischt ist, eine Bearbeitung der negativ oder positiv perversen Symptomatik von Patienten nur schwerlich gelingen kann. Eine Erfahrung als Behandler, wie sie Freud insbesondere im zweiten Teil des Briefes vom 22. 12. 1897 an Fließ (siehe oben, S. 131) niedergeschrieben hat und uns oft genug zumindest in abgeschwächter Form in der Praxis begegnet, kann ohne diese Voraussetzung kaum gewinnbringend aufgenommen und verarbeitet werden.

Zusammenfassung

Die Arbeit startet mit der Entdeckung, daß gerade die Passagen der Freudschen Fließbriefe, in denen Freud ausführlich die Erfahrung seiner hysterischen Patienten mit ihren perversen Vätern wiedergibt, in der Erstausgabe von 1950 aufgrund ihres abstoßenden und schwer erträglichen Charakters ausgelassen werden. Der perverse Vater wird in der Folge als Ausschuß- und Ausschlußfigur der Geschichte der Psychoanalyse bestimmt. Von da aus werden zunächst anhand eigener klinischer Beispiele Freuds Argumente für die Aufgabe der sogenannten »Vaterätiologie« innerhalb der Verführungstheorie und damit auch für die Aufgabe einer exogenen Theorie der Perversion kritisch hinterfragt. In einem zweiten Schritt wird die Freudsche Formel »Die Neurose ist das Negativ der Perversion« mit der Figur des perversen Vaters in Verbindung gesetzt: Im Symptom persistiert ein perverser Lustexzeß, Lacans *jouissance,* die aus der Begegnung mit dem sexuellen Anderen und dessen Einbruch in den sich gerade konstituierenden psychischen Apparat des Kindes hervorgeht. Dieser perverse Lustexzeß hat eine Symptomfixierung zur Folge, die den rätselhaften *primären Krankheitsgewinn* ausmacht. Abschließend werden behandlungstechnische Implikationen dieser Auffassung von der Perversion diskutiert.

Summary

The Perverse Father

The paper begins with the discovery that certain passages in Freud's letters to Wilhelm Fließ – those in which Freud describes in detail the experiences of his hysterical patients with their perverse fathers – are omitted from the first edition of 1950 on account of their repulsive and unbearable nature. Subsequently the perverse father is designated as a figure rejected and excluded in the history of psychoanalysis. Using personal clinical examples there is first a critical examination of Freud's arguments for the abandonment of the so-called »Paternal Aetiology« within the Seduction Theory and thus also for the abandonment of an exogenous theory of perversion. In a second step, a connection is established between the Freudian set phrase »neurosis is the negative of perversion« and the figure of the perverse father: in the symptom there persists a perverse excess of pleasure, Lacan's *jouissance,* which comes out of the encounter with the sexual other and the latter's penetration into the child's psychic apparatus during its very constitution. This perverse excess of pleasure results in a symptom fixation which makes up the mysterious *primary gain from illness.* In conclusion, therapy-related implications of this conception of perversion are discussed.

Literatur

Abraham, K. (1982 [1907]): Das Erleiden sexueller Traumen als Form infantiler Sexualbetätigung. In: Abraham, K.: *Psychoanalytische Studien II,* hg. und eingel. von Johannes Cremerius. Frankfurt am Main: Fischer, 165 – 181.

Bergmann, M. (1992): *In the Shadow of Moloch. The Sacrifice of Children and Its Impact on Western Religions.* New York/Oxford: Columbia University Press.

Berkel, I. (2006): *Mißbrauch als Phantasma.* München: Fink.

Berner, W. (2005): Von der Perversion zur Paraphilie. In: *Freud und das Sexuelle. Neue psychoanalytische und sexualwissenschaftliche Perspektiven.* Hg. von I. Quindeau/V. Sigusch. Frankfurt am Main: Campus, 153 – 177.

Fenichel, O. (1945): *The Psychoanalytical Theory of Neurosis.* New York: W. W. Norton & Company NC.

Ferenczi, S. (1984 [1932]): Sprachverwirrung zwischen den Erwachsenen und dem Kind. In: Ferenczi, S.: *Bausteine zur Psychoanalyse,* Bd. 3. Frankfurt am Main: Fischer, 511 – 525.

Freud S. (1893 a) (zusammen mit: Breuer, Josef): Über den psychischen Mechanismus hysterischer Phänomene. Vorläufige Mitteilung. In: *GW* I, 81 – 98.

— (1896 c): Zur Ätiologie der Hysterie. In: *GW* I, 425 – 459.

— (1905 d): *Drei Abhandlungen zur Sexualtheorie.* In: *GW* V, 27 – 145.

— (1905 e): Bruchstück einer Hysterie-Analyse. In: *GW* V, 161 – 286.

— (1909 d): Bemerkungen über einen Fall von Zwangsneurose. In: *GW* VII, 379 – 463.

— (1910 c): *Eine Kindheitserinnerung des Leonardo da Vinci.* In: *GW* VIII, 127 – 211.

— (1912 – 13): *Totem und Tabu.* In: *GW* IX.

— (1914 d): Zur Geschichte der psychoanalytischen Bewegung. In: *GW* X, 43 – 113.

— (1919 e): »Ein Kind wird geschlagen.« Beitrag zur Kenntnis der Entstehung sexueller Perversionen. In: *GW* XII, 197 – 226.

— (1920 a): Über die Psychogenese eines Falles von weiblicher Homosexualität. In: *GW* XII, 271 – 302.

— (1920 g): Jenseits des Lustprinzips. In: *GW* XIII, 1 – 69.

— (1924 c): Das ökonomische Problem des Masochismus. In: *GW* XIII, 371 – 383.

— (1925 d): Selbstdarstellung. In: *GW* XIV, 31 – 96.

— (1927 a): Nachwort zur Frage der Laienanalyse. In: *GW* XIV, 287 – 296.

— (1927 e): Fetischismus. In: *GW* XIV, 311 – 317.

— (1940 e): Die Ichspaltung im Abwehrvorgang. In: *GW* XVII, 57 – 62.

— (1985): *Briefe an Wilhelm Fließ 1887 – 1904.* Hg. von J. M. Masson. Bearb. der deutschen Fassung von M. Schröter. Transkription von G. Fichtner. Frankfurt am Main: Suhrkamp.

Hock, U. (2000): *Das Unbewußte Denken. Wiederholungszwang und Todestrieb.* Frankfurt am Main: Fischer.

Jahrbuch für klinische Psychoanalyse 1. Perversion (1998). Hg. von A. Michels/ P. Müller/A. Perner/C.-D. Rath. Tübingen: edition diskord.

Jahrbuch der Psychoanalyse. Beiträge zur Theorie, Praxis und Geschichte 52, 2006. Hg. von C. Frank/L. Hermanns/H. Hinz. Stuttgart-Bad Cannstatt: frommann-holzboog.

Kris, E. (1986 [1985]): Einleitung zur Erstausgabe 1950. In: *Briefe an Wilhelm Fließ 1887 – 1904.* Hg. von J. M. Masson. Bearb. der deutschen Fassung von M. Schröter. Transkription von G. Fichtner. Frankfurt am Main: Suhrkamp, 519 – 561.

Krutzenbichler, H. S./Essers, H. (2002): *Muß denn Liebe Sünde sein? Zur Psycho-analyse der Übertragungs- und Gegenübertragungsliebe.* Gießen: Psychosozial-Verlag.

Lacan, J. (1991): *Le Séminaire XVII. L'envers de la psychanalyse.* Paris: Seuil.

— (2005): *Le Séminaire XXIII. Le sinthome.* Paris: Seuil.

Laplanche, J. (1985 [1970]): *Leben und Tod in der Psychoanalyse.* Frankfurt am Main: nexus.

— (²1983 [1980]): *Problématiques III. La sublimation.* Paris: PUF.

— (1992): *La révolution copernicienne inachevée. Travaux 1967–1992.* Paris: Aubier.

— (2004): Das Sexualverbrechen. In: *Werkblatt. Psychoanalyse und Gesellschafts-kritik.* 52, 21. Jg., 35 – 53.

— (2006): Die *Drei Abhandlungen* und die Verführungstheorie. In: *Psyche – Z Psychoanal* 60, 1005 – 1017.

— /Pontalis B. (⁵1982 [1972]): *Vokabular der Psychoanalyse.* Frankfurt am Main: Suhrkamp.

Miller, A. (1983): *Das Drama des begabten Kindes.* Frankfurt am Main: Suhrkamp.

Quindeau, I. (2004): *Spur und Umschrift. Die konstitutive Bedeutung von Erinnerung in der Psychoanalyse.* München: Fink.

Reiche, R. (2005): Das Rätsel der Sexualisierung. In: *Freud und das Sexuelle. Neue psychoanalytische und sexualwissenschaftliche Perspektiven.* Hg. von I. Quin-deau/V. Sigusch. Frankfurt am Main: Campus, 135 – 152.

Sigusch, V. (2005a): Freud und die Sexualwissenschaft seiner Zeit. In: *Freud und das Sexuelle. Neue psychoanalytische und sexualwissenschaftliche Perspektiven.* Hg. von I. Quindeau/V. Sigusch. Frankfurt am Main: Campus, 15 – 35.

— (2005b): *Neosexualitäten. Über den kulturellen Wandel in Liebe und Perversion.* Frankfurt am Main: Campus.

Žižek, S. (²1992 [1988]): *Der erhabenste aller Hysteriker.* Wien: Passagen.

— (1993): *Die Grimassen des Realen. Jacques Lacan oder die Monstrosität des Aktes.* Köln: Kiepenheuer & Witsch.

— (1996): *Die Metastasen des Genießens.* Wien: Passagen.

— (2008): *Violence.* London: Profile Books LTD.

Dr. Udo Hock, Eichenallee 35, 14050 Berlin, udo.hock@web.de

Ein Hybrid-Nazi in Analyse

*Reimut Reiche**

In seiner 74. Stunde schlief Herr Müller zum ersten Mal ein. Nach einigen
Minuten wachte er mit dem folgenden Traum wieder auf:

> Ein Zimmer. In der Mitte ein offener Kamin. Bei näherem Hinsehen: ein Glaskasten.
> Unter dem Glas: ein Ameisenhaufen. Der entpuppt sich dann bei näherem Hinsehen
> als Kaffeepulverhaufen. Ich stochere in dem Kaffeepulver herum. Die Ameisen brin-
> gen ihre Puppen ... äh ... ich wollte erst sagen: Leichen – in Sicherheit ... tiefer in den
> Haufen hinein.

Er war zu meiner Überraschung über das Einschlafen irgendwie erfreut und
keineswegs so betreten, wie es seiner Art doch viel eher entsprochen hätte. Vielleicht, weil er sofort, im Aufwachen, noch ehe er seine gewohnte beflissene Ent-
schuldigungshaltung einnehmen konnte, eine echte Verbindung zwischen dem
Traum und sich selbst in der analytischen Situation sah:»Indem ich einschlafe
gehe ich ein Stockwerk tiefer und bringe mich in Sicherheit.« Ich war nicht so
sehr von diesem Selbstkommentar beeindruckt als vielmehr von der gesamten
Szene: was dem Einschlafen vorangegangen war, dem Einschlafen selbst, dem
direkten Übergang des Erwachens in die Erzählung. So etwas hatte ich noch nicht
erlebt.

* Psychoanalytiker in eigener Praxis und Lehranalytiker der Deutschen Psychoanalytischen Vereinigung (DPV); Habilitation am Fachbereich Medizin der J. W. Goethe
Universität mit dem Thema »Geschlechterspannung«. Letzte Buch-Veröffentlichun-
gen: *Mutterseelenallein – Kunst, Form und Psychoanalyse,* Frankfurt am Main:
Stroemfeld, 2001. *Triebschicksal der Gesellschaft,* Frankfurt am Main: Campus, 2004.

Zu diesem Zeitpunkt, die Analyse ging jetzt schon ein halbes Jahr, wußte ich noch kaum, was Herr Müller »sexuell eigentlich macht« oder besser, was er machen würde, wenn er das machen würde, wozu er jetzt »seit längerer Zeit«, in Wahrheit seit dem Beginn der Analyse »nicht mehr kommt« und was er vor einigen Wochen so bezeichnet hatte: »in Uniform auf einen Parkplatz fahren«. Mit Parkplatz war ein bestimmter Autobahnparkplatz gemeint, der Homosexuellen als sexueller Treffpunkt – zum so genannten Cruising – dient. Viel mehr wußte ich nicht. Andererseits, was heißt: schon ein halbes Jahr? Ich habe Analysen mit Frauen und Männern gemacht, auch mit homosexuellen Männern, da wußte ich auch am Ende der Behandlung noch viel weniger als jetzt von Herrn Müller, was sie »sexuell eigentlich machen« – wenn man das »sexuell« auf bestimmte Vorlieben, Praktiken, Gewohnheiten und dergleichen bezieht. Und doch: Herr Müller hatte sich selbst mit einer sexuellen Visitenkarte eingeführt; in der allerersten Begegnung waren zwar noch nicht die Worte Uniform oder Fetischismus gefallen, aber im negativen Modus hatte er doch von dem gesprochen, was ihn umtreibt: er vermisse es nicht, so sagte er damals, daß er bei seinem Partner, mit dem er zusammenlebe, seine »SM-Vorlieben nicht unterbringen« könne, denn »das« könne er gut auf Klappen und Parkplätzen ausleben. Das Wort Uniformfetisch war dann irgendwann in der zweiten oder dritten Woche der Analyse gefallen.

Dem Traum mit dem Ameisenhaufen und den Puppen war eine andere Traumerzählung in derselben Stunde vorausgegangen, zu dem ich auch eine Deutung gegeben hatte:

Es war eine Situation wie in der Firma. Eine Teamleiterbesprechung. Da waren Sie, quasi als Bereichsleiter. Ich fragte erst mich und dann Sie, wer die Sachlage vorstellen soll. Wir haben es hin und her geschoben. Schließlich sagten Sie zu mir: ich solle vorstellen. Das gab eine Verstimmung. Irgendwie war mal wieder mein Harmoniewunsch gestört.

Als Antwort auf meine Deutung: »Wer soll das Thema Uniformfetisch vortragen? Sie oder ich? Wer kennt die Sachlage besser?« stöhnte Herr Müller tief auf, das klang nach Zustimmung, dann schlief er ein und hatte den Traum mit dem Ameisenhaufen.

Mit der eher konventionellen Floskel »äh … Leichen« hatte er ebenfalls Zustimmung signalisiert. Als hätte er gesagt: »Ja, ich habe etwas zu verbergen«.

Mich aber beschäftigte in diesem Moment nicht so sehr das, was er wohl meinte verbergen zu müssen, sondern die Frage, warum gleich zweimal die Wendung *Puppen, entpuppen* aufgetaucht war. Hätte der Patient nicht auch *Eier* sagen können? Die sieht man doch viel eher, sogar regelmäßig, wenn man, etwa als Kind, in einem Ameisenhaufen stochert. Ich konnte gar nicht anders als an das von mir formulierte *dritte Kriterium der Perversion* zu denken: *Perversionen sind strukturell aufgebaut wie russische Puppen-in-der-Puppe* (Reiche 1996, 244). In jeder Puppe verbirgt sich eine weitere Puppe. Zwar konnte ich sicher sein, jedenfalls zu diesem frühen Zeitpunkt der Analyse, daß der Patient nichts von mir gelesen hatte. Aber ich hatte mehrfach bei Patienten, die mit Sicherheit Fritz Morgenthalers Theorie der perversen Plombe nicht kannten, das wieder-kehrende magisch anmutende Erlebnis: In einer bestimmten, für ihre Perversion kritischen Situation träumten oder sprachen sie von zerbrochenen oder ange-schlagenen oder herausgefallenen Plomben. Und so nahm ich die Puppen-Meta-phorik jedenfalls als Beleg für den tiefen Wunsch nach Übereinstimmung, in den Worten des Patienten – den Wunsch nach ungestörter Harmonie: Er und ich sind im Unbewußten über das Wort *Puppen* tief verbunden. Wir wissen beide, was damit gemeint ist; und zugleich muß er das, was damit gemeint ist, vor mir in Sicherheit bringen.

Mit Vorgesetzten und Mitarbeitern in Harmonie leben zu wollen; unter jeder auch nur gemutmaßten Mißstimmung eines Vorgesetzten schwer zu leiden; sich in der Folge dann für diesen »blöden Wunsch nach Harmonie« zu verachten; tagelang nicht mehr von einer zwanghaften Selbstbefragung loszukommen: »Warum guckt er mich so an?« »Warum ist er heute anders?« – dieser Komplex gehörte zum Zentrum der Beschwerden, die Herrn Müller in die Analyse geführt hatten. Die andere Seite dieses Komplexes war eine idiosynkratische Reaktion auf Nähe »im falschen Moment« und auf Nähe, die vom »falschen Objekt« aus-geht. Er konnte in schwere Dysphorie verfallen, wenn sein Lebenspartner an einem bestimmten Morgen zur selben Zeit wie er frühstücken wollte, »wo er doch genau weiß, daß ich meine Ruhe ...« und so weiter. Und diese Verstimmung konnte in jähen Haß münden, der ihm dann wieder peinliche Schuldgefühle bereitete. Die Spannung von Nähewunsch an das und Belästigtsein durch das Objekt geriet unaufhaltsam in den Sog der Behandlung.

Etwa vier Wochen nach dem Traum mit dem Ameisenhaufen, in der 89. Stunde, berichtete Herr Müller – wieder einmal – wie ihm »ein Mitarbeiter«, in

Wirklichkeit: ein Untergebener, dem er in der Woche zuvor intensiv bei der Lösung eines Problems beigestanden hatte, mit seinem Anliegen zu nahe gekommen war, regelrecht körperlich nahe. »Ich konnte nur noch denken: Nichts wie weg hier. Was geht mich dieser Idiot an. Auf der Fahrt hierher habe ich dann natürlich wieder Schuldgefühle bekommen.« Ich deutete den zyklischen Ablauf des Geschehens: In einem ersten Schritt ist er auf eine kreative, von Wissenwollen getragene Art und Weise dem anderen nahe; in einem zweiten Schritt kommt ihm dieser andere plötzlich zu nahe; in einem dritten Schritt will er diesen anderen nur noch eliminieren – und bekommt dann in einem vierten Schritt riesige Schuldgefühle. Offenbar hatte ich ihn mit der Oberflächen-Rekonstruktion dieses Ablaufs berührt – und damit den paradoxen Zyklus von Nähewunsch und Belästigtsein durch das Objekt verstärkt. Er antwortete nach einer längeren Pause: »Ich hatte einen Einfall. Ich komme nah an Ihren Nacken heran. Ich will wissen, wie Sie riechen. Dann bekomme ich Angst, ich könnte feststellen, Sie riechen muffig. ... Peinlich das Ganze. ... Noch peinlicher, wie es danach weitergeht: Mein Vater sitzt morgens in seinem alten Bademantel herum, schwarzbraun gestreift, der wurde nie gewaschen, riecht muffig. Das ist jetzt richtig peinlich.«

Wir waren jetzt also im Besitz der Farbe des bislang ungedeuteten Kaffeepulvers zum Traum mit dem Ameisenhaufen und den Puppen; die anale Konnotation lag, mehrfach übereinander geschichtet, geradezu aufdringlich auf der Hand – riechen, stochern, schwarzbraun, muffig, offener Kamin, Haufen, ein Stock tiefer. Was sollte er denn noch alles bringen, damit ich endlich auf den Analverkehr zu sprechen käme? Und er dann im Gegenzug die Puppen in Sicherheit brächte – deren Namen ich noch gar nicht kannte? Ich zog es also weiterhin vor, den Ablauf von Annäherung und Idiosynkrasie zu rekonstruieren: den ersten Schritt – mir nahe zu kommen, an mir zu riechen; den zweiten Schritt – das plötzliche Gewahrwerden, daß er das gar nicht sehen oder spüren wollte, was er da zu sehen und zu spüren bekommt; den dritten Schritt – seine Angst, daß ich ihn dann gekränkt zurechtweise »und die schöne harmonische Stimmung ist kaputt«. Unmittelbar nach dieser Rekonstruktion schlief Herr Müller wieder ein, für einen kurzen Moment – gleichsam die »harmonische Stimmung« in die Tat umsetzend, wachte auf und sagte. »Mhm! ... das war wie ein Traum: die Stimme meiner Sekretärin ... von weitem: Jürgen, paß auf!« Nachdem er das gesagt hatte, schlief er richtig ein. Nach etwa drei Minuten wachte er wieder auf und schaute auf die Uhr. Jetzt sagte ich: »Jürgen, paß auf, bring die Puppen in Sicherheit!« Er lachte leicht auf, in einer Mischung aus Verlegenheit und Erleichterung – und schlief zum dritten Mal in dieser Stunde ein.

Die nächsten zwei Jahre war Herr Müller damit beschäftigt, die Puppen vor mir in Sicherheit zu bringen. Das war ein komplexes Unternehmen. In dieser Zeit kam zwar hin und wieder dies und das aus seinem Sexualleben zur Sprache. In den Vordergrund jedoch drängten sich die anonymen Mitmenschen, die zufällig seinen Weg kreuzten und ihm dabei zu nahe kamen: Tankwarte, Bäckereiverkäuferinnen, Autofahrer auf der Autobahn, Fußgänger auf dem Bürgersteig. Sie glotzten ihn blöd an, kamen ihm dumm, drängten sich auf, blickten verstohlen … und irgendwie drangen sie alle in ihn ein, ohne daß er es wollte und sich wehren konnte. Das Leiden unter diesem generalisierten anderen konnte, wie bereits angedeutet, in plötzliche Attacken von Haß gegen diesen anderen umschlagen. Er kam dann zitternd vor Erregung und Empörung in die Stunde. Die Distanzregelung am Arbeitsplatz hatte er zwar noch gut im Griff, dank mühevoll aufgebauter Kontrollrituale – ungefähr so, wie mittlerweile die Distanzregelung in der Analyse. Es durfte nur nichts Unvorhergesehenes dazwischenkommen. Herr Müller wollte vor allem in Harmonie mit mir leben.

Manchmal wunderte ich mich, wie selbstverständlich er die Vier-Stunden-Regelung einhielt. Daß er damit Angst vor dem Alleinsein oder Verlassenheitsgefühle abwehrte, dafür gab es keinerlei Hinweise. Ich glaube am ehesten: er wollte mir einen Wunsch erfüllen, und damit erfüllte er gleichzeitig sich einen Wunsch – nach Übereinstimmung mit dem geliebten Objekt, ohne alle Worte, ohne allzu dichten Kontakt, vor allem aber – ohne allzu viel körperliche Berührung. Das Gleichmaß der Analyse kam ihm in vielerlei Hinsicht entgegen. Finanziell konnte er sich die Analyse nach dem Auslaufen der Kassenleistung ohne größere Schwierigkeiten leisten; sozial lebte er sowieso eher zurückgezogen; sein Arbeitsplatz war ziemlich sicher; er mußte durch die Analyse äußerlich auf nichts verzichten. Die Anpassung an den Rahmen enthielt zugleich den Widerstand gegen ihn.

Sein Partner und er lebten seit Jahren in konventionalisierter Resignation zusammen. Wenn sie sich mochten, sagten sie zueinander Dickerchen und Dummerchen und kuschelten sogar miteinander. Und wenn sie sich nicht mochten, gingen sie sich aus dem Weg. Sexuell ging sowieso jeder seiner Wege. In den Anfangszeiten ihrer Beziehung hatte Herr Müller versucht, seinen Partner zum Tragen einer militärischen Tarnhose zu bewegen, gleichsam als eheliche Minimalplattform für gemeinsamen »Fetischsex«. Erfolglos; sein Partner suchte seine Befriedigung zwar in den Darkrooms von SM-inserierten Lokalen, konnte mit irgendwelchen sadomasochistisch konnotierten Accessoires jedoch überhaupt nichts anfangen. Nähewunsch an und Idiosynkrasie gegen das begehrte Objekt lagen auch beim Partner von Herrn Müller offenbar ganz nahe beieinander. Wie soll man es sich anders erklären, daß ein Mann, der bevorzugt Lokale aufsucht, in denen Männer bevorzugt in Tarn- oder schwarzen Lederhosen verkehren, auf den entsprechenden Wunsch des eigenen Partners so vollkommen idiosynkratisch reagiert? In der Schwulenszene, soweit sie sich in Kneipen oder Bars abspielte, hatte Herr Müller nichts verloren. Sein Feld war der Autobahn-Parkplatz.

Allmählich wußte ich: er hatte im Kofferraum seines Wagens einen Koffer mit den Utensilien, die er für seinen Auftritt auf dem Parkplatz benötigte und in die er auf dem Weg dorthin »einstieg«. Der Doppelsinn des Wortes einsteigen sollte sich bald enthüllen. Zu diesen Utensilien gehörten außer den erwähnten Tarnhosen eine »Bomberjacke«, Springerstiefel, nach Bedarf eine Gesichtsmaske (»Motorradmaske«) und »die Waffe« – eine in Waffengeschäften erhältliche, hochwertige, aber nicht schußfähige Replik einer schweren amerikanischen Militärpistole. Wie rituell – oder soll man besser sagen: uniform? – sodann die Kontaktaufnahme mit dem erwünschten anonymen Partner gestaltet werden mußte, damit es zum Sex kommen konnte, wußte ich nach zwei Jahren Analyse noch nicht so genau. Der Analverkehr spielte dabei jedenfalls keine Rolle, ja, er war gar nicht erwünscht. Erwünscht war vielmehr, daß der andere vor Herrn Müller in die Knie ging, und ihn sexuell mit dem Mund befriedigte (»einen blasen«).

In den Stunden und Monaten um die kleine Fehlleistung herum, von der nun etwas ausführlicher berichtet werden soll, ging es immer wieder um die gewaltigen Anstrengungen, die es kostet, mit der supponierten Meinung des Objekts in Einklang zu kommen – und zu bleiben. Besonders anstrengend ist dabei, sich weder die Anstrengung, noch den Wunsch nach Übereinstimmung anmerken zu lassen, sondern unbeteiligt, und, vor allem, in der Unbeteiligtheit entspannt auszusehen. Das waren seine Worte, erst viel später gebrauchte er dafür das Wort »cool«, das zu dieser Zeit noch gar nicht zu seinem Wortschatz gehörte oder das ihm, jedenfalls im Kontakt mit mir, keinesfalls über die Lippen gekommen wäre. Eines Tages (267. Stunde), als wir wieder einmal mit diesem Komplex befaßt waren, erzählte er, was ihm auf dem Weg in die Analysestunde in den Sinn gekommen war – und geriet dabei unversehens in den Bereich der freien Assoziation:

> Ich komme doch auf dem Weg von der Firma hierher immer an den Villen in der Mörfelder Landstraße vorbei. ... Es ist ja nicht so, daß ich finanziell in unsicheren Verhältnissen wäre ... Da ist das Haus von meinem Vater, und das von meiner Mutter ist mir ja schon überschrieben ... es ist eine andere Sicherheit, die mangelt ... ein Schutz, ich fahre an einer Villa vorüber, ein großes Eisentor, man kann gar nicht hineinsehen. ... Ich möchte überhaupt nicht mehr so angreifbar sein, ich möchte aus meiner Villa heraustreten, davor steht schon die Maybach-Limousine und dann steige ich in den Chauffeur ein.

Ihm fiel sogleich die Fehlleistung auf, und er kommentierte sie mit den Worten:

> Das ist ja ein Ding! Von einem Chauffeur in Uniform habe ich doch auch geträumt. Und jetzt das. Das sind doch Sie. Ich wollte natürlich sagen: ich steige in die Limousine ein ... und so rausche ich durch das Tor, das sich automatisch öffnet. Völlig geschützt. Ohne direkten Kontakt zur Straße.

Ich mußte in diesem Moment an ein Bild des Malers Allen Jones denken, das ich einige Zeit zuvor für eine kunstanalytische Publikation verwendet hatte. Bei den Themen dieses Malers und der Art ihrer Behandlung springt einen unweigerlich die fetischistische Obsession ihres Autors an. Auf dem Bild, das mir jetzt in den Sinn kam, steigt ein stereotypisierter Normal-Mann, mit Anzug und Hut, in eine stereotypisierte fetischistische Frauen-Hülle ein, die wie ein Bilderbogen, sozusagen zum Ausschneiden mit Falzrand, gehalten ist. Eine ziemlich geniale Darstellung der transvestitischen Universal-Obsession, in der sowohl der Mann als auch die Frau uni-formiert sind. Mir war in diesem Moment irgendwie, aber eben auch nur irgendwie, klar, daß sich in der Puppe des Uniformfetischs ein nächster Fetisch verbergen müsse. Ich deutete: »Und diesen Schutz hätten Sie, wenn Sie ganz in mich einsteigen könnten. So sehr wollen Sie mit mir übereinstimmen. Und für diesen Schutz gegen alle Anstrengungen und Zumutungen der Nicht-Übereinstimmung ist auch die Uniform gut. Ich als uniformierter Chauffeur, in den Sie einsteigen! Das wären zwei Fliegen auf einen Schlag.«

Herr Müller blieb weiterhin bemüht, mit mir in Übereinstimmung zu bleiben – und die befürchteten Störungen draußen zu halten, die sich aus einem sexuellen Einsteigen, einem Einstieg in die manifeste sexuelle Thematik, unweigerlich ergeben würden. In einer Szene aus der 363. Stunde kam dieses Bemühen wieder einmal zur Darstellung. Er wollte mir einen Traum erzählen, und zu meinem besseren Verständnis schickte er den Tagesrest voraus: Er hatte mit seinem Partner eine kleine Radtour gemacht, er selbst auf dem alten Rad seines Vaters, sein Partner auf seinem, Herrn Müllers Rad; denn sein Partner fuhr eigentlich kaum Rad und hatte darum auch kein eigenes. Immer wenn sie in eine etwas höhere Geschwindigkeit kommen, hört man etwas schleifen. Wenn er aber während des Fahrens unter sich schauen will, um herauszufinden, was da schleift, bekommt er es mit der Angst zu tun: er könnte die Kontrolle verlieren. Sie halten an; es stellt sich heraus, an einem Kettenglied ist ein Plättchen geplatzt, die Kette hängt nicht mehr sauber am Glied. Ein junger Typ kommt auf einem schicken Rad vorbei, und gibt im Vorbeifahren einen lustigen Kommentar. Und nun der Traum:

Ich bin auf dem Motorrad unterwegs, auf dem Parkplatz. An meiner Kette ist ein Glied defekt. Ein Biker kommt vorbei. Hallo, ist was? Er packt ganz selbstverständlich sein Bordwerkzeug aus: das können wir flicken. Er hat mehrere große Austauschplättchen dabei. Eines könnte passen. Eine absolut saubere Szene, alles stimmt.

Herr Müller kommentiert: »Flicken – ficken – fällt mir natürlich ein. Der Parkplatz – Cruising, ist ja klar. Nur dadurch wird das Glied wieder zum richtigen Glied. Aber eigentlich müßten *Sie mir* doch diese Bedeutungen sagen, das wäre doch richtig. So müßte doch die Analyse sein.« Jetzt war ich an der Reihe, ich sagte:

Das wären also zwei unterschiedliche Modelle. Das ›eigentliche‹, das man vom Hörensagen so kennt: der Patient macht einen Versprecher oder eine Andeutung im Traum, und der Analytiker sagt: Aha, Glied/Glied, Flicken/Ficken. Und das andere Modell: Sie und ich beugen uns gemeinsam über Ihren Traum, wie Sie und der Biker sich in Ihrem Traum über Ihr Motorrad beugen. Wir wissen beide, woran es hängt, daß die Kette defekt ist, und in der gemeinsamen Aktion entsteht die Reparatur.

Herr Müller war sehr gerührt; nach einer längeren Pause sagte er:

Ich möchte Ihnen sagen, daß ich gern hierher komme. Das fällt mir nicht leicht, das zu sagen. Daß ich das gern mache, was Sie und ich machen. Nicht daß ich Angst hätte, daß Sie das zurückweisen. Das wäre früher so gewesen. Aber es fällt mir trotzdem nicht leicht. Es ist nicht Liebe, es ist etwas anderes.

Dann schwieg er noch einmal eine Viertelstunde. Ich dachte bei mir: Es ist doch Liebe.

In den nun folgenden Stunden berichtete Herr Müller ziemlich detailliert, was er auf dem Parkplatz »macht«. Er hatte sich das seit langem vorgenommen. Dabei mußte er an einigen Schlüsselstellen gegen starke Impulse von Scham und Peinlichkeit kämpfen. Ich meinerseits war von der Wucht der Details ziemlich mitgenommen. Aber das Ganze fand ich doch so schlüssig, daß ich damals notierte: »vollständige perverse Szene?« – immerhin mit Fragezeichen.

Er fährt auf den Parkplatz. Unterwegs zieht er sich in einer stillen Ecke um, er steigt in die Klamotten, die er im Kofferraum immer dabei hat – die Tarnhose, Lederjacke oder Bomberjacke, Armeestiefel, an den Armeestiefeln weiße Schnürsenkel, Pistole (»Waffe«) und fakultativ die Gesichtsmaske. Die weißen Schnürsenkel sind »in der Szene ein Erkennungszeichen für rechtsradikale Skinheads ... oder auch schon wieder nicht mehr, weil sie damit vor ihren Auftritten ja erkannt und aussortiert werden können.« Er geht im Dämmerlicht oder im künstlichen Licht der Waldszene oberhalb des Autobahnparkplatzes auf und ab. Wenn sich ein Mann ihm nähert, beginnt das obligate Umkreisungs-Annäherungs-Ritual, in dem festgestellt wird, ob und wie der andere auf die von Herrn Muller verlangte Szene eingehen kann. Gestern näherten sich ihm zum Beispiel erst ein Typ im Joggingdress, danach ein Typ in Armeehose. Herr Müller sagt dann: »Ich bin ein Nazi-Skin.« Darauf gibt der andere zu erkennen, daß er »das geil findet«. »Dann ist wichtig, daß er mir nicht gleich an die Eier oder an die Titten will.« Es geht ihm »nicht um schnellen Schwanz-Sex«. Wenn es »optimal läuft«, nimmt die Szene den weiteren Verlauf: Der andere geht vor ihm auf die Knie. Herr Müller sagt dann: »Du schwule Sau, Dir geb ich's«. Dann hebt er den rechten Arm und ruft: »Sieg Heil.« Der andere muß dies ebenfalls tun. Dann sagt er zu ihm: »Schwule Sau, leck mir meinen deutschen Schwanz!« Oder auch: »Judensau, auf die Knie« und so weiter. Nach dem sexuellen Höhepunkt, falls es dazu kommt, geht man entweder wortlos auseinander, oder, falls der andere ihm sympathisch ist, kann auch ein Gespräch in Gang kommen, kann man sich auch streicheln und küssen. Dabei kann es dann geschehen, daß Herr Müller das Bedürfnis hat, dem anderen zu sagen: »Ich bin nicht *so,* ich wähle auch die Grünen.« Es kann aber auch geschehen, daß er, gefragt, ob »nur auf Kameraden-Sex stehe oder wirklich ein Skin« sei, den anderen in dem Glauben läßt, das letztere sei ganz einfach der Fall – und daß er die Irritation des anderen genießt. Es kann ihm drittens aber auch passieren, daß der andere, oder auch mehrere andere, die ebenfalls als Nazi-Skins auftreten, ihm während der Ouvertüre der sexuellen Anbahnung ins Gesicht sagen: »Du bist keiner von uns. Du tust doch nur so. Hau bloß ab.« Das ist der Zusammenbruch. Von einer solchen Demütigung, von einer solchen Vernichtung seiner gesamten Person erholt er sich erst nach Tagen.

Natürlich wollte Herr Müller »einer von uns« sein. Und ich sollte ihm dabei helfen. So hatte er meine Deutung doch verstanden: daß er und ich uns gemeinsam über die defekte Kette beugen. Jetzt waren wir unvermutet im Kampf um die Anerkennung des Realitätsstatus des Fetischs »Ich-bin-ein-Nazi-Skin«. Dieser Kampf ging über weitere drei Jahre – bis zum Ende der Analyse. Ich mußte mir – und ihm – immer wieder die Frage stellen: Wie sehr *ist* er »ein Nazi«? Und was ist das überhaupt: ein Nazi? Ist er *das* nur im Moment der sexuellen Erregung und zum Zwecke der sexuellen Erregung? Wie sehr greift das »Ein-Nazi-sein-Wollen« über auf die gesamte Selbst-Identifizierung jenseits des *sexual state of mind?* Hier steht sofort wieder die Frage des Übergangs von der einen Puppe zur nächst inneren im Raum – die Frage des Übergreifens der pervers-sexuellen Formation auf das übrige Leben. Die Dramatik dieses Übergangs ist für mich nirgends so deutlich geworden wie an der Grenze vom »gewöhnlichen« Transvestitismus zur Transsexualität. Bei heterosexuellen Männern, typischerweise im Alter um die 45 oder 50, die schon lange die eine oder andere sexuelltransvestitische Form für sich und ihr Leben gefunden hatten, kommt es auf einmal zum Zerbrechen der transvestitischen Plombe. Plötzlich hält »etwas« nicht mehr, was ein Leben lang zu halten schien. Plötzlich sagt ein solcher Mann:

> Heimlich Strapse und Nylonstrümpfe anziehen, die ich in dem schwarzen Koffer im Kofferraum meines Wagens habe, und damit in einer Transvestiten-Bar aufkreuzen – das ist die falsche Puppe. Ich will eine wirkliche Frau sein, wie alle anderen Frauen auch, mit Strumpfhose und Vagina und Busen und allem Drumherum!

Was dann in Gang kommt, ist oft so gräßlich, daß ich irgendwann in meinem Berufsleben entschieden habe, nicht mehr ein spezialisierter klinischer Zeuge dieses Prozesses sein zu wollen. Sollte ich nun doch wieder zum Zeugen einer solchen Entwicklung werden?

Eine ganze Weile lang irrte ich zwischen den beiden Extremen hin und her: Das ist eine Perversion wie jede andere auch. Auf die Inhalte und die Accessoires der Szene kommt es doch nicht an; sie sind kontingent. Was soll hier anders sein als bei Sacher-Masoch? Pelzmantel und Reitpeitsche – Tarnhose und Pistole –

was ist der Unterschied? Aber dann kam mir sofort dunkel in Erinnerung, daß schon Sacher-Masoch seine Pelz-und-Peitschen-Szenen nicht nur im Boudoir eingerahmt sein lassen wollte. Nein, er wollte mit seiner Herrin ins wahre Leben damit! Und schon war ich am anderen Extrem: Mit einem Nazi will ich nichts näher zu tun haben! Mir graut davor mir vorzustellen, wie er sich vorstellt, wie er »als Nazi« auf der Rampe steht und Schwule oder Juden durch Genickschuß hinrichtet und dabei masturbiert. Und ich soll ihm dabei helfen.

Wenigstens war uns beiden klar, daß es sich bei dem, was Herr Müller auf dem Autobahnparkplatz tat und suchte, nicht um »Sex-Spiele« handelte. Ich glaube sowieso nicht, daß es so etwas wie Sex-Spiele überhaupt gibt. Bei dem, was sich so nennt, tut man höchstens so als ob man nur so tut. Man befindet sich dann in einem doppelten Kreis des Als ob – und eben diese doppelte Negation ist der Beweis dafür, daß es mindestens bei einem Partner in diesem Spiel, wenn auch maskiert, um blutigen Ernst geht. Der andere Partner ist vielleicht nur ein Mitläufer – und damit sind wir schon fast wieder beim Thema. Denn was ist das, ein Mitläufer? Von den präsumtiven wirklichen Nazi-Schwulen für Jemanden gehalten zu werden, der »das nur spielt«, das war ja gerade die Vernichtung des Wunsches, »wirklich so zu sein«. Herr Müller war sein ganzes Leben lang ein braver Mitläufer gewesen. Er wollte endlich echt sein.

Der Kampf um die Anerkennung des Nazi-Fetischs wurde an vielen Fronten geführt. Ich beschränke mich auf die Front der Körpergrenzen, auf die Schuhe und die Frisur. Wenn ich mir die von Herrn Müller am häufigsten und am längsten getragenen Schuhe in Erinnerung rufe, muß ich an einen Satz einer türkischen Analysandin denken: »Man schaut dem Feind als erstes auf die Schuhe; das ist ein türkisches Sprichwort.« Wie recht sie hatte! Herr Müller trug während der ersten drei Jahre vor allem die immergleichen ziemlich formlosen Halbschuhe, deren lappiges Obermaterial halb aus Stoff, halb aus Leder bestand und die eine Anmutung von Kinderschuhen hatten. Diese Schuhe waren gleichsam das personifizierte Gegenstück zu seinen Springerstiefeln – oder auch die materialisierte Reaktionsbildung gegen diese Stiefel, deren aufgeladene Bedeutung – und erst recht deren Ansicht – er mir so lange vorenthalten hatte. Sie standen für die komplette Abspaltung des Fetischs von seinem alltäglichen Leben. Eben die Schuhe eines Mitläufers. Wie viele Schwule laufen nicht in Springerstiefeln und Bomberjacke auf der Straße herum! So etwas wäre Herrn Müller nie in den Sinn gekommen. Dachte ich lange Zeit. Als ich diese Spaltung endlich ansprechen konnte, waren wir sofort bei seinem sehnlichen Wunsch, auch in solchen Springerstiefeln über die Straße zu gehen – und zur Analysestunde zu kommen. Wir waren bei seiner Sehnsucht – und bei seiner noch größeren Angst, als »Nazi-Skin« erkannt zu werden.

Diese Springerstiefel standen nicht nur für den Fetisch in seiner sexuellen Engführung; sie standen für das gesamte Körperselbstbild. Als wir, zu einem späteren Zeitpunkt der Analyse, ein wenig entspannter über die Bedeutung der Kleiderfetische sprechen konnten, stellte er über sich selbst die Überlegung an: »Ich bin immer entweder scheiße in meinen Klamotten oder super geil und cool« (517. Stunde). Wobei ich wieder einschieben muß: »Super geil« und »cool« waren Neuzugänge in der Sprache des Analysanden; sie wirkten noch aufgesetzt und irgendwie lächerlich – wie die imitierten Gesten eines Strebers, der in der Klasse zu den coolen Typen gehören möchte. »Normale Hose und Schuhe, das bin gar nicht ich, ich bin dann wie mein Vermieter; der läuft so richtig scheiße herum, und so bin ich auch angezogen, wenn ich mit ihm verhandle«. Ich: »Und wenn Sie mit mir verhandeln, sind Sie auch so angezogen, und entsprechend fühlen Sie sich. Zwischen ›cool‹ und ›scheiße‹ gibt es bis jetzt nichts Drittes für Sie.« Er: »Aber nur ich laufe hier so herum wie mein Vermieter; Sie nicht. Sie kriegen irgendwie ... die Mitte hin.«

Er hatte genau zugehört. Als er einige Zeit später mit seinem Partner in den Ferien in einem fernen Land war, trug er täglich das Lonsdale-T-Shirt, das bislang immer in seinem Koffer verborgen gewesen war. Er konnte davon ausgehen, daß in diesem Land niemand weiß, was auch ich erst jetzt von ihm erfuhr: daß das Label »Lonsdale« wie auch bestimmte Polo-Shirt-Aufmachungen von »Fred Perry« ein sicheres Erkennungszeichen der rechtsradikalen Szene sind. Wie wunderbar war es, so über die Strandpromenade zu flanieren! Nur er weiß, »daß das geil ist, die anderen nicht«. Wieder war ich, wie so oft in dieser Zeit, mit den Polen »ganz normaler Fetisch« und »wirklich ein Nazi« konfrontiert. Einerseits war ich gerührt über diesen Schritt der Integration. Er war ganz wie ein Mädchen am Ende der Pubertät, das gerade lernt, hohe Schuhe zu tragen, und ja kein Mensch soll von außen sehen können, mit wie viel innerer Erregung dieser Schritt verbunden ist. Ich wurde wieder einmal Zeuge der Gleichzeitigkeit von Sexualisierung und Desexualisierung der Körperoberfläche. Das erfüllte mich mit Dank; das war ein schöner Schritt in der Analyse. Aber führte dieser Schritt nicht zugleich geradewegs in eine »wirkliche« Nazi-Skin-Zugehörigkeit, auf die er sich nun dank der Analyse immer sicherer und selbstbewußter hinbewegte? Und das Vorbild für diesen Schritt war ich selbst. In der warmen Jahreszeit trage ich gern Polo-Shirts – und ein oder zwei davon, die ich ganz besonders mag, sind von Fred Perry, erkennbar an dem Logo des kleinen gestickten Siegerkranzes auf der linken Brusthälfte. Aber die Fred-Perry-Polos, die *er* bald darauf anfing zu tragen, auch in den Analysestunden, waren nicht in harmlosem Blau oder Rot gehalten, sondern in den Farben der Erkennungszeichen der Nazi-Edel-Skins von England – wie ich nun durch ihn erfuhr – entweder weiß mit schwarzem Rand an Kragen und Ärmelbündchen oder aber goldener Siegerkranz auf rein schwarzem Polo.

Das ging ja noch. Die Bewandtnis dieser Logos war bis jetzt eine Sache von ihm und mir; über den einschlägigen T-Shirts trug er wie bisher ein unauffälliges Oberhemd, wenn er in die Analysestunde kam. Die Sache änderte sich für mich, als ich erfuhr, daß er unter diesem Oberhemd seit längerer Zeit ein Kettchen mit einem Runen-Amulett der Neonazis trug, irgend so ein einschlägiges Ding mit Zacken, die das verbotene Hakenkreuz ersetzen. Als ich mit ihm herausarbeiten wollte, ob das für ihn ein Bekenntnis der Dazugehörigkeit, also letztlich ein politisches Bekenntnis oder »nur« ein sexueller Fetisch oder beides sei, antwortete er zunächst ausweichend: Es gibt doch auch viele Menschen, die keine Juden sind und trotzdem ein Kettchen mit dem Davidstern tragen. Ich merkte, daß ich in Gefahr war, ihn argumentativ in die Enge zu treiben – und unterließ die Antwort: Ja, aber genau das ist, wie auch immer, ein Bekenntnis zum Judentum.

Die Sache ging weiter. Er wollte endlich das tun, was er »geil findet« – in Springerstiefeln auf die Straße gehen und in die Analysestunde kommen. Natürlich würde er die Jeans über die Stiefel tragen und sie nicht, wie bei einem richtigen Auftritt, »in die Stiefel stecken«, so daß diese voll sichtbar sind. Klar, die weißen Schnürsenkel würde er weglassen. Er hatte ja zwei Paar Springerstiefel, ein paar mit weißen, ein Paar mit normalen Schnürsenkeln. Er machte das Vorhaben wahr, und ging auf dem Weg dahin durch viele Täler der Angst, der Peinlichkeit, der Scham. Und als es für ihn nach einigen Monaten zu einer wenn auch nicht normalen, so doch anstrengungslosen Angelegenheit geworden war, in Springerstiefeln und einer nur für die »Szene« als Ausweis erkennbaren Lonsdale-Jacke – einer modifizierten und modernisierten Bomberjacke mit großem Lonsdale-Logo auf dem Rücken – in die Analysestunde zu kommen, mußte ich zugeben: Das Outfit steht ihm! Er ging aufrechter, irgendwie gestreckter, phallischer, nicht mehr so verklemmt. Eigentlich hätte ich mich doch freuen können; aber es kam keine Freude auf. Und bald wußte ich auch, warum. Ich hatte zu lange versucht, ›draußen‹ zu bleiben, seine Entwicklung im Zustand der Getrenntheit zu beobachten. Ich wollte zu lange nicht wahrhaben, daß er mir nicht nur »als Nazi-Skin« gefallen wollte, sondern daß ich ebenso empfinden sollte wie er. Als ob es anders hätte sein können; in der Liebe will man doch stets dies eine: daß der andere so empfinden möge wie man selbst. Er malte sich aus, wie er und ich, beide als Skins, Arm in Arm, wirklich zwei Kameraden, durch die Straßen ziehen würden. So wäre er endlich unangreifbar. Niemand würde sich trauen, uns auf der Straße als Rechtsradikale zu beschimpfen, uns dumm anzumachen. Wenn er sich dieses Arm-in-Arm vor mir ausmalte, wußte er zwar, daß ich »das nie tun würde«. Das hinderte ihn jedoch nicht, sich in diese Wunschwelt immer farbiger einzuspinnen.

Er fing jetzt an, bei der Arbeit unkonzentriert zu sein, weil er auf seinem privaten Laptop, den er neben dem Firmen-PC auf seinem Arbeitstisch stehen hatte, immer häufiger in »Gay Romeo« online war und nach Gleichgesinnten Ausschau hielt. Gay Romeo ist für Schwule das Internetportal schlechthin; ein Szene-Kalauer sagt dazu: das schwule Einwohnermeldeamt; jeder ist dort gemeldet; dort kann man sie alle finden. Ich hielt das für gefährlich; er nicht. Tatsächlich mußte er um diese Zeit mit einer empfindlichen beruflichen Zurückweisung fertig werden: er wurde nicht für eine Leitungsstelle vorgeschlagen, um die er sich bemüht hatte. In einem ihm selbst bis dahin unbekannten sexualisierten Trotz spann er sich, auch während der Arbeit, in seine neu entdeckte »coole« und »geile« Kameradenwelt ein. So reagierte er auf meine Zurückweisung seiner Liebe. Alles Deuten half nichts in dieser Zeit. Das Verhältnis drohte sich umzukehren: Er war nicht mehr nur im Zustand der sexuellen Erregung und zum Zwecke der sexuellen Erregung ein fetischistisch affizierter »Nazi-Skin«. Er begann sich mit sich als »Nazi-Skin« einzurichten – wenn auch noch in einem Zustand der Dauererregung. Was ihn in dieser Zeit von einem »echten« Nazi-Skin, was immer das sein mag, unterschied, war, soweit und falls ich mir eine solche Person einigermaßen adäquat vorstelle, der Zustand der Dauererregung. Ein echter Nazi, ein echter (Neo-Nazi-)Skinhead mag gewiß in sexuelle Erregung geraten, wenn er »Kanacken« oder »Schwule klatscht« oder mit seinen Kumpels einen Vietnamesen totschlägt – aber er ist nicht im Zustand der sexuellen Erregung, wenn er daran denkt, daß er ein Skinhead ist. Er denkt nämlich nicht daran, daß er ein Skinhead ist. Er *ist* ein Skinhead, und damit fertig. Nicht so Herr Müller. Wenn er abends zu Bett ging – er und sein Partner schliefen getrennt – zog er seine Nazi-Skin-Klamotten an, einschließlich der Stiefel mit den weißen Schnürsenkeln, legte sich aufs Bett, steckte sich eine Zigarette an und masturbierte. Seltsam, andere Menschen versuchen, sich das Rauchen abzugewöhnen, er hatte es sich in der jüngsten Zeit erst angewöhnen müssen – weil er es »cool« fand, auf dem Parkplatz mit einem imaginierten Kameraden nach dem Sex »noch gemeinsam eine zu rauchen«. Nun, ich konnte mich auch hier wieder damit beruhigen, daß er eben erst jetzt in eine zu lange nicht wirklich eingeleitete Pubertät gekommen war. Wenn er mir sagte: »Ich stecke mir eine an, dann schaue ich in den Spiegel und finde mich richtig cool« so war das auch rührend. Er war nicht nur ein Hybrid-Raucher, er war auch ein Hybrid-Nazi. Aber: Wie leicht kann aus einem Hybrid-Raucher ein Raucher werden. Vielleicht kann aus einem Hybrid-Nazi ebenso leicht ein Nazi werden.

Er wollte, daß ich mitmache, und sei es im Modus des Verbots. Im Erstgespräch hatte ich seinerzeit notiert: »brave Erscheinung, Haarschnitt wie ein Gymnasiast aus den 50er Jahren«. Diese Aufzeichnung kam mir in den Sinn, als er eines Tages in die Stunde kam, frisch vom Friseur – und aussah wie ein Nazi! Nein, sie kam mir erst in den Sinn, als ich mich von meinem Affekt des Abgestoßenseins erholt hatte. Auf eine geradezu unheimliche Art und Weise war in diesem Haarschnitt die historische Differenz ausgelöscht, die die 50er Jahre – in denen der Analysand noch gar nicht auf der Welt war – von der Nazizeit trennt: über den Ohren und an den Seiten extrem kurz, auf dem Schädel länger und zur Stirn hin dieser unsägliche schräge Schnitt. Das war keine Skinhead-Frisur, das war reiner Nazischnitt. Nie zuvor hat ein Patient mit einer übertragungsausgelösten Änderung der Körperkontur mich derart erreicht. Ich war fassungslos. Das überbot im Moment des Auftritts sogar das Gefühl, das eintritt, wenn Transsexuelle in der Behandlungsstunde ihr textiles, kosmetisches und perückenunterstütztes *cross-gender-coming-out* haben. Jetzt kam also etwas in die Stunden, was ich mit meinen Notizen zu Schuhen und Frisur im Modus der Entwertung gebannt hatte. Bertolt Brecht ist kein Lieblingsdichter von mir. Doch der Satz »Der Schoß ist fruchtbar noch, aus dem das kroch« hatte hier seine reine Erfüllung. Dieser Satz kroch wie ein Wurm durch mein Gehirn. Es war ein Freitag, der Patient wollte heute Abend auf eine »schwule Lederparty gehen, eine Großveranstaltung mit Montur und Ketten«. Das hatte er in den Tagen zuvor angekündigt. Eine Mutprobe für ihn: er würde erstmalig in seiner Uniform über die Autobahn fahren. Da hätte er mich doch auch verschonen und die Haare nach der Stunde schneiden lassen können – war mein erster Gedanke. Am Montag hätten sie nicht mehr so schlimm ausgesehen.

Er wünschte sich natürlich, daß ich den Schnitt ebenso geil und cool finden möge wie er. Ich sagte schließlich:»Sie sehen aus wie ein richtiger Nazi.« Es war förmlich hörbar, wie diese Wunscherfüllung – für einen Nazi gehalten zu werden – dramatisch die Kluft aufriß, die doch gefüllt werden sollte: er war ja kein Nazi, er war ein gut sozialisierter Akademiker, aufgestiegen aus der unteren Mittelschicht; sein problemloses homosexuelles *coming out* verdankte sich einer Jugendgruppe, die von den Idealen der Schwulenbewegung getragen war. Wenn er irgendwo las oder im Fernsehen sah, wie im Iran Homosexuelle verstümmelt und hingerichtet wurden oder was den Homosexuellen in der Nazizeit widerfuhr, geriet er in zornige Empörung. Und es war für ihn überhaupt keine Frage, daß ich für irgendwelche nationalsozialistischen Ideen, für Skinheads, Neonazis oder sonst was keine Sympathien hatte. Der entsetzliche Konflikt, in dem er jetzt war, wird scharf illustriert durch den Traum, den er in der folgenden Stunde (731.) erzählte:

> Ich war mit drei oder vier Freunden in einem fremden Haus. Man beschließt, auszu-gehen. Ich hatte mir nur das Badetuch umgewickelt. Plötzlich sind die anderen schon auf der Straße. Sie sind schon so weit vorgegangen, daß ich sie nicht mehr rufen kann. Ich bin unsicher, ob ich *so* auf die Straße gehen kann. Es war entsetzlich.

Herr Müller gab sich selbst die Deutung:»Der Bezug zur letzten Stunde ist ja so offensichtlich. Ich wünsche mir, daß Sie mir sagen, daß ich *so* auf die Straße gehen kann. Aber natürlich werden Sie mir das nicht sagen.« Ich:

> Andererseits bin ich doch sehr deutlich geworden. So deutlich, wie ein Analytiker, wie Sie ihn sich zurechtgelegt haben, nie werden darf. Ich habe bekräftigt, worüber wir schon seit Wochen sprechen: Mit dieser Frisur werden Sie von vielen Menschen auf der Straße und auch in Ihrer Firma für einen Nazi-Fan oder dergleichen angesehen werden.

Das *So-auf-die-Straße-Gehen* mußte noch eine andere Bedeutung haben, jen-seits von Badetuch und Nazihaarschnitt. Die Zeichen mehrten sich, daß es um ein Dazugehören, um ein Einer-von-uns in einem zugleich übergeordneten und sehr tiefen Sinn ging. In meiner initialen Reaktion auf seine Schuhe und seine

Gymnasiastenfrisur hatte ich ihm dieses Dazugehören ja abgesprochen. Jeder Mensch hat ein Recht auf seine sexuellen Phantasien. Ich wußte, daß er von Tötung und Gewalt schon immer sexuell fasziniert war. Als er vor vielen Jahren, als Jugendlicher, zum ersten Mal die Bilder der Befreiung des Lagers Bergen-Belsen sah – der englische Soldat auf dem Bulldozer schiebt die Leichenberge zusammen – geriet er in eine so heftige sexuelle Erregung, daß er sofort masturbieren wollte und sich dann bald darauf diese Bilder zu eben diesem Zweck besorgte. Er phantasierte sich in der Uniform dieses Soldaten, dem er die Erregung unterstellte, von der er hingerissen war. Kann man *so auf die Straße gehen?* Ist so einer *Einer von uns?* Wenn sich in der Schwulengruppe die Jungs gerade einen Rosa Winkel an den Ärmel stecken und damit zu einer linken Schwulendemo gehen? Der Prozeß der Analyse hatte ihn bloßgestellt, gerade noch ein Badetuch konnte er umlegen, als er mit dieser erregten Frisur in die Stunde kam.

Mir wurde jetzt so richtig klar, daß ich immer in Gefahr war, ihm seine sexuellen Phantasien abzusprechen. Denn genau dazu forderte er mich auf, wenn er mir Dinge erzählte und Dinge von mir wünschte, von denen er wissen mußte, daß ich sie *in der Realität* unmöglich gutheißen konnte. Als ich das verstanden hatte, verstand ich auch, daß sich die sexuellen Phantasien und Aktionen, die Herr Müller außerhalb der Stunden in Szene setze, sich homolog zu seinen Wünschen und Ängsten mir gegenüber entwickelten. Das ist an sich nichts Erstaunliches; der analytische Prozeß läuft nun einmal so, aber offenbar muß man es in jedem einzelnen Fall immer wieder neu lernen.

Herr Müller hatte in der letzten Zeit zu unterschiedlichen »Typen« Kontakt aufgenommen, die sich in »Gay Romeo« als Skinheads, Kameraden und dergleichen mehr inserierten. Und auf wen und was er da stieß – das lief in einer atemberaubenden Parallele zum analytischen Prozeß ab. Mit einem dieser Männer, Mike, hatte er sich etwas angefreundet. Sexuell »paßte es«; Mike stand auch auf Uniform usw. Die Abmachung war: nur Sex, kein Streß. Verabredet mit Mike in dessen Wohnung hatte Herr Müller sich eines Abends bereits in Schale geworfen, sogar seine Springerstiefel mit den weißen Schnürsenkeln hatte er an. Da hatte er plötzlich Mike auf dem Handy: »Bring doch ein Bier mit!« Das stürzte ihn in einen riesigen Konflikt: Sollte er in diesem Outfit an der Tankstelle halten, dort ans Regal und dann an die Kasse gehen? Der pure Stress! Der Kassierer oder ein Kunde, die ihn so sähen, könnten tief beeindruckt sein … sie könnten aber genauso gut zu ihm sagen: »Was ist denn hier los? Laufen Sie hier als Neonazi rum? Das gibt's hier nicht.« Und dahinter die Phantasie: Der Pächter, »so eine richtige rechte Dumpfbacke«, erkennt in ihm den Gleichgesinnten und sagt zu ihm: »Komm doch auf eine Bier mit nach hinten, da sitzen meine Kumpels.« Neu an dieser imaginierten Szene war: Sie begann sich mit Menschen zu bevölkern. Das rührte mich an. Tatsächlich bestand er »die Mutprobe«; er stieg aus, holte unter Zittern ein Sixpack Bier, nichts weiter geschah.

Wieder einige Stunden später (746.) hatte er den Eindruck, am Arbeitsplatz, im Umgang mit einem Mitarbeiter, in einer schwierigen Frage anders entschieden zu haben, als er von mir annahm, daß ich mich verhalten und entscheiden würde. Wieder einmal war er von dem impulsiven Verlangen gepeinigt, alle Differenzen ungeschehen zu machen und sich so zu verhalten, wie ich mich an seiner Stelle verhalten würde. Und gleichzeitig geriet er in hilflose Wut über diese elende Harmoniesucht. Er fühlt sich so elend. Ich soll etwas Liebes sagen, »etwas Nahes, nicht ›dicht‹, nur nah … verstehen Sie«. Ich sage, wie ins Blaue hinein:»Der Wunsch nach Nähe mit mir und der Wunsch, daß ich Sie sexuell toll finden soll; beide Wünsche haben eine körperliche Gemeinsamkeit; beide Wünsche berühren sich.« Seine Antwort kann wohl den Anspruch erheben, eine freie Assoziation genannt zu werden: »Das mit Mike zerbröckelt gerade wieder. Was der da bloß will! Es wird zu kompliziert« – dabei macht Herr Müller eine abfällige Geste mit der Hand, deutet indigniert sein Unverständnis an –

eine Beziehung, er ist verliebt, ich will nur guten Sex, das war die Abmachung. … Ich war dann gestern noch mal auf dem Parkplatz. War ja schon lange nicht mehr da. Da bin ich zufällig auf diesen Typ getroffen, der direkt auf die Knie geht … und dann … Das war wahnsinnig geil. Ich habe auch denken müssen: Wenn mich so jemand sieht, jemand aus meiner Firma sogar, das wäre eine Katastrophe! Und irgendwie auch geil! Na, das sage ich mal wieder ganz am Ende der Stunde. Das würde ich gern festhalten. Und da morgen weitermachen. Aber jetzt ist, glaube ich, die Stunde zu Ende. –

Es reicht noch dafür, daß ich Ihnen sage: Sie befürchten, daß ich das überhaupt nicht gut finde, was Sie da sexuell treiben, und zugleich möchten Sie, daß ich *das* und *Sie darin* ganz toll finde. Aber das, was Sie da auf dem Parkplatz sexuell so machen, das geht mich doch eigentlich gar nichts mehr an. Da sind wir doch eigentlich durch. Ich finde etwas anderes viel wichtiger, und da müssen Sie wirklich Angst haben, daß ich nicht mit Ihnen übereinstimme: daß Sie jetzt Mike einfach fallen lassen – in dem Augenblick, da Sie realisieren, daß Sie beides bei *ihm* haben könnten, wonach Sie sich *bei mir* doch so sehr sehnen: sexuell toll gefunden zu werden und dem anderen nahe zu sein, von ihm geliebt zu werden.

Und etwas später fügte ich noch hinzu: »In dem Augenblick, wo das geschieht, kommen Ihr ganzer Haß und Ihre Zerstörungswut an den Tag: ›was der da bloß will!‹«

Die Analyse neigte sich ihrem Ende entgegen. Die Zustände von Herrn Müllers sexueller Verblendung, während derer ich nicht mehr unterscheiden konnte, ob er »nur« ein Nazi im Dienst der sexuellen Erregung oder ob er auf dem Weg war, ein »echter Nazi« zu werden, waren abgeklungen. Er behauptete mir gegenüber das Recht, gleichzeitig so zu sein und nicht so zu sein. Wieder einmal (752. Stunde) fuhr er auf die Autobahnklappe, wie er diesen Ort öfters nannte: Hellblaue Jeans, bis zum Rand der Stiefel hochgekrempelt, weiße Schnürsenkel, die Kette mit der Nazi-Rune, Lederjacke mit angestecktem Abzeichen: auf weißem Grund ein schwarzer Siegerkranz, darin das »deutsche Kreuz«. Während Herr Müller erzählt, kommt eine neue, veränderte Stimmung auf. Er ist ganz ergriffen von dem Erlebnis; er *muß* es mir erzählen. Es ist das erste Mal in dieser Analyse, daß er nicht im Modus des Geständniszwangs, nicht im Modus der Selbstbehauptung und nicht im Modus des Weiterkommen-Wollens spricht. Er stellte sich also wie üblich passiv-wartend an »seiner Stelle« auf – und wurde von einem jungen, gutaussehenden Typen angesprochen – »Jeans, Turnschuhe, überhaupt nichts Fetischmäßiges«. Der Typ sagte: »Wollen wir etwas machen?!« Herrn Müller war sofort klar: »Zu diesem Typ kann ich nicht sagen: Leck mir meine deutschen Stiefel!« Ich erfahre bei der Gelegenheit diese Variante der sexuellen Rede. Und er wird auch später nicht zu ihm sagen: »Leck mir meinen deutschen Schwanz!« – obwohl er doch genau das zu ihm sagen möchte. Der andere fragt in: »Worauf stehst Du?« »Siehst Du das nicht?!« Der andere mustert ihn nun genauer, auch die Kette: »Ist das echt, meinst Du das so?« Diese Frage macht Herrn Müller ganz glücklich. Er sagt zum anderen: »Was denkst *Du* denn!« Darauf dieser: »Ah! Kameradensex.« Es kommt dann zu einer sexuellen Begegnung, die sich über mehrere Stunden hinzieht und in deren Verlauf Herr Müller sagt: »Von wegen echt!«, ohne daß es deshalb zu einer Störung der Begegnung kommt. Zuletzt sagt der andere: »Rauchen wir noch eine zusammen!« Dieses Zusammenstehen danach hat Herrn Müller noch einmal ganz glücklich gemacht; er wurde gewahr, daß er in diesen jungen Mann verliebt war.

Auch die zuletzt angeführte Äußerung *von wegen echt* ist und bleibt wahr und falsch in einem, aber sie ist deswegen nicht unecht. Herr Müller blieb fasziniert nicht nur von den Emblemen, Parolen und Gesten des Nationalsozialismus, sondern ebenso von dessen Aktionen, seinen Aufmärschen und Morden, dem gesamten Arrangement der Massentötung. Diese Faszination stand zwar im Dienst der sexuellen Erregung und der Herstellung einer körpernarzißtischen Abrundung; aber sie ging doch gleichzeitig weit über den Bereich hinaus, den man selbst in der Semantik der Psychoanalyse als *das Sexuelle* faßt. Im Rückblick auf diese Analyse beschäftigt mich am stärksten die Einsicht in das Gewahrwerden der Unausweichlichkeit der Ästhetisierung gewaltförmiger, zerstörerischer und mörderischer geschichtlicher Vorgänge. Medium und Haftmittel dieser Ästhetisierung ist die sexuelle Erregung – gewiß nicht immer, aber eben doch in diesem Fall. Dabei wirken das fotografische und heute besonders das digital aufbereitete Bild als prominente Vermittler; das Auge zieht das Bild der Uniformen und des Mordens in die Erregung des Körpers hinein, bewirkt Verschmelzung und Distanzierung in ein und demselben Akt. Möglicherweise gibt es Menschen, die als Augenzeugen des Abtransports menschlicher Leichenberge so sehr in sexuelle Erregung geraten, daß sie von einem imperativen Drang zur sexuellen Selbstbefriedigung getrieben werden. Ihre Zahl dürfte gering sein. Doch sobald die Bilder des englischen Soldaten in der Welt waren, der, auf einem Bulldozer sitzend, die Leichen des Lagers Bergen-Belsen zu einem Berg zusammenschiebt, wurden diese Bilder in großem Maßstab als sexuelle Vorlagen in Dienst genommen. Auf diese Weise zieht die sexuelle Erregung alle noch so einmaligen historischen Gewaltverbrechen in den Reißwolf der Historisierung. Auch Auschwitz ist vom Tag der Öffnung des Lagers an in diesen Prozeß der Historisierung und Ästhetisierung hineingezogen worden. Die Rede von der »Faszination der Gewalt« ist nichts als eine vornehme Umschreibung dieses Geschehens.

Die Leichen führen zurück zu einer Befragung meiner Formulierung in den »Fünf Kriterien der Perversion«, in der Perversion würden *unbelebte Objekte direkt sexuell besetzt wie sonst nur lebendige Partner* (Reiche 1996, 244). Vielleicht sollte man, Walter Benjamin folgend, das Attribut »unbelebt« radikalisieren und von Toten und Leichen sprechen. Im *Passagen-Werk* hat Benjamin die Mode, den Fetischismus und die Leiche in eine Reihe gestellt:

> Im Fetischismus legt der Sexus die Schranken zwischen organischer und anorganischer Welt nieder. Kleidung und Schmuck stehen mit ihm im Bunde. Er ist im Toten wie im Fleisch zuhause. [...] An dem Lebenden nimmt die Mode die Rechte der Leiche war. Jede verkuppelt den lebendigen Leib der anorganischen Welt. (Benjamin 1982, 118; 130)

Oder, auf den kürzesten Nenner gebracht: »Mode [...] die Parodie der bunten Leiche (a. a. O., 111). Hatte Herr Müller nicht schon in dem ersten hier berichteten Traum – im Modus der verhüllenden Enthüllung – die Puppen durch Leichen ersetzt?

Ich habe die Darstellung einiger Ausschnitte aus der Analyse von Herrn Müller mit seinem Erwachen aus einem Traum in der Behandlungsstunde begonnen. Zum Schluß möchte ich noch einmal eine Stelle aus dem *Passagen-Werk* anführen. Walter Benjamin hat dort der Metapher des Erwachens in der Geschichte eine ganz besondere Bedeutung beigemessen: »[...] Erwachen [...] die Synthesis aus der Thesis des Traumbewußtseins und der Antithesis des Wachbewußtseins [...] so muß jede Geschichtsdarstellung mit dem Erwachen beginnen, ja sie darf eigentlich von nichts anderem handeln« (Benjamin 1982, 579f.). Das möchte ich, jenseits der Metapher, auch für die Darstellung der Geschichte meines Analysanden in Anspruch nehmen: zwischen Traumbewußtsein und Wachbewußtsein, jenseits von echt und unecht, und doch auch beides zugleich.

Zusammenfassung

Es wird aus der Analyse eines Mannes berichtet, der zum Beginn der Behandlung ebenso lapidar wie gehemmt über sich sagte, er sei ein Uniform-Fetischist. Im Verlauf der Analyse entpuppte sich diese Selbstzuschreibung als ein sexuelles Verhaftetsein an und Angewiesensein auf genau definierte Gesten und Grußformeln, auf textile Accessoires und Logos, die in der Nazi-Skinhead-Szene als Erkennungszeichen fungieren. Diese sexuelle Okkupation ging weit über die Grenze des Bereichs hinaus, den man gemeinhin – auch im psychoanalytischen Sprachgebrauch – als den sexuellen Bereich bezeichnet. Der phantasmatische Wunsch des Analysanden, »dazuzugehören«, war so stark, daß die perverse Szene gleichsam auf die Straße drängte, um dort im Modus des »Ich-bin-ein-Nazi-Skin« Anerkennung zu finden. Für die hier beschriebene Formation des zugleich echt und unecht, so und doch auch nicht so, wurde der Ausdruck Hybrid-Nazi gewählt.

Summary

A ›Hybrid Nazi‹ in Analysis

The author portrays in close detail the process of an analysis with a patient calling himself a »uniform fetishist« at the start. During the course of the analysis the meaning of this self-attributed label turned out to be a sexual fixation and dependency on just the same gestures and greeting formulas, textile accessories and emblems as Nazi-skinheads are in the habit of applying as signs of recognition. This sexual occupation went far beyond the borders of what is usually regarded as the area of sexuality. The analysand's phantasmatic desire »to belong to« was strong enough to push him to enact the perverse scene in public, in order to gain acknowledgment in the mode of »I-am-a-Nazi-skin«. The author never was sure, whether the analysand »was just a Nazi« or whether he »was performing Nazism« in analysis. For the total complex he suggests the term »hybrid Nazi« to signify the specific formation of genuine and not genuine, valid and not valid at the same time.

Literatur

Benjamin, W. (1982): Das Passagen-Werk. In: Ders.: *Gesammelte Schriften*, Bd. V. Frankfurt am Main: Suhrkamp.

Reiche, R. (1996 [2007]): Psychoanalytische Therapie sexueller Störungen. In: *Sexuelle Störungen und ihre Behandlung*. Hg. von V. Sigusch. Stuttgart: Thieme, 4. überarbeitete und erweiterte Aufl., 241 – 265.

PD Dr. Reimut Reiche, Oppenheimer Landstr. 55 H, 60596 Frankfurt,
RReiche@gmx.net

Freud als Briefschreiber

PROF. DR. FREUD

12. XI. 18

WIEN, IX. BERGGASSE 19

Sehr geehrter Herr Doktor

Meinem herzlichen Dank
dafür, daß Sie mich mit einem
Andenken an Ihren Vater
beschenkt haben, verbinde ich
mit der Zusendung einer literarischen
Nachsendung.

In der kleinen Schrift habe
ich nichts Überraschendes
vorgefunden, vielleicht
wird Sie aber einiges
anregen, die ich hier
gemacht habe, und die
mich gerade in den letzten
Jahren beschäftigt hat.
Ich bitte Sie, die nächste
Auflage des Traumdeutung
auf meinen Fall zu

machen — nur die Bücher über
... sehr Vermehrung, sondern
sie von mir erwarten
... wollen, um die erschienen
ist.
        Ihr in Hochachtung
        ergebener
        Freud

Heinrich Gomperz (aus Kann 1974, Abb. 4)

»In der kleinen Schrift habe ich nichts Überwundenes vorgefunden«

Ein Brief Freuds an Heinrich Gomperz aus dem Jahre 1913

Gerhard Fichtner

12. XI. 13.

PROF. DR. FREUD   WIEN IX., BERGGASSE 19

Sehr geehrter Herr Doktor

Meinen herzlichen Dank dafür, daß Sie mich mit einem Andenken an Ihren Vater beschenkt haben, während ich nur um einen literarischen Nachweis bat.

In der kleinen Schrift habe ich nichts Überwundenes vorgefunden, vielmehr einen Hinweis auf eine Analogie, die ich für zutreffend halte, und die mich gerade in den letzten Jahren beschäftigt hat.

Ich bitte Sie, die vierte Auflage der »Traumdeutung« auf keinen Fall zu kaufen – eine vielleicht überflüssige Vermahnung, sondern sie von mir erwarten zu wollen, wenn sie erschienen ist.

Ihr in Hochachtung ergebener

Freud

Noch als Student lernte Freud den damals schon berühmten klassischen Philologen an der Wiener Universität Theodor Gomperz (1832–1912) kennen. Dieser stammte aus einer begüterten jüdischen Familie in Brünn und war verwandtschaftlich vielfältig mit den großbürgerlichen, wohlhabenden und einflußreichen Wiener Familien der von Wertheimstein, Auspitz, Todesco und Lieben verbunden. Er hatte trotz seiner jüdischen Herkunft eine ungewöhnliche Universitätskarriere. Seine breiten Interessen ließen ihn zunächst Jura, dann Klassische Philologie (mit Hermann Bonitz als bedeutendstem Lehrer) und Philosophie studieren, anfangs in Wien, später in Leipzig. In seinem Leipziger Jahr (1854) beschäftigte er sich besonders mit dem Denken des eigenwilligen englischen Philosophen und Nationalökonomen John Stuart Mill (1806 – 1873), den er später persönlich kennenlernte und mit dem ihn eine lebenslange Freundschaft verband, und übersetzte dessen Logik ins Deutsche. Das war der Anfang seines Planes, alle Werke Mills im deutschen Sprachraum bekannt zu machen (vgl. Th. Gomperz 1905, 33 – 36). Mit einer Papyrus-Edition konnte sich Gomperz 1867 in Wien habilitieren, ohne zuvor den Doktorgrad erworben zu haben, bekam schon 1868 den Ehrendoktor von Königsberg, wurde 1869 außerordentlicher und 1873 ordentlicher Professor in Wien und schließlich auch Mitglied der Wiener Akademie der Wissenschaften (Kann 1974, 5 – 22). Seit 1869 erschienen unter der Leitung von Gomperz die *Gesammelten Werke* Mills. Doch im Januar 1879 starb der für den zwölften und letzten Band als Übersetzer vorgesehene und mit Gomperz befreundete Eduard Wessel (1822 – 1879, vgl. Gomperz 1905, 103 – 105), so daß sich Gomperz nach Ersatz umsehen mußte. Da empfahl ihm der Philosoph Franz Brentano (1838 – 1917, vgl. Kann 1974, 106f.), durch seine Heirat Ida Liebens weitläufig mit Gomperz verwandt, den jungen Freud, der bei ihm 1874 bis 1876 Kollegien und Seminare besucht hatte (vgl. Hemecker 1991, 137f.) und sogar unter Brentano damals den philosophischen Doktorgrad erwerben wollte (Freud 1989a, 109). Freud hatte bei Brentano im Wintersemester 1874/75 auch eine Vorlesung über Mills Utilitarismus gehört (ebd., 78). So machte sich Freud Ende Juli 1879 mit Eifer an die Übersetzung von Mills Plato-Essay (ebd., 111), schloß sie noch 1879 ab, und bereits 1880 konnte der zwölfte Band mit Freuds Übersetzungen (Freud 1980a) erscheinen, die schon alle Kennzeichen seines späteren eleganten Übersetzungsstils tragen (Molnar 1999). Freud war zeitlebens beeindruckt von Gomperz' »große[r] Güte«[1].

1   Freud an Heinrich Gomperz am 9.6.1932: »Ich weiß, daß ich Ihrem Vater durch Franz Brentano empfohlen worden war. Er hatte in einer Gesellschaft [...] geäußert, daß er einen Übersetzer suche, und Br., dessen Hörer ich damals oder noch vorher gewesen war, nannte meinen Namen. Welchen Eindruck ich von Th. G. damals empfing? Ich war wohl anfangs recht eingeschüchtert, aber bald merkte ich seine große Güte, die er in dieser wie in allen späteren Beziehungen gegen mich betätigte« (Kann 1974, 106f.).

Daß Freud dessen Hauptwerk, die *Griechischen Denker* (1999 [1922]), besonders schätzte, zeigt die Tatsache, daß er es 1906 bei der Umfrage des Buchhändlers Hugo Heller nach *Zehn guten Büchern* als einziges philosophiegeschichtliches Werk nannte (Freud 1906f), während sich sonst fast nur Werke der schönen Literatur in seiner kleinen Liste finden. Die drei Bände der ersten Auflage dieses Gomperzschen Werks (1896–1909) – mit Satzfehlerkorrekturen von Freuds Hand – befinden sich noch heute in seiner Bibliothek (Davies/Fichtner 2006).

Die Frau von Theodor Gomperz, Elise geb. Sichrovsky (1848–1929), war seit 1888 bis mindestens 1894 eine der frühen und wichtigen Patientinnen Freuds, die sich neben Marie Ferstel auch tatkräftig dafür einsetzte, daß Freud 1902 endlich Titularprofessor wurde (Freud 1985c [dt. Ausg.], 501–503; Eissler 1966, 77; 82–84). Freud behandelte sie noch mit Hypnose und hypnotischer Suggestion, wogegen ihr Mann früh Zweifel hegte. Ihm erschien die Hypnose »wie ein neu erfundenes Medicament, das man noch nicht zu dosiren versteht und das, wie andere […] Heilmittel, bei nicht ganz angemessenem Gebrauch als Gift wirkt« (Kann 1974, 235). Freud gewann durch den Umgang mit der Gomperz-Familie aus ihrer weitverzweigten Verwandtschaft auch weitere wichtige Patienten seiner frühen Praxis (insbesondere Cäcilie M. – Anna Lieben).

Den Werdegang des Sohnes Heinrich Gomperz (1873–1942) konnte Freud, der nun sicherlich häufig ins Haus Gomperz kam, also aus nächster Nähe verfolgen. Anfangs von bedeutenden Privatlehrern unterrichtet, etwa dem seinerzeit bekannten Latinisten Otto Stowasser und von Thomas G. Masaryk, der später Professor in Prag und von 1918 bis 1935 Staatspräsident der neugegründeten Tschechoslowakei war, folgte Heinrich Gomperz zunächst ganz den Neigungen und Interessen des Vaters. Von 1891 bis 1893 studierte er Rechtswissenschaften in Wien und Freiburg i. Br., und als sich auch seine Interessen immer mehr auf Klassische Philologie, Geschichte und besonders Philosophie konzentrierten, wurde er in Berlin Schüler des protestantischen Theologen und Religionshistorikers Adolf von Harnack. 1896 erwarb er in Wien den Doktorgrad der Philosophie und trat in enge Verbindung mit Ernst Mach. Da er in Wien auf Schwierigkeiten stieß, habilitierte er sich im Jahre 1900 als Privatdozent der Philosophie in Bern. In dieser Zeit trat er mit Freud in engere Verbindung. Sein weitgespanntes Interesse bestimmte ihn, sich auch mit der Psychoanalyse auseinanderzusetzen. Bereits am 19. November 1899, also kurz nach dem Erscheinen der *Traumdeutung* im Oktober 1899, schrieb Freud an Wilhelm Fließ: »Die einzig erfreuliche Reaktion [auf die Veröffentlichung] war ein Brief von Dr. Gomperz jun., den ich Dir beilege und der also jetzt bei mir die Methode der Traumdeutung in Abendstunden lernt« (Freud 1985 c, 425). Dieser Unterricht ging jedoch rasch zu Ende. Freud glaubte die Träume von Gomperz wegen dessen Widerstands nicht genügend deuten zu können, dieser dagegen war der Meinung, die Dinge, die er angeblich verdrängt haben sollte, seien »deutlich in seinem Bewußtsein präsent gewesen« (vgl. Freud 1985 c [dt. Ausg.], 425 Anm. 2). Heinrich Gomperz blieb der Lehre Freuds gegenüber kritisch und skeptisch, bezeugte aber Freud persönlich immer größte Hochachtung. Das drückt sich auch darin aus, daß er 1931 aus Anlaß von Freuds 75. Geburtstag in Wien einen bemerkenswert sachlichen und würdigenden Vortrag über »Freuds Bedeutung für die Geisteswissenschaften« hielt. Und zwei seiner Veröffentlichungen über psychologische Fragen in der Antike erschienen in psychoanalytischen Zeitschriften (H. Gomperz 1924 u. 1927).

Die Laufbahn von Heinrich Gomperz war nicht so geradlinig wie die seines Vaters, und sicher spielte dabei auch seine jüdische Herkunft eine Rolle. Er lehrte sehr lange Zeit (von 1905 bis 1920) als Privatdozent an der Wiener Universität, ehe er 1920 außerordentlicher und 1924 ordentlicher Professor der Philosophie wurde. Eine einschneidende Wende trat in seinem Leben ein, als er aufgrund seines Widerstands gegen die Verfassungsbrüche des autoritären Dollfuß-Regimes im September 1934 vorzeitig zwangspensioniert wurde. Er folgte deshalb 1935 dem Ruf auf eine Gastprofessur an der Universität in Los Angeles, die er bis zu seinem Tode während des Zweiten Weltkriegs innehatte. Ob er 1938 noch hätte emigrieren können, ist zumindest ungewiß. Freud blieb mit ihm in – wenn auch lockerer – brieflicher Verbindung bis mindestens 1933.

Der Brief Freuds an Heinrich Gomperz führt uns ins Jahr 1913 zurück. Theodor Gomperz war im Jahr zuvor am 29. August gestorben, und dieser Tod hatte sicher in Freud alte Erinnerungen an ihn geweckt.

Freud bereitet nun eine neue Auflage der *Traumdeutung* vor, die als vierte vermehrte Auflage mit Beiträgen von Otto Rank (im Juli) 1914 bei Deuticke in Wien erscheinen wird (Freud 1965 a, 77). Es ist die umfangreichste aller Auflagen der *Traumdeutung* (IX, 498 S.). Allein gegenüber der dritten Auflage war der Text um nahezu 85 Seiten gewachsen, gegenüber der Erstauflage sogar um fast 125 Seiten. Noch im Juni 1913 freilich hofft Freud, wie ein unveröffentlichter Brief an Abraham A. Brill (Library of Congress) zeigt, daß die neue Auflage schon im

Herbst erscheinen könne. Doch die Arbeit erweist sich schwieriger als gedacht. Am Tag nach dem Brief an Heinrich Gomperz schreibt er an Sándor Ferenczi: »Jede freie Stunde gehört jetzt der Traumdeutung, was sehr mühselig und ärgerlich ist. Ohne Rank brächte ich keine Einschaltung zustande. Das Lesen ist zu dumm. Ich will bis Weihnachten fertig sein« (Freud 1992g, 264). Neben Rank ist auch Freud, wie sein Brief an Heinrich Gomperz zeigt, eifrig mit Erweiterungen beschäftigt. Er hatte sich gut erinnert, daß Theodor Gomperz sich schon früh mit Artemidors Traumdeutung (2. Jh. n. Chr.) auseinandergesetzt hatte (Th. Gomperz 1866). Da er aber die kleine Schrift nicht besaß, hatte er sich sowohl an Elise Gomperz wie an Heinrich Gomperz gewandt, ob sie ihm die genaue bibliographische Angabe sagen könnten. Von beiden hatte er als Antwort ein Exemplar des seltenen Schriftchens *Traumdeutung und Zauberei* verehrt bekommen, und er dankt beiden auch am gleichen Tage. In dem Brief an Elise Gomperz kommt die große Hochachtung Freuds gegenüber Theodor Gomperz zum Ausdruck:

Das Heftchen mit der Handschrift Ihres unvergessenen Mannes *[Hatte sie ihm vielleicht das Manuskript des Schriftchens zugeschickt? Oder ein Exemplar mit handschriftlichen Notizen oder dem Namenszug ihres Mannes? G.F.]* hat mich an die so weit hinter uns liegende Zeit erinnert, da ich jung zaghaft zuerst mit einem der Großen im Reiche der Denkarbeit einige Worte wechseln durfte. Bald darauf hörte ich zuerst von ihm Bemerkungen über die Rolle des Traumes im Seelenleben der Urmenschen, Dinge, die mich seither so intensiv beschäftigt haben. (Freud 1960a, 316)

Beim Sohn aber kann Freud voraussetzen, daß er sich auch inhaltlich mit den Gedanken des Vaters zu Artemidor auseinandergesetzt hat, und so schreibt er ihm: »In der kleinen Schrift habe ich nichts Überwundenes vorgefunden, vielmehr einen Hinweis auf eine Analogie, die ich für zutreffend halte [...].« Was meint Freud damit? Freud hat in einer ausführlichen Anmerkung zur vierten Auflage der *Traumdeutung* festgehalten, was ihn bei der (wohl erneuten) Lektüre der kleinen Gomperz-Schrift fasziniert und beeindruckt hat:

Artemidoros [...] legte, wie Th. Gomperz (1866) hervorhebt, Wert darauf, die Deutung der Träume auf Beobachtung und Erfahrung zu gründen, und sonderte seine Kunst strenge von anderen, trügerischen Künsten. Das Prinzip seiner Deutungskunst ist nach der Darstellung von Gomperz identisch mit der Magie, das Prinzip der Assoziation. Ein Traumding bedeutet das, woran es erinnert. Wohlverstanden, woran es den Traumdeuter erinnert! [...] Die Technik, die ich im folgenden auseinandersetze, weicht von der antiken in dem einen wesentlichen Punkte ab, daß sie dem Träumer selbst die Deutungsarbeit auferlegt. (Freud 1900a, S. 119 Anm. 1)

Diese Gleichsetzung von Magie und Assoziation ist also die »Analogie«, die Freud in seinem Brief als nicht »überwunden«, sondern vielmehr als »zutreffend« bezeichnet. Sie wird erst voll verständlich, wenn man den Text von Gomperz liest:

> Was war der, offenbar volksthümliche, Kern seiner [Artemidors] Lehre? Nichts anderes als dieses: Wenn zwei Dinge irgendwie an einander erinnern, so ist das eine die *Vorbedeutung* des andern. Und was erkennen wir hier als das geheime Grundprincip der Zauberkünste der Naturvölker: Wieder nichts anderes als dieses: Wenn zwei Dinge irgendwie an einander erinnern, so ist das eine der *Stellvertreter* des andern. [...] Wenn zwei Vorstellungen in unserem Geist zusammenhängen, so hängen auch die ihnen entsprechenden Gegenstände in der Außenwelt zusammen. Mit anderen Worten: unsere Erwartungen kommender Ereignisse wie unsere Urtheile über die Eigenschaften der Dinge werden nicht durch den erfahrungsmäßig ermittelten Causal-Zusammenhang derselben, sondern durch die Verknüpfungen unserer Gedanken bestimmt. Wir stehen unter der ausschließlichen Herrschaft des Princips der Ideen-Association und seiner zwei psychologischen Grundgesetze. Das Band unserer Gedanken ist nämlich ein zwiefaches. Zwei Dinge erinnern an einander entweder weil sie ähnlich sind (und auch der Gegensatz ist eine Art der Aehnlichkeit) oder weil sie (das heißt ihre sinnlichen Eindrücke oder geistigen Abbilder) gleichzeitig oder in unmittelbarer Folge in unser Bewußtsein traten. Vorstellungen erwecken sich – so heißt es in der Schulsprache der Psychologen – nach dem Gesetz der Aehnlichkeit und nach jenem der Aufeinanderfolge.

Gomperz faßt hier knapp den Stand der Assoziationspsychologie um die Mitte des 19. Jahrhunderts zusammen. Daß er damit vertraut ist, muß bei einem Mann, der so vielseitig interessiert ist und im Blick auf die philosophischen Wurzeln der Assoziationspsychologie nicht verwundern. Vielleicht hat er auch schon mit dem ebenso breit interessierten John Stuart Mill, den er 1856 erstmals besuchte, über die englische Assoziationspsychologie diskutiert, denn die Assoziationspsychologie beginnt nicht erst, wie manchmal verkürzend zu lesen ist, mit Hermann Ebbinghaus und Theodor Ziehen.

Der kleine Brief von Freud und die kleine Schrift von Gomperz führen also tief in den Quellbereich der Entwicklung von Freuds Gedankenwelt. Merkwürdig genug, daß sich die kleine Schrift, die Freud doch als Andenken wichtig war, heute nicht mehr in seiner Bibliothek befindet und es auch keinen Hinweis gibt, wann und wem er sie weitergegeben haben könnte.

Freud stellte Heinrich Gomperz in Aussicht, daß er ihm die vierte Auflage der *Traumdeutung* schenken werde, und es ist zu vermuten, daß er sie mit einer Widmung versah. Ob dieses Exemplar in der etwa 18 000 Bände umfassenden Bibliothek von Heinrich Gomperz (Kann 1974, 28), die sich heute im Besitz der Universität von Los Angeles befindet, erhalten geblieben ist?

Literatur

Davies, J. K./Fichtner, G. (2006): *Freud's Library. A Comprehensive Catalogue.* – *Freuds Bibliothek. Vollständiger Katalog.* Compiled and ed. by / Bearb. u. hg. von J. K. Davies/G. Fichtner. London: The Freud Museum/Tübingen: edition diskord (Quellen und Abhandlungen zur Geschichte der Psychoanalyse, Bd. 2 und CD).

Eissler, K. R. (1966): *Sigmund Freud und die Wiener Universität.* Über die Pseudo-Wissenschaftlichkeit der jüngsten Wiener Freud-Biographik. Bern/Stuttgart: Hans Huber.

Fichtner, G. (1989): Die Briefe Freuds als historische Quelle. In: *Psyche – Z Psychoanal* 43, 803–829.

Freud, S. (1880a) Übersetzungen von: Mill, J. S.: ›Enfranchisement of Women‹ (1851); ›Review of Grote's Plato and the Other Companions of Sokrates‹ (1866); ›Thornton on Labour and its Claims‹ (1869); ›Chapters on Socialism‹ (1879), unter den Titeln ›Über Frauenemanzipation‹; ›Plato‹; ›Die Arbeiterfrage‹; ›Der Sozialismus‹. In: Mill, J. S.: *Gesammelte Werke,* hg. von Th. Gomperz, Bd. 12. Leipzig: Fues.

— (1900a): *Die Traumdeutung.* Leipzig/Wien: Franz Deuticke. Studien-Ausgabe, Bd. 2.

— (1906f): Antwort auf eine Rundfrage vom Lesen und von guten Büchern. In: *Neue Blätter für Literatur und Kunst,* Wien, Heft 1 (1906), S. VII. [Als Brief an Hugo Heller (1. 11. 1906) enthalten in (1960a), jedoch in der ersten Auflage mit falscher Jahreszahl (1907) und falschem Adressaten (Antiquariat [Heinrich] Hinterberger) versehen.] *GW*, Nachtragsband, 662–664.

— (1960a): *Briefe 1873–1939,* ausgew. u. hg. von E. u. L. Freud. Frankfurt am Main: S. Fischer. 2., erw. Aufl. 1968. 3., korrig. Aufl. 1980.

— (1965a): Briefe an Karl Abraham. In: S. Freud/K. Abraham: *Briefe 1907–1926,* hg. von H. C. Abraham/E. L. Freud. Frankfurt am Main: S. Fischer (2., korr. Aufl. 1980).

— (1985c): *Briefe an Wilhelm Fließ 1887–1904,* ungekürzte Ausgabe, hg. von J. M. Masson. Bearb. der deutschen Fassung von M. Schröter. Transkription von G. Fichtner. Frankfurt am Main: S. Fischer 1986 (deutsche Ausgabe).

— (1989a): Briefe an Eduard Silberstein. In: Freud, S.: *Jugendbriefe an Eduard Silberstein 1871–1881*, hg. von W. Boehlich. Frankfurt am Main: S. Fischer.

— (1992a) Briefe an Ludwig Binswanger. In: S. Freud/L. Binswanger: *Briefwechsel 1908–1938*, hg. von G. Fichtner. Frankfurt am Main: S. Fischer.

— (1992g [1993]): Briefe an Sándor Ferenczi. In: S. Freud/S. Ferenczi: *Briefwechsel*, hg. von E. Brabant/E. Falzeder/P. Giampieri-Deutsch, unter der wiss. Leitung von A. Haynal. Transkription von I. Meyer-Palmedo. Wien/Köln/Weimar: Böhlau, Bd. I/2, 1912–1914.

Gomperz, H. (1924): Psychologische Beobachtungen an griechischen Philosophen. In: *Imago* 10, 1–92.

— (1927): Sokrates und die Handwerksmeister. In: *Almanach Psychoanal.* 1927, 155–170.

— (1931): Freuds Bedeutung für die Geisteswissenschaften. In: *Med. Klin.* 27, 875–878.

Gomperz, Th. (1905): *Essays und Erinnerungen.* Stuttgart: Dt. Verl.-Anst.

— (1999): *Griechische Denker: eine Geschichte der antiken Philosophie.* Bde. 1–3. Repr. der 4. Aufl. (1922). Frankfurt am Main: Eichborn.

Hemecker, W. W. (1991): *Vor Freud. Philosophiegeschichtliche Voraussetzungen der Pschoanalyse.* Wien: Philosophia (Philosophie Resources Library).

Kann, R. A. (Hg.) (1974): *Theodor Gomperz. Ein Gelehrtenleben im Bürgertum der Franz-Josefs-Zeit.* Auswahl seiner Briefe und Aufzeichnungen 1869–1912, erläutert und zu einer Darstellung seines Lebens verknüpft von H. Gomperz. Neubearb. u. hg. von R. A. Kann. Wien: Verlag d. öster. Akad. d. Wiss. (Sitzungsberichte der Akademie der Wissenschaften, Wien, phil.-hist. Kl. 295, Veröff. Kommiss. Gesch. Erzieh. Unterr.).

Molnar, M. (1999): John Stuart Mill Translated by Siegmund [!] Freud. In: *Psychoanal. and Hist.* 1, 195–205.

Abbildungen auf Seite 174f. © 2009 A.W. Freud et al., by arrangement with the Paterson Marsh Agency, London.

Prof. Dr. Gerhard Fichtner, Institut für Ethik und Geschichte der Medizin, Goethestr. 6, 72076 Tübingen, gerhard.fichtner@uni-tuebingen.de

In memoriam Paul Parin

*Friedrich-Wilhelm Eickhoff**

Am 18. Mai 2009 ist Paul Parin im Alter von 92 Jahren in Zürich gestorben. Es war eine glückliche Entscheidung des damaligen Herausgebers, Gerhart Scheunert, Paul Parin 1964 um seine Mitwirkung bei der Gestaltung des *Jahrbuchs der Psychoanalyse* zu bitten. Im Jubiläumsband des *Jahrbuchs* hat Paul Parin 2005 seiner Skepsis, dem Beirat angehören zu sollen, rückblickend noch einmal Ausdruck verliehen. Zugleich hat er aber in diesem Zusammenhang mit der für ihn charakteristischen nüchternen Präzision auf den maßgeblichen Anteil hingewiesen, den projektive Identifizierungen bei der kollektiven Erinnerung an historische Ereignisse an der Verfälschung dieser Ereignisse haben, und den gegenwärtigen Herausgebern eine Anregung gegeben, nämlich sich der Aufklärung, die wir dem Wissen um den Abwehrmechanismus der projektiven Identifizierung verdanken, eine besondere Aufmerksamkeit zu widmen. »Commonly shared phantasies« prägen in dieser Sicht oft über mehrere Generationen die geschichtliche oder kulturelle Wirklichkeit. Paul Parin hat dem eher konservativen *Jahrbuch* zwei wertvolle klinische Beiträge anvertraut und für seine bahnbrechenden Studien und Forschungen jenseits der Couch, die ihn berühmt gemacht haben, andere Publikationsmöglichkeiten bevorzugt. Der erste 1960 erschienene Band des *Jahrbuchs* enthält die immer noch sehr lesenswerte Arbeit »Die Gegenübertragung bei verschiedenen Abwehrformen«. Parin reflektiert mit schöner Klar-

*   Dr. med. Friedrich-Wilhelm Eickhoff ist Mitglied der Deutschen Psychoanalytischen Vereinigung und Lehranalytiker der DPV in Tübingen, Mitherausgeber des Jahrbuchs der Psychoanalyse und Gründungsmitglied des Archivs zur Geschichte der Psychoanalyse und der Stiftung Wolfgang Loch-Vorlesung.

heit eine sehr modern anmutende Sicht von Gegenübertragung, weist bemerkenswerterweise auf die Übertragung des Analytikers hin, akzentuiert die Notwendigkeit der Selbstanalyse und ist offen für ein vorsichtiges Eingeständnis von Gegenübertragungsreaktionen, um der Gefahr zu entgehen, das Inkognito zum eigenen Schutz zu mißbrauchen. Eindrucksvoll ist seine Rezeption der erst 1974 in »Fear of Breakdown« weiterentwickelten Ideen Winnicotts, daß Fehler des Analytikers bei Patienten mit frühen Störungen der Ichbildung die einzige Möglichkeit zur Korrektur des ursprünglichen Versagens der fördernden Umwelt darstellen. Von Ulrich Ehebald motiviert, schrieb Parin 1981 zum 75. Geburtstag von Gerhart Scheunert über »Das Ende der endlichen Analyse«. Die Arbeit ist durch die Empfehlung höchst originell, das »Ende der Analyse«, sobald dieses Thema aufgetaucht ist, wie einen Parameter zu behandeln und um der Chance einer unendlichen Selbstanalyse willen mit der Utopie der Unendlichkeit der endlichen Analyse die analytische Arbeit bis zum letzten Augenblick aufrechtzuerhalten. Parin glaubt nicht, so endet der Aufsatz, daß ein analysierter Mensch dazu neigen wird, sich der Realität konform einzustellen. Vielmehr glaubt er, »daß er einer Realität, die im Widerspruch zu seinen affektiven Bedürfnissen und ethischen Forderungen steht, kritisch gegenüberstehen und danach trachten wird, die Widersprüche auf die er trifft, nicht hinzunehmen« (1981, 197). Mit diesem subversiven Appell des politisch wachen Intellektuellen gab Parin seine Weltbezogenheit zu erkennen, dem sein umfassendes wissenschaftliches und schriftstellerisches Werk zu verdanken ist. Es hat in vielen Nachrufen ein Echo gefunden. Der Nachruf des *Jahrbuchs* der Psychoanalyse wollte ihn als psychoanalytischen Kliniker vorstellen, als der er sich bei Besuchen psychoanalytischer Institute und als Teilnehmer auf Arbeitstagungen mit einer wunderbaren Begabung für die Wahrnehmung klinischen Materials eingeprägt hat. Die Herausgeber des *Jahrbuchs* schulden ihm für seine Treue zum Beirat Dank.

Literatur

Lütkehaus, L. (2009): Auf der Suche nach einer konfliktfreieren Lust. Zum Tod von Paul Parin. In: *Neue Zürcher Zeitung* vom 20. Mai 2009.

Parin, P. (1960): Gegenübertragung bei verschiedenen Abwehrformen. In: *Jahrb. Psychoanal.* 1, 196 – 214.

— (1981): Das Ende der endlichen Analyse. In: *Humanität und Technik in der Psychoanalyse*. Festschrift für Gerhart Scheunert zum 75. Geburtstag. Hg. von U. Ehebald/F.-W. Eickhoff. Bern/Stuttgart/Frankfurt am Main: Hans Huber; *Jahrb. Psychoanal.* Beiheft 6, 179 – 198.

— (2005): Beitrag eines Beirats zum Jubiläumsband. In: *Jahrb. Psychoanal.* 50, 131 – 134.

Dr. med. Friedrich-Wilhelm Eickhoff, Engelfriedshalde 20, 72076 Tübingen, fweickhoff@t-online.de

Namenregister

Sachregister

JAHRBUCH DER PSYCHOANALYSE
Beiträge zur Theorie, Praxis und Geschichte

Herausgegeben von Claudia Frank, Ludger M. Hermanns und Elfriede Löchel. Mitherausgeber: Hermann Beland, Friedrich-Wilhelm Eickhoff, Lilli Gast, Ilse Grubrich-Simitis, Helmut Hinz, Albrecht Kuchenbuch, Horst-Eberhard Richter und Gerhard Schneider. Beirat: Wolfgang Berner, Terttu Eskelinen de Folch, M. Egle Laufer, Paul Parin und Léon Wurmser. *1960 ff. Erscheint zweimal jährlich. Broschur. Je Band € 52,-. Vorzugspreis für Mitglieder der IPV und deren Zweige, der DPG und DGPT € 42,-. ISSN 0075 2363.*

Neu ab Band 58: *Für Studierende und Ausbildungskandidaten (gegen Vorlage einer Bescheinigung) je Band € 26,-.*

GESCHICHTE DER PSYCHOANALYSE
Band 61. Ca. 220 S. 2. Halbjahr 2010

Das ›Jahrbuch der Psychoanalyse‹ feiert sein 50-jähriges Jubiläum: Anlass zu Rückblick und Aufbruch zu Neuem. In diesem Sinne starten wir mit Band 61 eine neue Serie: Ein Aufsatz aus den Anfangsjahren – in diesem Band »Entwicklung und Weiterentwicklung der Libidotheorie« von Gerhart Scheunert, einem der Begründer des ›Jahrbuchs‹ – wird von zwei herausragenden Vertretern unterschiedlicher psychoanalytischer Positionen aus heutiger Sicht kommentiert – in diesem Band von Werner Bohleber und Heinz Müller-Pozzi. Mit der Publikation der letztjährigen Karl-Abraham-Vorlesung der englischen Psychoanalytikerin Rosine J. Perelberg (»Ein Vater wird geschlagen«) sowie der aktuellen Wolfgang-Loch-Vorlesung von Carl Nedelmann (›Die Verleugnung der Realität‹) setzt sich die Auseinandersetzung mit dem Thema Perversion sowie die gute Tradition fort, diese Vorlesungsreihen im Jahrbuch zu dokumentieren. Der Themenschwerpunkt »Geschichte der Psychoanalyse« ist durch zwei Beiträge und Hanna Knapp (zur frühen Psychoanalyserezeption in Spanien) und Ernst Falzeder (zu Freuds Analyse von Elfriede Hirschfeld) vertreten. Ein ausführlicher Buch-Essay von F.-W. Eickhoff befasst sich mit der neu erschienenen vollständigen Ausgabe des Briefwechsels zwischen Freud und Karl Abraham.

frommann-holzboog